인재는 이렇게 얻는다

《无能之能闯天下》
作者：韩声
Chinese Edition Copyright © 2006 by 北京邮电大学出版社
All Rights Reserved.

Korean Translation Copyright © 2013 by DALGWASO Publishing.
Korean edition is published by arrangement with 北京邮电大学出版社
through EntersKorea Co.,Ltd. Seoul.

이 책의 한국어판 저작권은 (주)엔터스코리아를 통한
중국의 北京邮电大学出版社와의 계약으로 도서출판 달과소가 소유합니다.
신 저작권법에 의하여 한국 내에서 보호를 받는 저작물이므로 무단전재와 무단복제를 금합니다.

천하를 평정한 9人의 인재경영 이야기!

— 용인술의 달인들 —

한성 지음 | 이용운·고아라 옮김

달과소

| 서문 |

영웅은 그 출신을 묻지 않는다,
호걸도 그 나온 곳을 묻지 않는다.

　　나는 어렸을 때부터 역사서를 즐겨 읽었다. 중국의 전통 문학 경전인 《수호전(水滸傳)》, 《삼국지연의(三國志演義)》, 《서유기(西遊記)》 등의 책을 잠시도 손에서 놓지 않았다. 그중에서도 인구에 회자되는 많은 고사들은 눈에 선할 정도로 상세하게 알고 있다. 당시 소설 속에서 만나는 무송(武松), 관우(關羽), 손오공(孫悟空)과 같은 인물들은 나를 탄복시켰다. 하지만 지금에 와서 돌이켜 생각해보면 이러한 재능 있는 인물들은 단지 다른 사람 수하에 불과했다. 겉으로 보기에는 능력이 없는 것 같았지만 진정한 고수는 송강(宋江), 유비(劉備), 당승(唐僧)과 같은 주인들이었다.
　　고전 소설을 여러 번 읽고 나서야 소설의 풍아한 멋을 알 수 있었고, 오랜 세월의 경험과 수련을 거치고 나서야 그동안 내가 생각했던 능력에 관한 유치한 관념을 바꿀 수 있었다. 나의 의견에 좀처럼 공감이 가지 않는다면 앞으로의 내용을 유심히 지켜봐도 좋다.

　위에서 열거한 몇 명의 군웅들은 남을 능가하는 뛰어난 재능이 있는 것도 아니고, 영웅적 기개가 넘치는 것도 아니어서 얼핏 봐서는 능력 없는 영웅이라는 평가를 받을 수도 있다. 심지어 어떤 사람들은 일개 영웅이란 자가 어쩌면 저토록 나약할까 하는 생각이 들 수도 있다. 앞서 언급한 세 영웅들의 진면목을 좀 더 자세히 들여다보자.

　먼저 송강은 널리 사람을 사귀고, 사교에서 능력을 발휘하여 많은 장수들의 신임을 얻었다. 유비는 쉽게 눈물을 보이긴 했으나 짚신을 삼는 평범한 상인에서 시작하여 마침내 천하의 삼 분의 일을 얻게 되는 열사에 이른다. 그저 "오공아, 나 좀 살려줘!" 외치기만 했던 당승은 이후에 세상을 놀라게 만든 불교 경전을 구해와 많은 공적을 남긴다.

　세 명의 무능한 영웅은 마침내 큰일을 이루어 성과를 남기고, 그 명성을 온 누리에 떨치게 된다. 이러한 일이 가능했던 이유는 과연 무엇일까? 그들을 둘러싸고 있는 운명이 정해놓은 것일까? 아니면 그들만이 가지고 있는 어떤 특별한 이유가 있는 것일까?

　자세히 들여다보면 그 이유를 어렴풋이 발견할 수 있다. 이 세 사람은 범속을 초월한 인격과 그 자질을 갖추고 있다. 그건 바로 '사람을 쓰는 능력'이다. 비록 개인의 문무 자질은 출중하지 못했지만 그들은 반드시 해야 할 일은 하고, 하지 말아야 할 일은 과감하게 버리는 도리를 잘 알고 있었다. 또 그 시대의 유명한 영웅들을 잘 통솔하고, 시기와 형세를 잘 파악하여 힘으로써 힘을 막고, 합종연횡(合縱連橫)으로 진나라에 맞서는 등 그들은 사회에서 어떻게 살아나가야 할지에 대한 본능적 감각을 겸비하고 있었다. 더불어 강한 의지력과 목표를 달성하겠다는 굳은 신념도 갖추고 있었다. 성공한 사람들은 이러한 능력을 겸비하고 있었기에 문무에서의 부족함을 메울 수 있었고, 그리하여 결국 찬란한 성공을 이루어냈다.

특정 분야에서 두각을 나타내던 사람이 자신의 기량을 충분히 보여주지 못한 채 평범한 일상에 안주하게 된 이야기는 예나 지금이나 접할 수 있다. 학창시절 가장 뛰어난 능력을 보이던 수학천재가 일반 고등학교를 졸업한 뒤 자신이 원하는 직업을 찾지 못한 채 고향으로 돌아가 농사를 짓게 되었고, 결혼해서 아이까지 두었는데도 생활형편이 그리 풍요롭지 못한 상황이라는 어느 사람의 이야기를 듣고 많은 친구들이 안타까워했다. 또 북경대학교 출신의 사람이 졸업 후 고향 서안에 내려가 정육점을 하며 생계를 도모한다거나, 청화대학교를 졸업한 학생이 고향에 내려가 길거리에서 먹을 것을 팔며 지낸다는 소식을 방송에서 접한 적이 있다. 이러한 일들이 세상에 알려지면서 나는 그러한 사람들이 진정으로 능력이 있는 것인지에 대해 의심을 품기 시작했다.

명문대학교를 졸업한 사람들이 왜 성공하지 못했던 것일까? 적어도 전공지식에 있어서만큼은 그들 역시 어느 정도의 기량을 갖추고 있었을 것이 분명하다. 하지만 더 중요한 것은 그러한 지식이 아니라 세상을 살아가는 방식이다. 그들은 세상을 살아가는 능력에서 커다란 벽에 부딪힌 것이다. 누구나 사회에 진출하고 나면 많은 시련과 고난을 겪은 뒤에야 이 복잡한 세상에 적응을 마치고 새롭게 사회 구성원의 한 사람으로 태어날 수 있다. 즉 모든 것이 새롭게 시작되는 것이다. 능력이 최고인 사회에서 단지 책을 많이 읽고 공부를 많이 해야만 성공할 수 있는 것은 아니다. 오히려 공부만 할 줄 아는 사람들은 사회에서 뒤쳐지기도 한다. 책에서 얻은 지식은 그저 생계를 도모하는 기술일 뿐이다. 사회에서 성공하기 위해 더욱 중요한 것은 사회에서의 경험과 수련이다.

오늘날 사회의 일반적인 통념은 공부를 잘하는 사람이 인생에서 성공할 수 있다는 것이다. 그러나 역사적으로 볼 때 성공한 대다수의 사람들이 그렇지 않았다. 400년의 패업을 연 유방(劉邦)은 문무를 배운 적이 없는 저잣거리 건달이었다. 천하의 삼분의 일을 다스렸던 유비는 한낱 짚신을 삼던 상인에 불과했으며, 1920~1930년대 상해 저잣거리의 거두 두월생(杜月笙)은 과일을 팔던 상인이었다. 또 명나라 개국황제인 주원장(朱元璋)은 거지에서 시작하여 마침내 제위에 오른다.

이들과 같은 예는 셀 수도 없이 많다. 표면적으로만 봤을 때 그들의 능력은 특이할 것 없는 평범한 사람들이다. 겉보기에는 아무 능력이 없어 보이지만, 그들을 찬찬히 들여다보면 범인들을 능가하는 특수한 능력 하나쯤은 가지고 있다. 그들은 항상 남다르게 특별한 주장을 내세웠으며 공부로 성공한 사람들과 달리 사회에서 살아남기 위한 처세의 도를 익혔다. 예로부터 이러한 말이 있다.

"세상사를 꿰뚫어 보는 것은 모두 학문이요, 인정 세태에 밝은 것은 모두 문장이다."

이 도리를 잘 이해하는 사람이어야 비로소 소양이라든지 다른 이와 교감하는 감성지수, 적기를 알아차리는 좋은 기회에 대하여 논할 수 있다. 지식을 쌓은 사람은 많지만 세상을 살아가는 기술과 수단에 있어서만큼은 요령이 모자라기 때문에 어리석은 생각으로 자신을 매몰시켜 버리곤 한다. 꽤 흥미를 느낄 수 있는 몇 가지 현상을 살펴보도록 하자.

며칠 전 친한 사람들끼리 모여 담소를 나눌 때 한 친구가 물어왔다.

"요즘 인터넷에 '부용(芙蓉)언니(한국에서는 푸룽제제라는 이름으로 알려졌다. 기이한 언행과 과감한 사진으로 유명세를 얻은 중국의 괴짜 인터넷 스타)'가 왜 이렇게 인기가 많지?" 다른 친구가 대답하길, "개는 뛰는 것을 잘하고, 노루는 도망을 잘 가고, 말은 주인이 주는 먹이에 의존하고, 누구든 자기만의 도리와 행동방식이 있는 법이야. 그 사람은 인기몰이를 잘하는데 너라면 할 수 있겠니?" 그 친구의 말이 끝나자 잠시 동안 아무도 말이 없었다. 내 생각에도 그 친구의 말은 일리가 있었다. 인터넷상에서 무슨 일을 했든지 간에 유명해진 것은 부인하기 어려운 사실이었다. 많은 네티즌들이 적극적으로 반응하였고 한순간에 스타가 되었다. 이러한 능력은 아무나 쉽게 가질 수 있는 능력이 아니다.

며칠 뒤에 친구들끼리 또 다른 얘기가 오갔다. 그 주인공은 최근에 유명해진 어느 한 영어학교 선생님인 '라(羅)' 선생에 관한 얘기였다. 라 선생은 강의시간에 언제나 당당하고 기운차게 말하며, 유머감각이 뛰어나고 사회의 병폐에 대해 거침없이 비판하였다. 워낙 박식하다 보니 많은 네티즌들로부터 환영을 받았고, 심지어 학생들은 선생님의 영어수업보다 그의 사회에 대한 얘기들이 훨씬 기억에 남는다는 것이었다. 인터넷 게시판에는 이 사회비판에 열을 올리는 영어선생에 대한 글들로 넘쳐났다. 그러나 이러한 인기보다 더 중요한 것은 그가 지식이 풍부한 선생님이고 학생들을 가르치는 수준이 높으며 다른 저명한 교수들의 감탄을 자아내게 한다는 데 있다. 한 치의 부족함도 없어 보이는 이 영어 선생님의 학력은 중학교 졸업장이 전부이다. 그것을 과연 누가 상상이나 했겠는가?

대학을 중퇴한 빌 게이츠는 세계에서 가장 부유한 사람이 되었다. 그가 예전에 이렇게 말한 적이 있다.

"나는 세상에서 가장 똑똑한 사람이다. 이 세상은 나를 필요로 하며 응당 있어야 할 하나의 낙하산은 나를 위해 준비된 것이다."

어떤 중국인 또 이렇게 말한 적이 있다.

"영웅은 그 출신을 묻지 않는다. 호걸도 그 나온 곳을 묻지 않는다."

즉, 영웅이라면 그 출신이 어떻든 능력을 드러냄에 있어 아무런 구속도 받지 않는다는 뜻이다. 사회는 하나의 무대이다. 어떤 사람은 긴 소매를 입고 춤을 추고 많은 관중들의 갈채를 받는다. 하지만 어떤 사람은 무대 위에서 제대로 자신을 발휘하지 못한다. 발을 삐끗한 예술가는 무대 위에서 독자적인 무대를 꾸릴 수 있는 기회를 얻지 못한다. 왜냐하면 주인공이 될 자격이 없기 때문이다.

만약 당신의 문무가 출중하지 않더라도 결코 두려워할 필요가 없다. 해야 할 일은 반드시 하고 할 필요가 없는 일은 과감히 포기하는 도리만 알고 있다면 사회에서 살아가는 능력과 그 능력을 발휘하는 기술과 방법, 강한 의지와 목표를 이미 갖춘 것이다. 이러한 능력을 갖추었다면 문무의 부족함을 충분히 메울 수 있고 결국엔 찬란한 성공을 이룩할 수 있다. 이러한 기교와 수단이야말로 사회에서 필요로 하는 진정한 학문이며 한 개인이 성공하는 데 필요한 기본 자원이다.

이 책에서는 많은 사람들이 이미 들어봤음 직한 《삼국지연의》의 인물이나 소설 속 인물들을 선택하여 그 인물들의 성공담 및 발자취를 서술하였다. 또한 겉으로 보기에는 무능하기 짝이 없지만 실제로 그러한 무능을 하나의 능력으로 발휘한 전형적인 인물들을 자세히 설명하였다. 그들이 성공을 거둘 수 있는 배경에는 과연 어떠한 특징이 있는지 분석해 배울 점은 배우도록 노력하고, 이러한 요소들을 실제 생활에서도 적용할 수 있게끔 하는 데 목적이 있다. 당연히 그들에게도 부정적인 측면이 있는 것은 사실이다. 독자는 그 부정적인 면을 분별하여 배제하고 필요한 것만 습득하여야 할 것이다.

Contents

서문 ···4

1 공제학(控制學)의 창시자 유방(劉邦)
한 저잣거리 건달의 인재등용 철학

유방과 항우의 우열 비교 ···18
유방의 인적자원 관리 ···26
투항자나 배신자를 받아들여 컨트롤하는 방법 ···37
도량이 큰 자는 어떤 것도 포용할 수 있다 : 무개성의 원칙 ···45
❀ 유방의 공제학을 배워봅시다 ···51

2 인기영합의 시조 유현덕(劉玄德)
짚신 삼던 상인이 어떻게 천하의 삼분의 일을 얻어냈는가?

'황숙'의 옷을 걸치다 ···62
뛰어난 '연기력' ···73
군중 노선으로 걸어가, 천하의 명성을 얻다 ···80
인기영합의 책략 : 드러내고 싶다면 더욱 가리고, 나아가기 위해 물러나라 ···88
❀ 유비의 인기영합법을 배워봅시다 ···95

3 세 치의 혀 소진(蕭秦)
뛰어난 웅변 능력을 겸비한 가난한 선비

언변이 뛰어나려면 끈기가 필요하다 ···102
모든 것을 말솜씨에 의지하여 ···109
뛰어난 언변으로 천하의 형세를 다스리다 ···118
언변술 외의 권모술수 ···126
❀ 소진의 말솜씨를 배워봅시다 ···133

4 태극고수 송강(宋江)
타인의 힘을 빌려 성과를 이뤄낸 고수

우선 명분을 내걸어라 ···140
차력타력의 수법 : 사량발천근(四兩拔千斤) ···147
양머리를 걸고도 개고기를 내다 팔 수 있다 : 양두구육(羊頭狗肉) ···154
성공해도 인심人心이요, 실패해도 인심人心이다 ···161
❀ 송강의 태극권 추수를 배워봅시다 ···167

5 비상한 수단 주원장(朱元璋)
거지에서 황제로

목표가 있었고, 더욱이 수단이 좋았다 ···176
백전백승의 철의 부대를 만들어라 ···183
담장을 높이 쌓고, 식량을 넉넉히 비축하며, 칭왕은 천천히 하라 ···189
용맹하게 손을 써서 일격을 가하라 ···196
❀ 주원장의 성장법을 배워봅시다 ···204

6 일심향불 당승(唐僧)
진불(眞佛)을 찾기 전에는 돌아가지 않았던 고행자

비바람도 막을 수 없었던 일심향불 ···214
한마음 한뜻으로 천하를 감동시키다 ···221
아미타불은 나의 정신적 지주 ···228
단체의 정신적 힘을 빌리다 ···233
❀ 당삼장의 끈기를 배워봅시다 ···243

7 힘을 빌려 성공한 여불위(呂不韋)
성공한 상인에서 뛰어난 정치가로

기화가거(奇貨可居) 실천론 ··· 252
지출을 두려워하면 무엇도 얻을 수 없다 ··· 258
스스로의 힘으로 권력을 세워라 ··· 264
현명하고 유능한 인재를 광범위하게 받아들여 견고한 지위와 좋은 명성을 얻다 ··· 270
❀ 여불위의 힘을 빌리는 능력을 배워봅시다 ··· 276

8 강온정책을 병행한 위소보(韋小寶)
무뢰한 부랑자에서 집안을 일으키기까지

큰 능력은 없으나, 작은 수단으로 길을 열다 ··· 284
체면을 지나치게 중시하지 않고 열린 생각을 갖다 ··· 290
두려울 것 없는 담력과 식견 ··· 298
말썽을 일으켜 자신의 재능을 표현하라 ··· 304
❀ 위소보가 집안을 일으켜 성공할 수 있었던 비법을 배워봅시다 ··· 310

9 도처에서 수원(水源)을 얻은 두월생(杜月笙)
처세술의 절묘한 경지에 이른 상해의 거두

용의 몸을 빌려 날아오르는 잠자리야말로 높은 하늘 끝까지 날아갈 수 있다 ··· 320
인생에서는 세 가지 면(面)에 최선을 다해야 한다 ··· 327
솜씨 있게 일을 처리하는 지혜 ··· 336
팔방미인의 처세, 독으로써 독을 물리치다 ··· 342
❀ 두월생의 처세술을 배워봅시다 ··· 347

1

공제학(控制學)의 창시자
유방(劉邦)

한 저잣거리 건달의 **인재등용 철학**

劉邦 — 유방

　유방(劉邦), 패군(沛郡) 풍읍(豊邑) 사람, 한(漢)의 개국황제로 중국 역사상 가장 유명한 황제 중 한 사람이다. 그런데 이렇게 한나라 400년 역사의 기반을 연 개국황제 유방은 사실 저잣거리 출신의 무뢰한이자 건달이었다. 그의 문예는 관리가 될 만한 것이 못되었고, 무예 역시 성을 공격해 토지를 빼앗을 정도가 못되었다.

　그러나 그에게는 사람을 알아보고 다스릴 줄 아는 능력이 있었다. 장량(張良), 한신(韓信)과 같이 당대에 견줄 사람이 없는 걸출한 인재들을 자신에게 복종하게 만들었고, 사람들로 하여금 남보다 한 수 위인 자신의 통치능력에 탄복하도록 만들었다.

　혹자는 유방이야말로 진정한 관리학, 공제학(사람을 다스리고 관리하다, 인재관리)의 대사(大師)라 말한다. 그는 수하의 인재들을 정확하게 적절한 자리에 두어야 한다는 것을 알고 있었다. 예컨대 한신은 군사를 지휘하게 하고 장량은 작전과 책략을 짜게 하며, 소하(蕭何)는 치국을 하게 하는 등 각종 인재들로 하여금 진정으로 자기의 능력을 발휘할 수 있도록 하였다. 바로 이 점에 있어서 유방은 라이벌 항우(項羽)를 한 발 앞서나갔는데, 서로 팽팽하게 대치하는 있는 과정에서 이 만큼의 리드는 유방에게 커다란 전략적 우세를 가져다주기에 충분했다.

유방은 사리에 밝고 지혜로운 성격을 갖고 있었다. 장량은 그의 승리를 위해 전술 전략을 세워 승리를 거두고자 하였고, 소하는 그를 위해 후방을 지키고 백성을 돌보며 군량과 급료를 공급하였다. 또 한신도 그를 위해 백만대군을 통솔하고 전쟁을 승리로 이끌었다. 그의 사람들이 이렇게 출중하거늘 유방이 천하를 얻지 못한다면 과연 누가 얻을 수 있겠는가?

유방과 항우의 우열 비교

비교를 통해서만 그 우열을 알 수 있는 법이다. 라이벌이면서 통솔력을 갖추고 있던 또 하나의 인재 항우와의 비교를 통해서 우리는 비로소 유방의 뛰어난 점을 훤히 꿰뚫어 볼 수 있으며 그 결말을 확인할 수 있다.

‖ 인재를 대할 때 – 인재를 알아본(識人) 자와
인재를 잃어버린(失人) 자 ‖

진나라 말기 천하가 혼란할 때 군웅들은 분분히 일어나 천하를 다투고 있었다. 그중 가장 중요한 인물이 둘이었는데, 바로 항우와 유방이다. 본래 항우는 유방과 어느 방면에서 비교를 하더라도 절대적 우위에 있었다. 그러나 결국에는 유방이 항우를 제압한 뒤 승리의 기쁨을 안고 고향에 돌아가 《대풍가(大風歌)》를 목청껏 불렀다. 한편 항우는 오강(烏江)에서 패하고 해하(垓下)에서 겹겹이 포위되어 죽을 때까지도 자신이 왜 죽어야 하는지 몰랐지만 여전히 '역발산혜기개세'(力拔山兮氣盖世 힘은 산을 뽑을 만큼 강하고 기개는 세상을 압도할 만하도다) 라는 말만 읊어댔다.

유방은 본디 저잣거리 건달이었고 아무런 능력도 없는 자였다. 그러나 그는 군대에 들어간 뒤부터 인재를 컨트롤하는 비범한 능력을 보여주기 시작했다. 혜안(慧眼)을 갖고 있었고 사람 보는 눈이 정확했으며 마음에 들면 반드시 그를 데려왔다. 항우는 이 점에 있어서 유방을 절대 따라가지 못했다.

우선 유방의 고명함에 대해 살펴보자. 하루는 유방이 군영에서 발을 씻고 있는 중이었다. 하사관이 군영 밖에서 한 유생이 만나 뵙길 청한다고 보고하자 유방은 그에게 일렀다. "지금은 전쟁 중이니 유생은 만나볼 수가 없다." 그런데 이 유생은 허락도 구하지 않고 막무가내로 영내에 들어오더니 유방의 면전으로 나아갔다. "당신은 어째서 이렇게 지식인을 무시하십니까?"

유방은 말했다. "천하는 무력으로 얻을 수 있는데 지식인은 받아들여 뭐하겠소?" 이 지식인은 그의 말에 즉시 반문하였다. "천하를 무력으로 얻을 수 있다 한들, 천하를 무력으로 다스릴 수도 있습니까?" 유방은 이 말을 듣고 깊이 감명 받아 즉시 부드러운 낯빛을 하고 그에게 예를 갖춰 사죄한 뒤 윗자리로 청하였다. 바로 이 점에서 우리는 유방의 인재기용 철학을 엿볼 수 있다. 천하를 차지하는 데 있어 쓸모가 있기만 하면 누구든지 예로써 대하였던 것이다.

반면 항우는 어떠했는가? 범증(范增)은 70세에 항우에게 의탁한 지모가 뛰어난 인물로 항우를 위해 적지 않은 책략을 제공하였다. 처음에 항우는 그를 매우 존중하였다. 그러나 중요한 순간에는 범증의 의견을 받아들이지 않았다. 홍문연(鴻門宴 B.C.206년 항우가 유방을 죽이려고 홍문, 즉 지금의 섬서성 임동현에서 벌였던 연회)에서 범증은 항우에게 유방을 제거하라고 권유하였지만, 항우는 우유부단하여 결정을 내리지 못하고 유방에게 탈출의 기회를 제공하고 말았다. 훗날 항우가 함양(咸陽)을 공격하여 약탈하고 불질러 쑥대밭을 만들었을 때, 범증과 몇몇 책사들은 항우에게 함양을 정치의 중심으로 만들어 천하를 통일하라고 강력히 권한 적이 있다. 그런데 항우는 한사코 그 의견을 채택하지 않고 도리어 가소롭다는 듯이 웃으며 말했다.

"부귀한 뒤에 고향에 돌아가지 않는 것은 마치 비단옷을 입고 밤길을 가는 것과 같으니 누가 그것을 알아주리오?"

항우는 끝내 자기의 고집대로 고향인 팽성(彭城)으로 돌아가 서초(西楚) 왕조를 건립하고 자신을 '서초패왕'(西楚霸王)으로 칭했으나, 최후에는 결국 눈물 흘리며 떠나가는 말로를 맞이하였다.

항우는 여러 의견을 잘 수렴하지 않았을 뿐 아니라 심지어는 그를 비판한 사람들을 사지에 몰아넣곤 하였다. 한 책사가 항우의 고집에 불만을 갖고 이렇게 말한 적이 있다.

"초나라 사람은 빛 좋은 개살구로구나." 뜻인즉, 초나라 사람들은 마치 원숭이가 모자를 쓴 것처럼 겉만 번지르르하다는 것이다. 항우는 이 말을 듣고 그를 화로에 집어넣어 태워 죽였다. 범증이 항우에게 너무 많은 건의를 해오자 귀찮고 짜증나던 마음이 점점 반감으로 바뀌었고, 그에게 보이던 신임도 점차 냉담해져 결국에는 그가 유방과 내통하고 있다고 의심하기에 이른다. 화가 난 범증은 사직하고 떠나던 도중 병에 걸려 최후를 맞이한다.

유방과 항우 두 사람의 성격을 비교해보자. 유방은 출신이 비천하여 그 성품이 세련되지 못했지만 그래도 재능이 있는 사람이었다. 그 자신은 군사적 재능이 높지 않았지만 군사적 재능이 높은 인재를 등용하여 중임을 맡기고, 철저히 능력으로 사람을 선발한 우수한 정치가였다. 반면 항우는 귀족 출신으로 의리를 중시하였지만 가끔씩 '아녀자의 인자함'과 같은 사소한 인정에 사로잡히는 약점이 있었다. 게다가 몇 안 되는 인재마저도 쓰지 못했으니 누구를 제대로 기용할 수나 있었겠는가. 게다가 그는 비천한 사람들을 무시하고 늘 혼자 정권을 장악하고자 하였다. 그는 뛰어난 통솔력을 갖춘 인재이긴 했으나 동시에 폭군이었다.

항우가 패한 것은 우연으로 보이지만 사실은 필연이었다. 오늘날에도 부족한 사람은 유방과 같이 인재를 잘 발견하여 등용하는 자이지, 항우나 한신처럼 걸출한 통솔력을 갖춘 자가 아니다. 사실 유방이 승리하고 항우가 패한 것에는 한 글자의 차이만 있을 뿐이다. 바로 '식인'(識人 인재를 알아봄)과 '실인'(失人 인재를 잃음)의 차이이다.

인재를 끌어 모을 때 - 출중한 능력을 보인 자와 무능한 자

쓸 만한 인재가 몇 안 된다면 어떻게 천하를 지배하겠는가? 인재가 자신의 재능을 펼치기 위해서는 믿을 만한 주인을 찾아야 한다. 당신이 그를 등용하는가 아니면 다른 사람이 등용하는가는 당신이 얼마나 인재를 잘 끌어오는가 하는 능력에 달려 있다. 유방은 인재를 끌어 모으는 데 출중한 고수였고, 항우는 이 점에서 무능력자였다.

바로 이 점에서 매우 주동적이고 적극적이었던 유방과 피동적이고 소극적이었던 항우가 확연히 구분된다.

초한전쟁(楚漢戰爭)이 발발하자 유방은 "만약 부하를 데리고 나에게 투항한다면 만호후(萬戶侯 일 만 호의 백성이 사는 영지를 가진 제후)에 봉하겠다."고 선포하였다. 유방의 선전 목적은 서둘러 항우의 진영을 분열시키기 위함이었다. 당시 초나라는 강하고 한나라는 약했기 때문이다. 처음에는 그 선전 효과가 그다지 눈에 띄지 않았지만 그의 태도는 매우 적극적이고 명확했다. 유방에게 등용되고 싶어 하는 적극적인 인재를 끌어오겠다는 속셈이었다. 시간이 지날수록 그 힘의 우위에 변화가 생기기 시작했고, 효과는 점점 눈에 띄게 나타나기 시작했다.

하지만 성을 빼앗고 토지를 약탈하는 데 있어서 항우의 투항 권고 태도는 완전히 상반되었다. 항상 중대한 손실을 입고 있을 때만 비로소 상대에게 투항을 권고하였으며 그렇지 않은 상황에서는 깡그리 죽여버렸다. 항우는 용저(龍且)의 군대가 패했다는 소식을 듣고 두려워지자 무섭(武涉)을 보내서 제왕(齊王) 한신(韓信)을 설득하도록 했다. 이렇게 기댈 곳이 없는 상황에서만 투항을 권고하는 것은 어리석은 일이었고 당연히 그 결과 또한 뻔했다. 유방은 "투항하는 자는 제후에 봉하겠다."고 말한 반면, 항우는 도리어 인질을 잡아 위협하였다.

유방이 인재를 끌어온 수단은 매우 다양하고 영리했다. 대의(大義)를 알고 그 이해(利害)에 밝았다. 고관의 지위와 후한 봉록을 아낌없이 주었고 '투항하는 자를 제후에 봉하겠다'는 정책을 시행하였다. 경포(黥布)가 한으로 귀순했을 때 유방은 그를 회남왕(淮南王)으로 봉하였다. 유방은 투항한 인재들을 위로하고 격려하는 일을 특별히 중요시하며 부단히 그 전형(典型)을 확립했다. 그리고 아직 동요되지 않은 인물들을 직접 찾아가 그들을 흔들어 놓았다가 기회가 오면 끌어들였다.

이와 비교해서 항우가 인재를 등용하는 방법은 극히 비열했다. 그는 일찍이 왕릉(王陵)을 끌어오려 시도한 적이 있었는데, 왕릉의 모친을 인질로 잡고 그 힘을 빌려 자신의 목적을 달성하고자 하였다. 이는 당연히 왕릉 모친의 혐오감을 불러일으켰으니 그녀가 어찌 자신의 아들을 항우와 같은 자에게 넘겨줄 수 있었겠는가? 그녀는 인편으로 왕릉에게 말하길, "한왕(유방)을 삼가 섬겨라." 그리고는 칼 위에 쓰러져 스스로 목숨을 끊었다. 항우는 이 일로 불같이 노해 이미 숨이 끊어진 왕릉의 모친을 가마솥에 삶게 하였다. 본래 한왕에 복종할 뜻이 없던 왕릉은 곧 한마음 한뜻으로 유방을 따라 천하를 재패해 나갔다. 이 세상에 어느 누가 '살인마왕' 곁에서 보필할 뜻을 품었겠는가?

유방은 투항한 장병들에게 예를 갖춰 대우하고 파격적으로 발탁, 임용하기도 하였다. 반면 항우는 투항자들을 제멋대로 살육하고 등용하는 일은 거의 없었다. 한신은 이렇게 말한 적이 있다. "한왕께서는 신하들에게 옥안(玉案)의 음식과 옥검을 하사하시니, 만일 그 신하가 왕을 배반하고자 한다면 분명 양심의 가책을 느낄 것이다." 회남왕 경포가 소하를 따라 한으로 귀순하여 유방과 대면할 때, 유방은 발을 씻고 있는 중이었다. 이렇게 무관심하고 무례한 접대에 대노한 경포는 그 자신의 선택을 후회하고 자결하려 하였다. 그런데 대면이 끝나고 객사로 들어가니 방장(房帳), 의복과 음식, 시종들까지 한왕의 그것에 조금도 처지지 않았다. 경포는 기대 이상의 대접에 기뻐하며 감격했다. 경포의 이런 상반된 심리를 통해 우리는 유방이 이미 그와 같은 사람들의 심리를 훤히 꿰뚫어 보고 있었음을, 그들로 하여금 이왕 투항한 김에 자신의 밑에 머물게 하려 했음을 알 수 있다. '이좌거(李左車)는 연(燕)나라에 가서도 유방을 배반하지 않았고, 수하(隨何-유방의 신하)가 구강(九江-경포의 세력 근거지)을 거두었지만 경포가 의심하지 않았던 것'은 어찌 보면 당연한 일이다.

형양(滎陽) 전투 중, 초나라 기병대의 방대함을 알게 된 유방은 위기감을 느끼고 한군에서도 기병장수를 선발하려 하였다. 진(秦)의 기사였던 이필(李必)과 낙갑(駱甲)이 기병작전에 대해 잘 알았기 때문에 모두들 한목소리로 이 둘을 천거하였다. 하지만 이필과 낙갑은 옛 진나라의 백성이었으므로 군사들이 잘 복종하지 않을 것을 염려한 대신들은 유방에게 신망이 두터운 자를 파견하여 대장으로 명해주기를 청하였다. 유방은 이 말을 듣고 바로 이필과 낙갑 두 사람은 좌우 교위(校尉)로 선발하고, 신망이 높기로 이름난 관영(灌嬰)을 대장으로 위임하였다. 이들은 한군의 기마대를 통솔하여 형양 일대에서 초나라 군사와 격전을 치러 적군을 크게 격파하였다. 진의 기사였던 이필과 낙갑은 유방에 투항한 자들로 보잘것없는 인물들이었다. 그러나 유방의 뛰어난 점은 바로 이들 인재를 파격적으로 임용하여 그들로 하여금 자기의 재능을 충분히 발휘하게 해주었다는 점이다.

반면 투항한 자들을 무정하게 멸하는 것이 항우의 일관된 태도였다. "항왕이 지나가면 파괴되어 황폐해지지 않는 것이 없다", "투항한 진(秦)왕 자영(子嬰)을 죽였다", "항씨가 구덩이에 파묻은 사람만 천 만은 될 것이다" 이러한 말들은 항우의 극단적인 복수심을 반영하고 있다. 항우 본인도 이로 인해 점점 민심을 잃어갔다. 비록 항우도 일찍이 장함, 사마흔 등 몇 명의 투항 장수들을 등용한 적이 있었지만, 진나라 백성들은 이 세 사람(장함張邯, 사마흔司馬欣, 동예董翳, 즉 삼진왕三秦王을 가리킴)에 대한 원망이 뼛속까지 사무칠 정도였다. 그들의 세력은 별로 크지 않았을 뿐 아니라 호소력조차도 잃은 상태였다. 한마디로 말하면 실제적인 이용가치가 이미 바닥난 상황이었다. 백성들은 그들을 적대시하는 동시에 항우까지 적대시하였으니 자연히 민심은 유방 쪽으로 옮겨갔다. 이것을 통해 우리는 인재등용에 있어서 유방은 큰 성공을 거두었지만 항우는 참혹하게 실패했음을 알 수 있다.

유방의 두 번째 고명함은 한 가지 방법에 연연하지 않고 다양하게 인재를 등용한 점이었다.

위의 두 가지 점에서 비교해볼 때, 유방의 뛰어남은 인재등용의 안목과 도량에 있다.

유방의 인적자원 관리

평민 출신에 문무 그 어느 것에도 재능이 없었던 진나라 하급관리 유방은 '8년 항전'을 거치면서 '적수공권'(赤手空拳 맨손과 맨주먹)으로 시작해 전대 역사에 비해 손색이 없고 후대인들로 하여금 흠모하게 만드는 한제국(漢帝國)을 창건해냈다. 그와 그의 전우들이 이 기간에 만들어낸 완벽한 지략들, 예컨대 홍문의 회(鴻門의 會 – 유방이 홍문에서 항우에게 사죄한 사건, 이것으로 유방은 목숨을 건질 수 있었다), 암도진창(暗渡陣倉 – 한나라 장군 한신이 초나라와 싸울 때 사용한 계책, 정면을 공격할 것처럼 하다가 후면을 공격한다), 배수지진(背水之陣 – 한신이 조나라를 치러 나섰을 때 사용한 계책, 물을 등지고 진을 친다), 십면매복(十面埋伏 – 한신이 구리산에서 항우를 10면에서 매복하여 포위시켰다) 등은 오늘날에 보아도 뛰어나고 지혜로운 전략이라 부를 만하다.

문무 어느 것 하나에도 소질이 없던 유방은 관리학에서 만큼은 눈에 띄는 재능을 보였다. 그는 천성이 나태하고 산만하며 미색과 재물을 좋아하였다. 또한 걸핏하면 수하의 능력 있는 신하와 장수들에게 심한 욕을 퍼붓곤 하였다. 이렇게 개성 있는 지도자였던 유방은 약육강식의 난세 중 자신을 잘 보존했을 뿐 아니라 약세를 강세로 돌려놓는 능력을 가진 자였다. 그의 남달랐던 지모와 책략은 그가 일체의 사업을 성취하는 데 있어 가장 중요한 근본이 되었다.

용인여기用人如器, 각취소장各取所長 - 사람을 쓰는 일은 그릇을 쓰는 것과 같아 각기 그 장점을 취한다

유방은 보통 사람에도 못 미치는 재능을 가진 자였으나 인적자원 관리에 있어서는 대사(大師)급의 인물이라고 할 수 있다. 그는 수하의 인재들을 적절한 위치에 두어야 함을 알았는데, 예컨대 한신은 군사를 지휘하게 하고, 장량은 책략을 짜게 하였으며 소하는 치국을 하게 하여 인재들이 진정으로 자신의 능력을 발휘할 수 있도록 만들었다. 그러나 천군을 얻기는 쉬우나 좋은 장수 하나를 얻기는 어려운 법이라 하였거늘, 유방은 도대체 이 많은 인재들을 어떻게 자기 밑에 둘 수 있었을까?

유방은 천하를 손 안에 넣고 싶었으나 그의 능력은 라이벌 항우를 쫓아가지 못했다. 하지만 그의 '지인선용(知人善用 사람을 알아보고 적재적소에 잘 쓰다), 임인유현(任人唯賢 오직 능력과 인품만을 보고 사람을 임용한다), 용인소장(用人所長 사람을 쓸 때 그 장점만을 취한다), 용인불의(用人不疑 일단 사람을 쓰면 의심하지 말라)'의 인적자원 사상은 용맹하고 지모가 뛰어난 수많은 선비들을 그의 휘하로 불러들였다. 유방은 최대한도로 인재를 사용하기 위해 적군 중에 의욕 잃은 자들을 대담하게 기용하였는데, 투항해 온 그들에게 조금의 거리낌도 없이 중책을 맡겼다. 예를 들어, 한신은 항우의 수하에서 전혀 이름나지 않은 자였는데 유방에게 의탁한 후 소하의 추천을 거쳐 중책에 등용되었다. 그리고 항우 수하에서 도위(都尉 군사지휘관)를 지냈던 진평(陳平)은 잘못을 저지르고 죽임을 당할게 두려워 유방에게로 투항한 자였는데, 유방은 역시 그를 참승(參乘 왕과 함께 수레를 타는 무관)과 호군(護軍 장군들의 감찰무관)을 겸하는 도위로 삼았다.

또한 유방의 미움을 받았던 자, 혹은 분쟁이 있었던 자들에 대해서도 유방은 마음속에 원한을 품지 않았을 뿐 아니라 그의 재능을 보고 등용시켜주었다. 주발(周勃)과 관영은 둘 다 이전에 그를 비방했던 자들인데, 유방은 그들을 강등시키지 않고 오히려 호군중위(護軍中尉)로 임명하여 제장들을 지휘케 했다.

유방이 승리를 거둔 뒤 어느 날, 유방 수하의 공신, 장수, 재상들이 모두 모여 다함께 한 가지 문제에 대해 토론한 적이 있다. 유방은 물었다.

"제군들이여 말해보시오. 나와 항우가 함께 천하를 놓고 다투었는데, 짐이 천하를 얻게 된 까닭은 무엇이며 항우가 천하를 잃게 된 까닭은 무엇이오?"

고기(高起)와 왕릉이 대답하였다.

"폐하께서는 사람을 써서 성을 공격한 후에 매번 그 획득한 것들을 공이 있는 사람들에게 나누어주어 승리를 여러 사람들과 함께 하십니다.

그런데 항우는 공로가 있는 자를 질투하고 미워하며 어질고 재능 있는 사람들을 시기하고 의심하며, 승리를 해도 사람들에게 그 공을 돌리지 않습니다. 이것이 바로 항우가 천하를 잃은 까닭입니다."

유방은 그것을 듣고는 말했다.

"그대들은 하나만 알고 둘은 모르오. 막사 안에서 작전계획을 짜 천리 밖의 싸움터에서 승리를 결정짓는 일에서 짐은 자방(子房, 장량의 자字)만 못하고, 나라를 안정시키고 백성들을 위로하며 양식을 공급하는 일에서 짐은 소하만 못하고, 백만 대군을 이끌고 싸우면 반드시 승리하고 공격하면 반드시 점령하는 것에서는 한신만 못하오. 이들 세 사람은 호걸 중의 호걸인데, 짐이 그들을 잘 등용한 것이야말로 짐이 항우를 물리치고 천하를 얻게 된 중요한 까닭이오. 이에 반해 항우의 수하에는 오직 범증 한 사람뿐이었고 게다가 그를 잘 쓰지도 못하였소. 이것이 바로 그가 나에게 진 까닭이오."

'천하의 인걸들은 모두 나 유방이 등용했으니 나는 천하를 얻을 수 있었다. 그런데 항우는? 그 곁에는 오로지 한 명 범증만이 있었고, 그마저도 잘 쓰지 못하였으니 천하를 잃은 것이다.' 이것이 바로 유방의 인재등용 철학이었다. 유방은 이것이 그가 승리를 얻고 성공을 거둔 근본 원인이라 여겼다. 이 원동력을 오늘의 현실에 연결지어 생각할 수 있다. 오늘날 기업의 수장들이 모두 다 능력 있고 재능이 남보다 뛰어난 것은 아니다. 하지만 반드시 사람을 잘 알아보고, 잘 선택하며, 잘 등용해야 한다. 그렇지 않으면 그 어떠한 뛰어난 재능과 원대한 계획도 실현시키기 어렵고, 어떠한 웅대한 포부와 위대한 업적도 성공시키기 어렵다. 중요한 것은 기업이 크고 작음에 있는 것이 아니고, 직원들의 많고 적음에 달린 것이 아니다. 많은 인재를 중용할 줄 아는 자가 반드시 흥하며, 많은 지식인을 잘 모을 줄 아는 자가 반드시 빛을 보는 것이다.

고명한 지도자들은 인재등용 과정에서 모두 한 가지 원칙을 중요시하며 따른다. 등용한 자에 대해서 충분한 신임을 주는 것이 바로 그것이다. 소위 '용인불의, 의인불용(用人不疑 疑人不用 사람을 쓰면 의심하지 말고, 의심 가는 사람은 쓰지 말라)'의 원칙이다. 신임은 모든 사람들이 정신적으로 추구하는 것이며, 또 인재에 대한 지극한 대우인 동시에 위안이다. 그것은 사람에게 자신감과 역량을 줄 수 있고, 그로 인해 자신의 지혜와 재능을 충분히 발휘할 수 있도록 만든다. 사람을 등용할 때 마음속으로 이리저리 망설여서는 안 된다. 만일 사람을 쓰면서 끊임없이 의심하면 윗사람은 아랫사람을 불신하고 아랫사람은 윗사람을 믿지 못해 결국엔 서로 마음이 떠나 패망하게 된다. 유방은 이 점에 있어서 일관되게 잘 실천하였다. 게다가 그는 최대한도로 인재들의 장점을 이용하였다. 군사를 지휘하는 한신에게 그는 의심 없이 군대를 주었고, 지모에 능했던 장량에게는 자신의 수하에서 마음껏 작전계획을 짜게 하였으며, 회계를 담당하던 소하에게도 마음 놓고 돈을 쥐어주었다. 유방의 고명한 능력은 바로 자신보다 훨씬 뛰어난 인물들을 잘 이용한다는 점이었다. 각종 걸출한 인재들을 등용할 줄 알았고 또 효과적으로 그들에게 권한을 넘겨주었다.

유방은 일찍이 한신에게 몇 명의 군사를 지휘할 수 있겠냐고 물은 적이 있었는데 한신은 '다다익선'이라 말하였다. 그리고 나서 유방 자신은 몇 명의 군사를 통솔할 수 있겠느냐고 묻자, 한신은 "아뢰옵기 황공하오나 폐하께서는 한 10만쯤 거느릴 수 있으실 것으로 생각하나이다"라고 대답하였다.

유방은 다시 물었다. "그렇다면 다다익선이라는 그대가 어찌 10만의 장수감에 불과한 과인에게 잡혀 있게 되었는고?"

한신은 이렇게 대답했다. "폐하께서는 병사의 장수가 아니오라 장수의 장수이시기 때문이옵니다." 한신의 이 말이야말로 유방이 대업을 성취할 수 있었던 진정한 이유를 말해주는 것 같다. 선인들은 말하였다.

金無足赤, 人無完人
君子用人如器, 各取所長
금무족적, 인무완인(금에는 순금이 없으며, 사람 가운데는 완벽한 자 없다)
군자용인여기, 각취소장(군자가 사람을 쓰는 일은 그릇을 쓰는 것과 같아 각기 그 장점만을 취한다)

사람의 우수한 능력과 장점으로 눈을 돌리면 인재를 발견할 수 있고 등용할 수 있으며 붙잡아둘 수 있다. 만일 완전무결만을 강요하고 조그마한 흠으로 사람을 파면시킨다면 인심은 떠나가게 마련이다. 사람을 쓸 때 그 장점을 취하고, 또 그 재능을 가늠하여 사용하는 것이 관건이다. 사람의 장점은 사용하면 진보하고 버려두면 퇴보하는 습성이 있어서 그 장점을 사용하면 할수록 더욱 발전하고 역량은 더 높아진다. 반대로 그것을 한쪽에 방치해두면 증진과 발전의 기회를 얻지 못한 채 시간이 흘러 결국 퇴화하고 위축된다.

‖ 유방의 인재 최적화 조합 ‖

　지도자는 인재를 등용할 때 반드시 이와 같은 이치를 깨닫고 그의 장점을 잘 개발시키고 발굴해야 한다. 또한 인재를 쓸 때는 그의 특기를 배양하고 개발해주어야 한다. 그의 특기를 발견하기만 하고 사용하지 않는다면 최대의 인재 낭비가 될 뿐 아니라 그 인재에 대한 일종의 무서운 속박이 되기도 한다.

　유방은 인재 등용 시 출신을 묻지 않았다. 어느 신분이냐에 관계없이 단지 재능이 있기만 하면 사용했다. 한초삼걸(漢初三杰) 중 하나였던 소하는 패현(沛縣)의 주리연(主吏椽 서기관에 해당하는 관직)이었고, 책사 장량은 몰락한 귀족이었다. 대장군 한신은 구걸하던 비렁뱅이에 불과했다. 주발은 방석을 엮고 대바구니를 짜며 취고수(吹鼓手 악사)를 하던 자였고, 조참(曹參)은 옥연(獄椽 옥리), 장창(張蒼)은 진나라 어사(御史), 숙손통(叔孫通)은 진나라 학자, 번쾌(樊噲)는 개도살꾼, 누경(婁敬)은 마부, 관영은 행상이었으며, 진평과 하후영(夏候嬰) 등은 모두 평민이었다. 그러나 그들은 모두 자신만의 특기가 있어 유방이 대담하게 기용하였고, 훗날 유방의 책사나 장수가 되어 충성을 다하였다. 그들은 훗날 유방을 우두머리로 하는 핵심인재가 되었고 유방이 천하를 통일하는 데 지극히 중요한 역할을 했다.

　오늘날 기업의 사원들은 전국 각지에서 모인 서로 다른 배경과 마음씨, 성격을 가진 사람들로 이루어져 있다. 리더는 응당 그들의 각기 다른 면을 좋아하는 법을 배워야 한다. 이는 마치 다양한 각도로 세계를 감상

하고 그것들을 한데 녹여낸 진정한 예술가의 작품과도 같으며, 또 훌륭한 리더의 응집력이란 다양한 방향에서 직원들을 인정하고 존중해주는 것에서부터 출발한다고 해도 과언이 아니다. 이러한 응집력은 일종의 인격적, 인도적 역량이다. 다시 말해 인격적인 매력과 카리스마를 이용하여 강인하고 뛰어난 친화력, 왕성한 생명력, 창조성을 만들어내는 것이다.

유방이 사람을 보는 시각은 늘 두 측면에서 관찰하고 생각한 뒤에 그 주류를 보는 것이었다. 즉 사람들의 장점을 보고난 뒤 그들의 약점까지도 깊이 아는 것이다. 그가 임종에 가까워졌을 때, 여후(呂后 유방의 황후 여씨)와 후사 문제를 두고 나누었던 대화가 이를 충분히 증명해준다.

여후가 물었다. "만일 폐하께서 돌아가신 후, 소(蕭) 상국(相國 재상)마저 죽으면 누가 그 자리를 대신합니까?"

유방은 조참이라 대답했다. 여후는 조참 다음은 누구인지 물었고, 유방은 이렇게 답했다.

"조참 다음으로는 왕릉이 좋을 것이오. 그러나 왕릉은 지모가 부족하므로 진평으로 하여금 보좌하게 하는 것이 좋소. 하지만 진평이 지모를 갖추었다고는 하나 큰일을 결단하지는 못할 것이오. 반면 주발은 언변이 뛰어나지는 못하지만 사람됨이 충실하고 온후하오. 유씨 왕조를 안정시키는 데 큰 공을 세울 자는 분명 그일 것이니, 그를 태위(太尉 무관의 최상위)로 삼으면 많은 도움을 받을 것이오."

관리자의 위치를 규정하자면 '인재를 등용하는 자'일 것이다. 여기서 중요한 것은 '영향력'이 아니라 '성공 여부'이다. 또한 직접적이기보다는 간접적이어야 하며, 간접적이면 간접적일수록 그의 리더십이 한층 더 고명함을 의미한다. 유방의 능력은 항우에 훨씬 못 미쳤지만, 서초패왕 항우는 오강에서 스스로 목을 베어 최후를 맞이한다. 왜냐하면 그는 사람을 잘 쓸 줄 모르고 스스로 적진으로 돌격할 줄만 알았기 때문이다. 항우 수하의 인재들은 충분히 능력을 발휘하지 못했으며, 우습게도 유방 수하의 수많은 인재들은 항우 진영에서 뛰쳐나온 자들이었다.

유방은 인재등용에 훌륭했다. 장량은 닭조차도 잡지 못하는 인물이었지만 머리가 매우 뛰어나 유방은 그에게 나라 외부의 일을 맡겼다. 장량은 결단력이 빠르고 담력과 지모가 뛰어나다는 장점을 지녔기 때문에 총참모장을 맡았다. 한신은 싸움을 잘했으므로 그를 장수로 삼아 결국 항우를 굴복시켰다. 소하는 민심을 잘 다독거리고 인재를 끌어오는 데 능하여 관리를 맡겼는데 그 역시 조직을 튼실히 잘 이끌었다. 각각의 장점이 모두 충분히 발휘되었기 때문에 유방은 끝내 성공할 수 있었다. 좋은 리더가 되고자 한다면 유방의 방법을 배워야지 절대 항우의 것을 배워서는 안 될 것이다.

기업의 참모로서 인재를 등용할 때는 그 장점을 취하고 단점을 보완해주어야 하며, 서로 다른 유형의 인재들을 조직하여 상호보완의 구조로 만들어야 한다. 어떤 인재이건 간에 그 집단 내에서 자신의 장점을 발현시키고 단점을 보완할 수 있는 토양이 마련돼 있어야 비로소 그 능력을 충분히 발휘하게 된다. 모든 게 완벽한 인재는 없다. 부족한 인재를 조합해 상호보완 시키면 '1+1〉2'의 결과를 얻을 수 있다. 마음으로 서로를 받아들이는 것은 인재결합의 전제조건이며, 강약이 적절히 조화를 이루고 속도 또한 적절할 때 비로소 묵계(默契)의 경지에 도달할 수 있다.

일반적인 인재의 유형들을 살펴보자. 어떤 이들은 선견지명이 있고 지모가 뛰어나며 판단이 정확해 단체를 조직하고 통솔하는 능력을 갖고 있는데 이들을 일컬어 '지휘(指揮) 인재'라고 한다. 어떤 이들은 사람의 뜻을 잘 파악하고 충성스럽고 성실하며 그 어떤 노고나 원망을 두려워하지 않으니 이들을 일컬어 '집행(執行) 인재'라고 한다. 또 어떤 이들은 인정에 구애됨 없이 공평무사하고 업무를 잘 파악하며 군중들과 소통이 잘 되는데 이들을 가리켜 '감독(監督) 인재'라고 한다. 한편 생각이 활기차고 지식이 풍부하며 종합적 분석력이 강하고 진리를 견지하는 이들을 가리켜 '참모(參謀) 인재'라고 한다. 만일 이러한 자들을 하나하나 따로 떼어놓고 본다면 이들은 아마 '부족한 인재'일 것이다. 그러나 합리적인 조합을 거쳐 자신의 장점을 발휘하고 나면 비로소 '완전한 인재'가 되는 것이다. '조직은 그 역량을 열 배 증가시킨다'고 말한 레닌의 말은 옳다.

유방은 말년에 고향 패현을 지나가다가 연회를 열어 친지와 친구들을 불러 모았다. 그 자리에서 유방은 자기도 모르게 격앙되어 소리 높여 노래 부르기 시작했다. "큰 바람 일고 구름은 높게 날아가네. 위풍을 온 천하에 떨치며 고향에 돌아왔네. 내 어찌 용맹한 인재를 얻어 사방을 지키지 않을쏘냐." 용맹한 인재를 얻어 제업을 공고히 하고자 했던 그의 강렬한 열망이 여실히 드러난다.

일생 동안 그는 인재를 사랑하는 마음, 인재를 알아보는 눈, 인재를 고르는 덕, 인재를 도모하는 머리, 인재를 선발하는 능력, 인재를 사용하는 담력, 인재를 받아들이는 도량, 인재를 보호하는 기백, 인재를 교육시키는 방법, 인재를 모으는 힘을 가지고 있었기에, 당시 천하의 인재들을 모두 자기 주위로 끌어 모아 최적화된 조합을 형성하고, 마침내 항우에게 이겨 승리의 길로 들어갈 수 있었다. 오늘날 조직의 리더들은 반드시 공제학의 대가 한고조 유방의 능력을 잘 배워두어야 할 것이다.

투항자나 배신자를 받아들여 컨트롤하는 방법

유방은 걸출한 정치가로 그의 투쟁경험은 실전에서 부단히 발전해온 것이다. 투쟁의 과정에서 그는 점점 다양한 투쟁기술 및 수단을 장악해 나갔고, 각종 위험천만한 국면들을 다스릴 수 있었다.

그러던 와중에 유방은 투항 권고에 대한 인식 역시 한 차례 큰 변화를 겪는다. 이 변화는 훗날 초한전쟁에서 그가 투항 권고를 능숙하게 사용하고 그로써 항우 진영을 분열시키는 데 커다란 공헌을 하였으며 승리를 위한 기초를 다져주었다. 이 점 역시 항우의 실책과 대비되는 부분으로 유방의 한층 더 우수한 능력을 보여주고 있다.

유방 – 투항 권고 전략을 유감없이 발휘하다

유방이 병사를 일으킨 것은 칼날에 피 한 방울 묻히지 않은 승리였고 투항을 권고할 때면 그는 뛰어난 솜씨를 여실히 발휘하였다. 유방은 화살에 꽂힌 공고문을 통해 패현(沛縣)의 백성들에게 "천하는 진나라로 인해 오랜 고통을 겪고 있어 제후들은 저마다 봉기하고 도시 점령과 살육을 준비하고 있다. 만일 너희들이 저 고집불통의 패 현령(沛縣令)을 죽인다면 일가의 목숨을 보존할 수 있을 것이다. 하지만 그렇지 않으면 너희들의 일가는 멸할 것이다"라고 경고했다. 패성(沛城)의 백성들은 이에 호응하여 봉기하였고 패 현령을 죽인 뒤 성문을 열어 유방을 맞이하였다. 이렇게 유방은 패공(沛公)이 되었다.

비록 당시의 성공은 천하가 반진(反秦)의 이름으로 봉기했던 역사적 배경과 떼어놓을 수는 없지만 투항 권고가 사실상 주요한 역할을 했다고 볼 수 있다. 유방이 이와 같이 서전을 장식한 것은 훗날 그의 밑바탕을 탄탄하게 해주었다. 이로써 유방의 사상은 한 차례 큰 변화를 겪게 되었고, 동시에 그는 투항 권고가 얼마나 가치 있는 것인지를 알게 되었다. 이것은 후일 투항 권고를 전략적으로 사용할 수 있도록 그 구동력을 무한으로 증가시킨 셈이었다. 또 '관후장자'(寬厚長者 너그럽고 후하며 점잖은 사람)로서의 이미지를 구축하고 민심도 얻게 해주었다.

유방이 진류(陣留)를 공격하였을 때 고양(高陽) 땅의 주객 역생(酈生)은 가까운 사이였던 진류 현령에게 나아가 만약 투항하지 않으면 유방이 곧 군사를 일으켜 공격해 올 것이라고 설득하였다. 하지만 진류 현령은 "진나라의 법이 매우 엄중하여 그렇게 할 수 없겠노라"고 투항을 거절하였다. 역생은 한밤중에 진류 현령의 머리를 베고는 이를 유방에게 알렸다. 유방은 현령의 목을 긴 장대에 걸어 성안의 사람들에게 보여주고는 선포하였다. "오늘부터 투항하지 않는 자는 반드시 목을 베어버릴 것이다!" 그러자 진류의 무장지졸들은 잇따라 유방에게 투항하였다.

이때 투항 권고가 성공한 것은 역생의 공이 가장 컸다. 유방은 처음으로 세객(說客)의 중요성을 깨달았고 또 역생의 가치를 발견했다. 이후 역생은 세객으로서 수많은 제후들에게 알려졌다.

오늘날 심리학에서는 '강화(强化)가 학습속도를 향상시킨다'고 한다. 유방이 바로 투항 권고에 대한 인식을 부단히 강화하여 실천한 자였다.

또 한 가지, 유방이 서둘러 입관(入關, 섬서성 위하 유역 일대 '關中관중'으로 들어감)하려고 했을 당시 완성(宛城)의 지세가 험요하여 유방이 함양으로 진군하는 데 하나의 걸림돌이 되고 있었다. 남양(南陽)의 태수는 이러한 위험 속에서 성을 사수하며 이따금 유방의 퇴로를 끊고 있었고, 유방은 장량의 건의에 따라 완성을 겹겹이 포위하고 있었다. 남양 태수는 궁지에 몰려 어쩔 수 없이 시종 진회(陣恢)를 파견하여 투항 약속을 전하였다. 진회는 유방에게 "남양의 군사까지 모두 거느리고 서쪽으로 진격하십시오. 아직 투항하지 않은 진나라 성읍의 수장들이 이 소문을 들으면 성문을 열고 족하(足下 고대의 경칭)를 기다릴 것이니 걱정하실 것이 무에 있겠습니까"라고 아뢰었다. 유방은 그의 건의를 받아들이고 남양 태수와 진회에게 각기 상을 내렸다. 병사들을 이끌고 서쪽으로 진격하니 과연 길목에 있던 진나라의 군사들 중 투항하지 않는 자가 없었다. 이때 투항한 장수들이 가져온 성과는 유방을 기쁘게 만들었고 거기에 투항 권고의 매력까지 느낄 수 있었다. 거듭되는 투항 권고의 성공으로 유방은 이에 대해 자신감이 붙었다. 동시에 성공에 이르는 방법은 점점 많아졌고 유방의 영향력은 날이 갈수록 커져만 갔다.

짧은 시간 안에 유방의 군대는 패상(灞上)으로 진군했다. 진왕 자영은 백마가 끄는 흰 수레를 타고 나와 항복을 외쳤고, 몇몇 사람들은 유방에게 자영의 목을 베라고 설득하였다. 유방은 "이미 항복한 자를 죽이는 것은 불길하다"며 자영을 법집행관에게 넘겨 처리하게 하였다. 이는 유방이 투항 권고와 밀접한 관련이 있는 자들을 적절하게 처리할 수 있으며 이미 투항 권고의 행위에 있어 상당히 성숙한 경지에 도달했음을 말해준다. 유방의 이런 행위는 그의 도량이 상당히 컸음을 보여주고, 또 한편으로는 어떻게 인심을 얻을 수 있었는지를 보여준다.

위 사건들은 유방의 정치생활 가운데 중대한 전환점을 상징한다. 이전의 투항 권고들은 순전히 시험적으로 하거나 혹은 그저 피동적으로 다른 이의 건의를 받아들여 행한 것이었다.

그러나 초한전쟁이 발발한 뒤에는 완전히 다른 일이 되어버렸다. 유방은 적극적이고 주동적으로 투항을 권고하기 시작했다. 그는 이 투항 권고 전략을 유감없이 발휘하였고, 그로부터 엄청난 성공을 거두어 항우 진영을 와해시킬 수 있었다.

항우 - 투항 권고의 길에서 우여곡절과 불찰을 겪다

유방과 비교하면 항우의 투항 권고 과정은 대단한 우여곡절을 겪었다. 항우는 군사를 일으킬 때 항상 스스로에게 의존하여 목숨 걸고 싸웠는데 그렇게 공격하여 죽인 숫자가 수십, 수백에 달했고, 이로써 그 능력의 밑천을 쌓아갈 수 있었다. 항우가 맨 처음 군사를 이끌고 가 공격한 곳은 양성(襄城)이었다. 양성은 끝내 함락되었고, 항우는 적병을 한 사람도 남김없이 모조리 땅에 파묻어 버렸다. 모든 사람들이 생매장을 당했다. 이러한 성공은 순전히 무력에 의한 것이었다.

이로 인해 항우는 과도하게 무력을 숭상하기 시작하였고, 무력정벌로 모든 것을 다 얻을 수 있을 거라 여겼다. 이러한 심리상태는 그로 하여금 투쟁의 다른 수단을 우습게보게 만들었다. 항우의 투항 권고의 기회는 느지막이 다가왔다. 거록(巨鹿)의 전쟁에서 항우는 진군의 격파를 위해 결사의 각오로 출전하였고, 장함은 번번이 군사를 물리며 기회를 엿보고 있었다. 진 이세(二世) 황제는 관리를 보내 장함을 트집 잡아 따져 물었고 승상 조고(趙高) 역시 그를 믿지 않기 시작했다. 결국 장함은 '공(功)이 있으면 죽일 것이고, 공이 없어도 죽일 것'이라는 진여(陳余)의 투항 권고에 동요하여 몰래 사자(使者)를 보내 항우에게 투항할 것을 알려왔다.

항우는 장수들을 소집하여 "군량과 물자가 적으니 그 제안을 받아들이고 싶다"는 의견을 피력하였고 모든 장수들이 이에 동의하여 결국 장함의 투항을 받아들였다. 진의 수십만 군은 투항하였고, 이는 당연히 항우의 대승으로 귀결되었다. 그러나 항우는 이 투항한 군사들에 대해 대강 한차례 편제 개편을 하고는 바로 입관을 시작하였다. 그 결과 투항한 진군과 제후군 사이에서 마찰이 발생하였다. 마찰의 발단은 진군이 제후군의 장병들을 압박하기 시작하면서부터였고, 그 뒤에 제후군은 틈만 나면 그에 대해 화풀이를 하였다. 이에 업신여김을 당했다고 여긴 진군은 마음속에 원한이 쌓여갔다. 항우는 상황을 파악하고나자 투항한 진군이 쿠데타를 일으켜 자신의 입관에 영향을 줄까 겁이 났다. 그는 이성적으로 생각하지 못하고 깊은 밤이 되자 진나라 병사 20여만 명을 신안성(新安城) 남쪽에 생매장 해버렸다.

장함의 투항은 갑작스러운 것이었다. 항우는 마음의 준비가 되어 있지 않았고 단지 군량이 부족했기에 장함의 투항을 받아들인 것이었다. 항우는 이 기회를 잡아 투항한 진군을 자기 수하의 밑천으로 만들지 못하고 도리어 야만적으로 그들을 소멸시켜 버렸다. 비록 잠시 눈앞의 문제를 해결할 수는 있었지만 이것이 초래한 결과는 항우가 결코 예상하지 못한 것이었다. 진 왕조가 멸망할 것은 필연적이었지만, 항우는 사람들에게 '민첩하고 용맹하며 교활한 도적'의 이미지를 심어준 꼴이 되었고 자연히 점차 사람들의 지지를 잃어갔다.

현대 심리학에서 '포상은 이미 한 일을 반복하게 만들고, 처벌은 그것을 멈추게 만든다'고 한다. 그런데 만일 그 행동에 상응하는 선택을 하지 않으면, 더욱 끔찍한 결과가 그 처벌의 행위에 수반된다. 유방은 투항한 남양 태수에게 상을 내린 뒤에 뒤이어 많은 장수들이 투항했음을 보았다. 반면 항우는 투항한 자들을 죽였고 그것은 늘 가장 격렬한 저항을

야기했다. 이는 유방과 항우가 투항 권고에 있어 서로 다른 방법을 채택했기 때문이었고, 전자(前者)의 포상은 '격려'를 , 후자(後者)의 처벌은 '저지'를 의미하였다.

신안에서의 생매장 사건은 사실상 항우의 정치생명에 마침표를 찍는 것이었다. 비록 항우 역시 일찍이 잠재의식 속에서는 투항 권고를 한 셈이지만, 결과적으로는 실패했다.

그의 실패에는 두 가지 원인이 있다. 첫째, 선택의 시기가 합리적이지 않았다. 항우는 항상 중대한 난관을 앞둔 시기에서야 비로소 투항 권고를 떠올렸다. 둘째, 투항 권고의 수단이 졸렬했다. 주로 인질을 잡아두고 투항할 것을 협박해 도리어 반감만 샀다. 항우의 투항 권고에도 한 가지 전환점이 있었다. 항우가 외황(外黃)을 공격할 때 외황은 수일이 지나서야 항복했다. 항우의 야만성이 또 발로하여 나이 오십 이상의 남자 전부를 생매장하려고 하였다. 그때 13세 되는 소년 하나가 용감히 나서서 항우에게 말했다.

"대왕이 오시어 또 모두를 묻어 죽이려 하시니 백성들이 어찌 왕에게 돌아갈 맘이 있겠습니까? 여기부터 동쪽으로 양지(梁地) 십여 개 성 모두가 두려워하여 항복하지 못할 것입니다."

항우는 이 말을 듣고 처음으로 생각을 바꿔 외황의 백성들을 생매장하지 않았으니, 동쪽으로 수양(睢陽)까지 사람들이 이를 듣고 모두 다투어 항왕에게 항복하였다. 항우가 그 소년의 용기에 탄복했기 때문이거나 어쩌면 그가 진정으로 철저히 뉘우쳤기 때문일 수도 있다. 항우는 기적과 같은 효과를 목격하였고 자연히 그의 투항 권고에 대한 관념은 커다란 변화를 겪는다. 하지만 안타깝게도 때는 너무 늦어 초한전쟁은 이미 종결단계에 접어서고 있었다. 항우에게 다시는 이런 기회가 오지 않았고 투항 권고를 할 만한 지역도 더는 남아 있지 않았다.

결국 유방은 황제가 되었고 항우는 스스로 목숨을 끊었다. 다양한 요인들이 합쳐져 이뤄진 결과였다. 하지만 투항 권고가 유방과 항우의 전쟁 가운데 일으킨 중대한 작용은 절대 무시할 수 없는 것임에 분명하다.

도량이 큰 자는 어떤 것도 포용할 수 있다
: 무개성의 원칙

　본래 항우는 강하고 유방은 약했다. 그러나 최후의 승자는 유방이다. 예부터 역사가와 소설가들은 이에 대해 다양한 평가를 내려왔으나, 대부분은 '신 신고 발바닥 긁는' 격으로 요점을 잡아내지 못했다. 도대체 '강자' 항우와 '약자' 유방에서 '승자' 유방과 '패자' 항우로 변화를 겪은 가장 중요한 이유는 무엇인가? 사실 아주 간단하다. 유방은 자신과 남을 아는 현명함을 지녔지만 항우는 그렇지 못했다.

　사실 유방의 사람 보는 현명함은 안목 이외에도 그의 개성과 더욱 밀접한 관련이 있다.

무개성 역시 개성

인품과 덕행 방면에서 항우와 비교해 보자면 유방 역시 별다를 것이 없었다. 그는 늘 재물을 탐하고 색(色)을 좋아했으며 뛰어난 재능이나 원대한 계획 같은 것은 없었다. 유방의 성격은 그야말로 전형적인 '무개성'이었다. 개성이 없었기 때문에 당연히 '있어서는 안 되는 것'도 없었고, '받아들이지 못할 것'도 없었으며, '포용하지 못할 것'도 없었다. 홍문연에서 그가 굽실거렸던 것은 유약한 그의 성격을 여실히 드러낸다. 항우가 아버지를 붙잡고 협박했을 때도 그는 동요하지 않는 침착한 성격을 보여주었다. 개선장군이 되어 귀향했을 때는 그 호방한 감정이 매우 깊었고, '큰 바람 일고 구름은 높게 날아가네'의 대풍가는 그의 포부가 방대함을 보여준다. 부하들과 서로 도울 때는 남의 충고를 잘 받아들이는 성격과 지혜로운 면모도 드러낸다. 유방에게는 조금 오만한 면도 있었지만 동시에 관후장자이기도 했다. 초(楚) 회왕(懷王)이 그에게 관중을 공격하도록 한 것도 그의 너그럽고 후한 성품 때문이었으니, 진나라의 학정이 계속되던 상황에서 유방을 선택한 것은 항우와 비교했을 때 분명히 훨씬 적절한 선택이었다.

유방의 이러한 무개성은 일종의 신축자재(伸縮自在 늘었다 줄었다 하는 데 구애받지 아니한다는 뜻으로, 조건과 환경에 맞게 움직이는 것이 여유가 있고 구속 없음을 이르는 말)한 도량으로 결코 일반 사람들이 쉽게 가질 수 있는 것이 아니다. 이른 바 '해납백천 유용내대'(海納百川 有容乃大 바다는 모든 강물을 받아들인다. 이처럼 포용력이 있기 때문에 바다를 크다고 하는 것이다)이다.

민심을 수용하는 도량

유방으로 하여금 민심을 얻게 만들어준 '도량'은 그의 투항 권고를 통한 성과에서 가장 선명하게 드러난다. 게다가 투항 권고의 성공은 우선 그에게 관후장자의 이미지를 심어주었고, 그로 인해 그는 '서진입관'(西進入關 서쪽으로 나아가 입관하다)의 입후보자 자격을 얻을 수 있었다. 반면 항우의 강경함과 전횡은 이 자격을 상실하게 하였고, 훗날 그가 어디에 가든지 수동적이고 소극적인 지위에 처하게 만들었다.

유방의 투항 권고는 천하를 쟁취하기 위한 대계(大計) 위에 존재하는 것이었지만 이것은 민심을 얻고 난 뒤에야 비로소 가치 있는 것이었다. 유방의 세객인 역이기(酈食其=역생)는 청산유수의 말솜씨로 유방이 70여 개의 성을 점령하는 데 기여했고, 장량은 한신의 이름을 빌어 그의 옛 지역 군민들을 항복시켰다. 한신은 이좌거의 건의를 채택해 무력 없이 연지(燕地 하북성 북부)를 항복시켰으며, 팽월(彭越) 또한 투항하게 만들었다. 유방은 또 대사마(大司馬) 주은(周殷)을 꾀어 항우를 배신하게 함으로써 해하전투의 서막을 열었다. 그밖에도 투항한 장수들은 부지기수였다. 물론 표면상으로만 보면 이 모든 것은 신하들의 공로였지만 실제로는 유방이 인재들을 잘 사용한 직접적 성과라고 하는 편이 옳다. 무력 없이 거둔 성과들은 당연히 그의 실력을 보존해줄 뿐 아니라 강화시켜 주었고, 백성들이 다치지 않았다는 사실은 유방의 '애민위본'(愛民爲本 백성을 사랑하는 마음을 근본으로 삼다)을 더욱 잘 드러내 주었다. 그리고 가장 큰 성과는 바로 백성들의 유방에 대한 추대(推戴)였으니 천하를 얻는 것은 자연히 순탄할 수밖에.

이렇듯 투항 권고의 또 하나의 보이지 않는 성과는 바로 '민심'이었다. 사실 유방 자신은 어떤 고명한 능력도 가진 게 없었다. 하지만 항우가 워낙 잔인하고 포악하며 괴팍했기 때문에 진나라 사람들은 크게 실망하였고 제(齊)의 군사들은 연합하여 초나라에 반기를 들었다. 제나라 왕의 아우였던 전횡은 패잔병 수만 명을 모아 성양(城陽)에서 항우를 반격하였다. 이 때문에 항우는 팽성으로 개선하지 못하고 제나라에 머물며 싸움을 계속할 수밖에 없었다. 즉 유방은 항우와 다른 방식을 선택하기만 하면 되었다. 유방은 실제로 이렇게 하였고, 간단히 말해 '불로소득'을 얻었다.

항우의 잔인하고 포악한 행동들은 유방에게 구실을 주었다. 유방은 항우의 열 가지 죄상을 열거하였는데, 그중 세 가지는 항우의 투항자들에 대한 살육과 직접적으로 연관된 것이고 다른 것들도 간접적으로 관련이 있었다. 항우의 잔인함과 포악함이 널리 알려져 초 회왕도 그를 후계자로 지목하지 않았다. 이에 원한을 품은 항우는 회왕을 살해하였고, 결국 그는 민심을 잃고 주위로부터 고립되었다.

유방은 도의적인 면에서 주동적인 위치를 점하고 있었고, 항우의 군대로 하여금 오랜 기간 전후방에서 작전을 동시에 수행해야 하는, 이도 저도 할 수 없는 상황에 빠지게 만들었다. 전후방에서 동시에 작전을 수행하는 전략은 예로부터 전술가들이 가장 기피하던 것으로, 이는 항우의 실패를 더욱 공고히 하고 말았다. 한 번은 항우가 길을 잃었을 때 한 농부에게 길을 물은 적이 있는데, 그 농부는 "왼쪽으로 가면 강동(江東)

에 다다를 수 있다"고 항우를 속여 결국 항우는 한나라 군대의 추격으로부터 다시는 벗어나지 못했다.

여기까지 오면서 우리는 유방이 대중들을 규합해 봉기하고 흩어진 병사들을 모을 수 있었던 것과 어떻게 약세에서 강세로 돌아설 수 있었는지, 또 칠십여 차례가 넘는 전쟁에서 승승장구했던 항우가 왜 해하의 전투에서에서는 전군이 전멸하게 되었는지를 어렵지 않게 이해할 수 있다. 마찬가지로 유방과 항우의 전쟁은 하나의 이치로 설명된다. "민심을 얻는 자는 천하를 얻으며, 민심을 잃은 자는 천하를 잃는다."

둘 간의 비교를 통해 알 수 있듯 유방의 정치투쟁 심리는 성숙한 것이었지만, 항우의 그것은 성숙하지 못했다. 홍문연에서 항우를 습격할 음모를 꾸민 것이 유방의 첫 번째 승리였다면, 두 번째 승리는 조무상(曹無傷)이 홍문연 사건의 반역자라는 사실을 항우의 입에서 들은 것이다. 유방이 돌아오자마자 한 첫 번째 일은 조무상을 처형하는 것이었다. '조무상의 행동을 배우면 결코 좋은 결과가 있을 수 없다'는 것을 부하들에게 경고한 셈이다.

또 한 가지 지적할 가치가 있는 것은 유방의 관념이 '여시구진'(與時俱進 시대와 함께 전진한다)이었다는 점이다. 유방이 황제의 자리에 오른 뒤 정공(丁公)이 투항하였는데, 정공은 일찍이 전투 중 도망가던 유방을 살려준 인물이었다. 그런데 유방은 예전의 일은 아랑곳하지 않고, "정공은 항왕의 신하가 되어서 충성을 다하지 않았다. 항왕으로 하여금 천하를 잃게 한 자는 바로 정공이다."라며 그의 목을 베었다. 유방이 이렇게 한 이유는 시대가 이미 달라졌기 때문이다. 천하는 이미 유씨의 것이었기에 이제 필요한 것은 충성의 전형을 세우는 일이었다. 이는 비록 배은망덕하고 인지상정에 어긋나는 일이었지만 정치적 이익을 고려한 데서 나온 것이다.

❈ 사람을 쓰는 기술 ❈
유방의 공제학을 배워봅시다

만일 당신이 한 기업의 관리자라면, 장량, 소하, 한신 등 각 영역에서 자신만의 특기를 지닌 인재들을 잘 사용하는 유방이 되고 싶은가, 아니면 겹겹이 포위된 상황 속에서도 남의 도움 없이 몇 명의 적장과 몇 백의 적군들을 베어내던 외로운 항우가 되고 싶은가?

이렇게 물어보면 아마 모두들 '유방이 되고 싶다'는 답안을 택할 것이다. 이치는 간단하다. 유방은 결코 업무상에서 훌륭한 실력자는 아니었지만, 어떻게 인재를 컨트롤하는지 만큼은 누구보다도 잘 아는 고급 지도자였다. 그렇다면 여기서 유방의 컨트롤 기교를 하나하나 분석해보고 어떻게 이를 실현했는지 살펴보자.

1. 유방의 인재를 알아보는 통찰력

자신을 잘 아는 사람 가운데는 왕왕 다른 사람도 잘 알아보는 눈을 지닌 사람이 있게 마련이며, 자신도 잘 이해하지 못하는 사람이 남을 이해하기란 어려운 법이다. 유방은 누구보다도 자신을 잘 아는 사람이었으며, 그의 가장 큰 장점은 격식에 구애받지 않고 인재를 등용한다는 것이었다. 그래서 유방의 대오에는 없는 사람이 없었다. 그의 대오가 어떤 사람들로 이루어져 있었는지 잠시 살펴보면, 귀족(장량), 세객(진평), 현리(縣吏 소하), 개도살꾼(번쾌), 포목상(관영), 마부(누경), 강도(팽월), 취고수(주발), 실업청년(한신) 등등, 그야말로 없는 사람이 없었다. 하지만 유방은 그들을 잘 조합시켜 각각에게 적합한 자리를 주었다. 잡군(雜軍)을 이끌고 있다는 사람들의 말에 전혀 신경 쓰지 않았던 유방은 그야말로 '산적의 우두머리'였다. 유방이 요구한 것은 모든 인재들이 최대한의 능력을 발휘하는 것, 이뿐이었다.

2. 인재를 알아보고 적재적소에 쓰다

사람을 알아보고 적재적소에 쓰는 것은 지도력에 있어서 가장 중요한 핵심사항이다. 여기서 더욱 중요한 것은 우선 사람을 잘 알아보는 것이고 그 다음이 적재적소에 쓰는 것이다. 사람을 잘 알아보려면 우선은 자신을 잘 알아야 하고, 그 다음 남을 잘 알아야 한다. 유방은 지도자의 가장 중요한 재능은 부하들의 적극성을 동원하는 것이라는 사실을 매우 잘 알고 있었다. 또한 부하들이 어떠한 재능을 갖고 있는지, 그들의 재능은 어떤 방면의 것들인지, 어떤 성격인지, 특징은 무엇인지, 어떤 장점과 단점을 갖고 있는지, 또 어떤 자리에 앉히면 가장 적절한지 등을 무엇보다도 중요시하였다. 지도자는 자신이 직접 나서서 어떤 일을 하는 것이 아니며, 무슨 일이든 반드시 몸소 행하는 지도자는 절대 좋은 지도자가 될 수 없다. 한 사람의 지도자로서 일군의 인재들을 장악하고, 그들을 적절한 위치에 앉히며, 그들로 하여금 자신의 능력을 발휘하게 한다면 당신의 일은 성공한 것이나 다름없다. 이 근본적 이치를 유방은 알고 있었고, 그리하여 그는 집단의 핵심인물이 될 수 있었다.

3. 진실하게 사람을 대하다

유방이 가장 희망하고 갈구하고 가장 얻고 싶어 했던 것은 무엇일까? 바로 '존중'이다. 물론 가능하기만 하다면 보수를 두둑히 받는 것도 나쁘지 않지만 가장 중요한 것은 인재를 존중하고 신임하는 것이다. 만일 당신이 이러한 인재들을 존중하고 싶다면 한 가지 방법이 있으니, 늘 진실함으로 상대하고 사실대로 말해야 한다. 유방은 바로 이러한 장점들을 갖고 있었다. 장량, 한신, 진평과 같은 이들이 유방과 대화를 나누던 중에 질문을 던지면 유방은 전부다 사실대로 대답해주었지 결코 거짓말을 하지 않았다. 설사 대답이 면목 없는 내용이라 해도 절대 거짓말은 하지 않았다.

홍문연 사건이 발생하기 전에 장량이 소식을 듣고 전하길, 항우가 둘째 날 군사를 보내 유방의 군대를 섬멸한다는 것이었다. 장량은 유방에게 물었다. "대왕께서는 항우를 이기실 수 있다고 생각하십니까?" 유방의 대답은 "물론 못 이긴다"였다. 이러한 그의 '실사구시'적 태도는 '곧 죽어도 체면'을 외치며 '생고생'하는 저급한 실수를 막아 주었고, 이 때문에 책사들은 그를 위해 더욱 적극적으로 계획을 짜고 대책을 마련하였다.

훗날 한신이 유방의 군중에 와서 이렇게 물은 적이 있다. "대왕께서는 자신의 능력과 실력을 잘 한번 헤아려 보십시오. 항우를 이기실 수 있으신지요?" 유방은 한참을 침묵하더니 결국 솔직하게 말했다. "당연히 이길 수 없지." 하지만 이것 때문에 수많은 인재들이 유방을 도와 자신의 계책을 내놓았다. 여기에는 한 가지 전제가 있었으니, 유방은 어떤 일이든 사실대로 말해주며 결코 숨김이 없었다. 이렇게 상대방을 신임하고 존중하니 상대방으로부터도 똑같은 보답, 즉 신임과 존중을 받을 수 있었고, 자연히 이들은 전심전력으로 그를 도와 계책을 내놓았다. 솔직하게 상대방을 대하는 태도는 분명 모든 지도자들이 거울삼을 만하다.

4. 인재를 쓸 때 의심하지 않다

옛 말에 이런 말이 있다. '의인불용, 용인불의' 누군가를 쓰려면 당신은 반드시 그를 믿어야 하며 의심해서는 안 된다. 지도자로서 가장 기피해야 할 것이 바로 하루 종일 모든 이들을 지켜보면서 의심을 품는 태도이다. 오늘은 이것을 의심하고, 내일은 저것을 의심하는 행동은 절대 삼가야 한다. 유방에게는 바로 이러한 박력이 있었다. 일단 누군가를 기용하기로 결심하면 절대로 의심하지 않고 마음 놓고 사용하였다. 가장 전형적인 예가 진평인데, 그는 항우에게서 유방에게로 투항한 뒤 유방의 신임을 얻고 있었다. 이것은 자연히 유방 수하의 수많은 노장들의 불만을 가져왔다.

"대왕을 좇아 이렇게 오랜 시간 동안 생사를 함께 하고 공훈을 세우며 업적도 쌓았건만, 우리는 지금 이 위치에서 아직도 이러고 있거늘, 진평이란 놈은 오자마자 저렇게 높은 자리에 앉을 수 있단 말인가?" 결국 불만을 품은 어떤 이가 유방에게로 가서 진평이 과거에 형수와 간통을 한 적이 있다고 고해 바쳤다.

유방은 승복하지 못하던 사람들에게 이렇게 말했다.

"짐이 중요시하는 것은 진평의 재능이고, 그대들이 중시하는 것은 그의 덕행이오. 이 재능과 덕은 서로 다른 개념이니, 재능이 있다고 해서 반드시 덕이 있는 것은 아니고, 덕을 갖췄다고 해서 반드시 재능이 있는 것은 아니오. 그런데 지금 우리는 어떤 상황에 처해 있소? 우리는 지금 매우 어려운 시기에 놓여 있고, 이 엄중한 포위망을 뚫어야만 하오. 그러므로 지금 우리가 더욱 중요시해야 할 것은 재능인 것이오."

5. 유방의 논공행상(論功行賞)법

인재를 쓰면서 그를 신임하고, 또 그를 존중하는 동시에 반드시 필요한 것은 바로 그에 상응하는 포상이다. 왜냐하면 포상이야말로 그 인재의 공헌에 대한 가장 실재적인 인정이기 때문이다. 늘 좋은 말로 적당히 얼버무릴 수만은 없다. "자네 정말 대단한 걸", "정말 얻기 힘든 인재로군", "우리의 기둥일세" 등의 정신적 포상만 있고 조금의 물질적 포상이 없다면 허울뿐인 포상의 효과는 얼마 가지 않는다. 공헌을 하면 반드시 포상을 해야 하며 그 포상의 정도도 적합해야 한다.

유방이 천하를 얻은 뒤 직면하게 된 가장 큰 문제는 바로 어떻게 공신들을 포상할까였다. 모든 이들이 자신의 공적을 늘어놓기에 막힘이 없었고 그 모든 것들은 하나하나 다 사리에 맞는 사실이었다. 결국 유방은 최후의 판결을 내린다.

"소하가 첫째이다."

'소하가 첫째'라는 말에 다른 이들은 승복할 수가 없었다. 그리하여 모두들 유방에게 달려가 이의를 제기하였다.

"저희들은 모두 피투성이가 된 채로 죽기를 결심하고 목숨도 내던진 채 폐하를 위해 싸웠습니다. 하지만 소하는 방안에 들어앉아 장부, 군량, 사료, 병참이나 돌보았습니다. 이런 그의 공로가 어찌 일등이 될 수 있는 것이옵니까?"

유방이 물었다.

"제군들은 사냥이 무엇인지 아는고?"

그들이 대답했다. "아옵니다."

유방이 다시 물었다. "사냥을 할 때 짐승을 쫓아가는 것은 사냥개이지만, 짐승을 발견하고 사냥개에게 그것을 가리켜 쫓게 하는 것은 사람이라오. 그대들은 단지 사냥감을 손에 넣을 수 있었기에 공적을 세울 수 있었던 사냥개에 불과하오. 하지만 소하는 그 사냥감을 발견하고 또 사냥개에게 그것을 지적해준 사냥꾼이오. 게다가 그대들은 모두 혈혈단신으로 나를 따라와 주었으나 소하는 열 명의 식솔들을 데리고 나를 따라와 주었소. 말해보시오, 내가 그의 이러한 공로들을 잊을 수 있겠소?"

유방의 이 말은 모든 공신들의 말문을 막히게 하였다. 유방이 보기에 공신에도 여러 등급이 있었으니, 그것은 마치 사냥꾼, 사냥개와 같았다. 모두가 사냥감을 획득하기 위해 달려가지만 사냥꾼 역할은 사냥개의 역할보다 훨씬 중요하다. 그렇다면 우선적으로 고려해야 하고 더욱 중용해야 할 것은 전자(前者)이니 여기에는 이의가 있을 수 없는 것이다.

결론적으로 유방은 지도기술을 잘 아는, 지도자의 소질을 갖춘 자였다. 그는 인재를 신임하고 중용하고 그들의 적극성을 충분히 동원하며 또 은밀히 경계하고 통제할 줄 알았다. 따라서 당시 천하의 걸출한 인재들 모두가 그의 주위에 집결해 하나의 최적화 조합을 만들어냈고, 그로써 항우를 이겨 승리의 길로 걸어 들어갔다. 유방 자신 또한 성공을 거둔 근본 원인을 '인재 등용'이라 여겼다.

2

인기영합의 시조
유현덕(劉玄德)

짚신 삼던 상인이 어떻게
천하의 삼분의 일을 얻어냈는가?

劉玄德 ─────── 유현덕

　유비(劉備), 자는 현덕, 삼국시기 촉한(蜀漢)의 개국황제이다. 글재주와 무략 모두 특출함 없이 평범하였고 나약하며 무능했다. 제갈량(諸葛亮)과 관우(關羽) 등의 충심 어린 보좌 아래서 결국 조조(曹操), 손권(孫權)과 함께 천하를 삼등분 하여 그중 한 부분을 차지하였다.

　유비는 무엇에 의지해 성공할 수 있었을까? 왜 '경천위지'(經天緯地 온 천하를 조직적으로 잘 계획하여 다스리다) 할 만한 재주를 가진 제갈량이 그의 아래 머무는 데 만족해하고 그를 위해 죽을 때까지 온 힘을 다 바쳤을까? 왜 무성관공 관우는 그를 위해 끝까지 목숨을 바칠 수 있었을까? 그리고, 그렇게 많은 할거세력의 지도자들 모두가 유비를 일컬어 '시대의 효웅(梟雄)'이라 하고, 조조를 가리켜 '시대의 간웅(奸雄)'이라 하였는데 이는 또 왜일까?

　제갈량은 온 힘을 쏟아부어 갖가지 책략을 생각해 내었고, 관우와 장비(張飛)는 몸과 마음을 다 바쳐 싸웠는데, 결국 마지막에 황제의 자리에 앉은 것은 유비였다. 겉으로 볼 때 이 모든 것은 마치 유비가 한 일이 아닌 것 같다.

　그러나 사실은 그렇지 않다. 유비는 비록 제갈량처럼 후방에서 책략을 세우고 동풍을 빌려오지는 않았지만, 그에게도 자기만의 필살기가 있었으니 그것은 바로 '인기'를 빌리는 것이었다. 유비는 늘 자신의 인기를 끌어올릴 수단을 갖고 있었다. 이것이 바로 어떻게 그가 자신의 이름을 당대에 널리 알리게 되었는지 말해주는 핵심이다.

사서를 세심히 읽어 본 사람이라면 여기서 한 가지 중요한 부분을 발견할 것이다. 유비는 첫 번째 전쟁터에 나오기 전부터 자신의 명성과 지위를 확립하기 위해 상당한 준비를 하였다. 이것이 바로 자신의 꿈을 이루기 위한 완벽한 실행이었다. 어쩌면 당신은 이것을 발견하지 못했을지도 모르지만, 유비 일생에서 가장 큰 능력은 인기를 빌어 명성을 획득하는 것이었다! 유비는 언제 어디서나 명성을 얻기 위해 묵묵히 노력하였다. 유비가 어떻게 이를 통해 성공할 수 있었는지 처음부터 자세히 살펴보도록 하자.

'황숙'의 옷을 걸치다

　나는 어릴 때 작은 나무 의자에 쭈그리고 앉아 가족들과 함께 이야기 듣는 것을 좋아하였는데, 특히 이야기꾼이 침 튀겨 가며 말해주는 기인 이야기를 가장 좋아하였다. "큰 귀가 어깨까지 내려오고, 두 팔은 무릎을 지나며, 자신의 귀를 볼 수 있었다." 유비는 바로 내가 생각하는 기인이었다.

　기인은 반드시 보통사람을 초월하는 그 무언가를 가지고 있다. 그러나 이야기가 진행되면서 유비가 나에게 준 인상은 '상상한 모습과 완전히 다르다'는 실망이었다. 무술 능력이 쳐지는 것은 둘째치더라도, 기개도 연약하고 종일 징징거리는 것이 완전히 시집 못 가는 어린 과부의 모습이었으니 말이다. 성을 빼앗겼다고 울고, 백성이 죽었다고 울고, 조조에게 져서 울고, 인재를 붙잡지 못했다고 울었다.

유비가 한없이 무능하고 덕이 없어 보여도 실제로는 전혀 그렇지 않았다. 이는 내가 세상사를 두루 경험하고 성인이 된 이후에야 비로소 깨달은 점이다.

"새우는 새우의 길이 있고, 게는 게의 길이 있으며, 미꾸라지, 드렁허리 모두 자신의 길을 간다"는 중국 속담이 있다. 유비는 자신만의 능력을 갖고 있었는데 그것은 바로 자신의 명성을 높이는 일이었다. 유비의 가장 큰 능력은 자신을 '시대의 효웅'이라는 역할로 꾸며내는 것이었다. 여기에 교묘한 기교가 필요한 것은 말할 필요도 없으리라.

유비는 어려서부터 명성을 획득하는 방법을 잘 알고 있었다. 밝은 곳에서나 어두운 곳에서나, 남 앞에서나 등 뒤에서나, 그 어느 곳에서나 명성을 얻기 위해 노력하였다.

유비가 자신의 이상을 실현하기 위해 노력한 첫 번째 방법은 바로 '권력의 아첨과 빌붙기'였다. 그는 한실(漢室)의 자손이라 자처하였다. 이 방법이 과연 영리한 것이었을까 아니었을까. 지금부터 하나씩 고증해 보기로 하자.

‖ '황숙'은 훌륭한 명함이었다 ‖

유비는 황족의 몰락한 집안에서 태어나, 어려서 아버지를 여의고 줄곧 어머니와 서로 의지하며 살아가고 있었다. 당시 그의 집안은 이미 가산이라 할 만한 어떠한 것도 남아 있지 않아, 유비의 모친은 생계를 위해 거적자리 삼는 기술을 배웠다. 그들은 이것으로 겨우 입에 풀칠하며 하루하루를 보냈다. 모친이 사망한 뒤에 유비에게 남겨진 것은 단 두 가지뿐이었는데, 하나는 거적자리 삼는 기술이었고, 다른 하나는 유씨 집안의 족보 한 권이었다.

손발이 너무 컸기 때문이었는지 유비는 거적자리 삼는 기술이 투박하고 서툴렀다. 결국 물건은 잘 팔리지 않았고 얼마 지나지 않아 생계가 위태로워졌다. 이제 유비에게 있는 것이라곤 어머니가 남겨주신 족보뿐이었다. 매일 밤이 깊어지면, 유비는 그 족보를 집어 들고 등불 아래 앉아 멍하니 생각에 잠겼다. 그는 늘 자신의 신세를 원망하며 한탄하였다.

"다른 왕족의 자손들은 후작이니 재상나리니 하며 잘들 살고 있는데, 나도 어쨌든 정통 왕족 출신 아닌가. 그런데 지금 내가 이 지경으로 몰락해 버리다니 정말 시대가 사람을 희롱하는구나!"

그러나 한탄을 해 봐야 소용없는 일, 자신의 곤궁한 현 상황을 바꾸기란 쉽지 않았다. 유비는 머리를 굴리기 시작했다. 그때 그의 눈이 자신의 유일한 재산이었던 족보 위에 내리꽂혔다.

"나도 황족이거늘 어째서 황족의 깃발을 내걸고 온 힘을 기울여 대사를 치러보지 못하겠는가. 한실의 천하는 바로 우리 유씨 집안의 천하이다. 황족과 연고관계가 있는 것은 곧 최고의 영예를 의미하며, 이는 보이지 않는 재산이기도 하다. 유표(劉表), 유장(劉璋), 유요(劉繇), 유대(劉岱)…. 이렇게 유씨의 자손들은 모두 제후가 되어 있는데 어째서 나만 이렇게 짚신이나 팔아야 하는가?"

그는 자신의 황족 신분을 공개적으로 드러내고 관우, 장비와 도원결의를 맺은 후에 함께 대사를 거행할 시기를 정하였다. 중국인들은 자고로 '사출유명'(師出有名 출병하려면 명분이 필요하다), '명부정즉언불순'(名不正則言不順 대의명분이 서지 않으면 말도 이치가 맞지 않는다)을 중시하였으니, 그들의 거사에도 당연히 그럴싸한 명분이 있어야 했다. 유비는 한실의 종친이자 항렬상 현 황제의 숙부였으니, '한실을 보좌하는 것'은 당연히 합당한 명분이었다. 당시 유비의 집안어른 유수(劉秀) 역시 한실 종친이라는 명목으로 백성들의 지지를 얻어 황제의 정권을 빼앗은 왕망(王莽)이란 자를 내쫓은 참이었다. 유비는 선조의 방법―한실을 보좌하자―을 거울삼아 거사의 그럴듯한 명분을 찾았다. 유비, 관우, 장비 세 사람은 가산을 털어 모아 수많은 사람들을 끌어모으기 시작했다.

유비는 우선 동탁(董卓)의 목을 베기로 결심하였다. 그는 친구 공손찬(公孫瓚)의 연줄로 역신 동탁을 토벌하는 연합군에 가입하여 토벌 소분대로 편성되었다. 동탁 토벌 연합군을 살펴보면, 발해(渤海) 태수 원소(袁紹)는 가문 4세대가 삼공(三公 옛 중국의 관직명으로 천자에 버금가는 최고의 관직이었다. 태위(太尉), 사도(司徒), 사공(司空) 세 관직을 일컫는다)을 지낸 명문가의 후손이었다. 남양(南陽) 태수 원술(袁術)은 회남(淮南) 땅을 차지하고 있었으며 군대가 매우 강하고 실력 또한 출중하였다. 오정(烏程)현의 제후 손견(孫堅)은 '강동(江東)의 맹호'라 불렸는데 역시 명망 높은 가문의 자식이었다. 서량(西涼) 태수 마등(馬騰)은 수십만의 군사를 보유했을 뿐 아니라 실력도 막강하였다. 그밖의 수많은 지도자들 역시 어디 후작나리 아니면 태수였고, 오직 유비만이 보잘것없는 현령이요, 관우와 장비 역시 고작 마궁수(馬弓手 말을 타고 활을 쏘는 군사)와 보궁수(步弓手 보병을 거느리고 활을 쏘는 군사)에 불과했다. 원소는 자연히 이들 삼형제를 우습게 보았고 몇 번이나 이 보잘것없는 현령을 몰아내고자 했다. 유비는 이를 눈치 채고는 기회를 엿보아 자신이 한실의 종친 신분임을 드러내었다. 그러자 원소는 바로 태도를 바꾸어 재빨리 유비에게 벼슬자리를 하사하고는 이렇게 단도직입적으로 말하였다.

"나는 황실의 후예라는 그대의 직위를 두려워하는 것이 아니라 공경하는 것일 뿐이오."

한실 종친이라는 이 훌륭한 명함 덕분에 높은 사람에게는 아첨하고 낮은 사람은 업신여기는 원소 같은 자도 유비를 다시 한번 우러러 본 것이다. 유비는 당연히 이 점을 깊이 깨달았을 것이다.

하지만 신분은 신분일 뿐, 대사를 성사시키기 위해 유비에게 진정 필요한 것은 황제로부터 유비라는 인물에 대해 실질적으로 인정받는 것이었다. 그가 인내심을 갖고 때가 오길 기다렸다가 기회가 왔을 때 바로 자신의 신분을 밝힌 것은 바로 '칭호'를 얻기 위함이었다.

‖ 신묘한 작용을 하는 칭호 ‖

몇 년 후에 유비와 조조는 힘을 합쳐 여포(呂布)의 군대를 크게 무찌르고 그를 생포하였다. 한 시대 전쟁의 화신인 여포가 불우하게도 조조에게 죽임을 당하니 어찌 애석하지 않을 수 있겠는가! 그 후 유비는 여포를 잡은 기쁨으로 조조의 뒤에서 자신의 조카뻘인 한 헌제(漢獻帝)에게 조현(朝見, 신하가 입도하여 임금을 알현하는 일)을 준비하였다. 사실 한 헌제는 실질적인 권력을 모두 조조에게 빼앗긴 상태여서 성이 유씨인 자가 공을 세웠다는 소식을 듣고 매우 기뻐했다. 한 헌제가 유비에게 신분을 물은 뒤 유비가 중산정왕(中山靖王)의 후손임을 알고 촌수를 따져보니 자신의 삼촌뻘이 아닌가! 헌제는 마음속으로 은근히 기뻐했다. 자신이 황제임에도 불구하고 조조에게 권력을 빼앗겨 실권을 장악할 수 없었던 상황에서 공을 세운 유비의 출현으로 자신의 영역을 확장할 수 있게끔 된 것이다. 헌제는 자신의 삼촌뻘인 유비가 반드시 자신을 도와줄 것이라 믿었다.

그리하여 한 헌제는 유비를 자신의 곁채에 불러들여 삼촌과 조카의 예를 다하고자 유비를 좌 장군에 봉하였다. 이때부터 유비는 꿈속에서나 바라던 '유황숙'이란 칭호를 얻게 되었다. 유비도 헌제도 모두 기뻐할 일이었다. 헌제가 기뻐한 이유는 굳이 말하지 않아도 되겠거니와 '황숙'이라는 명분은 유비에게 있어서 상당히 중요한 의의를 가진다. 유비가 '황숙'이라는 칭호를 얻었다는 것은 나약하고 보잘것없는 평민이 봉황과 같은 강한 권력의 옷을 입었다는 것을 상징한다. 그리하여 황궁 안의 황후나 귀비의 형제들, 혹은 태수 등의 사람들이 유비를 방문하기 시작했고 심지어 유비를 무시했던 사람들마저 새로운 눈으로 유비를 보기 시작했다.

'황숙'이라는 칭호를 얻게 된 데 대하여 유비와 더불어 관우, 장비 두 형제 모두 기쁨을 나누었다. 그들은 '황숙'이라는 칭호에 더욱 기운을 낼 수 있었고, 스스로에게도 체면을 세울 수 있었다. 물론 마음 한구석에 근심이 없었던 것은 아니지만 자신들이 따르는 인물이 '황숙'이라는 칭호를 얻자 유비를 위해서 목숨을 바칠 수 있게 되었고 또 더욱더 결의하게 되었다.

세상에는 이름보다 칭호가 더욱 빛을 발하는 사람들이 있다. 예를 들어 '탁탑천왕'(托塔天王)이라는 칭호를 가진 조개(晁盖), '급시우'(及時雨 곤란이나 문제를 제때에 나타나 해결하는 사람)'란 칭호를 가진 송강(宋江) 등이 바로 그들이다. 유명한 칭호로 화려한 옷을 입으면 사람들을 모아 봉기하고 의거하는 것이 쉬워진다. 즉 많은 사람들이 그들의 명성을 선망하여 따르게 되는 것이다. 그리하여 이후 사람들도 계속해서 '철권진삼강(鐵拳鎭三江 싸움을 잘해서 붙여진 칭호)', '혼원벽력수(混元霹靂手 민첩하게 일을 잘하여 붙여진 칭호)' 등 여러 종류의 칭호를 갖게 된다. 비록 '유황숙'이란 칭호가 다른 저명한 칭호보다 위대함을 나타내진 않지만 그러한 칭호보다 더욱 쓸모 있는 것은 확실하다. 당시 지략이 뛰어난 수많은 신하들과 용맹한 장군들이 이러한 칭호를 선망하여 그에 의탁하기 위해 유비의 휘장 안으로 들어오게 되었다.

유비가 제갈량을 모시러 남양으로 갔던 일을 생각해보자. 남양에 도착한 유비는 제갈량이 살던 오막살이 집 앞에서 사립문을 가볍게 두드렸다. 하지만 제갈량은 나오지 않고 한 아이가 나와서 유비를 맞이하였다. 유비가 말하길 "한좌장군, 의성정후, 영예주목, 황숙유비가 특별히 제갈선생을 방문하고자 한다"고 말한다. 이러한 수많은 칭호는 마치 오늘날의 국장이라든지, 주임, 경리, 이사장 등의 명함과 흡사하다. 하지만 직함이 많으면 오히려 어떤 것이 가장 유효한 직함인지 애매하기 마련이다. 지금 시대와 같이 명함을 인쇄하여 건네줄 수 있다면 이러한 수고스러움을 덜 수 있었겠지만 애석하게도 그 당시엔 종이가 아직 보편화되지 않았던 시대이다. 예상대로 유비는 번거로움에 처하게 된다. 그 아이가 말하길 "이름이 너무 많아서 기억할 수가 없네요." 유비는 부득이하게 다른 칭호는 모두 제외하고 '황숙 유비'가 와서 만나려 한다는 말을 아이에게 전했다. 유비 자신도 제갈량 앞에서 자신의 칭호인 '황숙'을 내보이고 싶어 한 것이다.

칭호의 중요성에 대해서 유비 자신도 충분히 인지하고 있었다. 게다가 그는 내실 없는 빈껍데기에 불과한 칭호만으로는 충분치 못하다는 것도 이해하고 있었다. 한마디의 말이나 사소한 동작 하나하나도 황숙이라는 칭호에 어울려야 했다. 하지만 유비의 나이 30, 40에 이르기까지 단 한번도 황궁 안에서의 생활을 경험해본 적이 없었기에 황숙이라는 칭호에 걸맞은 새로운 배움이 필요했다. 사실 어떤 일도 배우지 못할 일은 없다. 또한 아무리 노력해도 배울 수 없다면 '황숙'의 행동거지를 흉내 내면 됐다. 황숙이라는 칭호를 얻고 오래지 않아 유비도 점점 이 칭호에 맞는 역할을 의식하고 연습하기 시작했다.

도원결의 후에 유비는 관우와 장비를 거느리고 노식(盧植)에게 의탁하려 했지만 도리어 노식이 관군에게 잡혀 죄수 호송차에 갇혀 있는 것을 보게 된다. 노식이 하소연하며 자신의 억울한 심정을 이야기하자 장비가 크게 분노하며 호송군인들을 칼로 베어버리고 그를 구하려 하였다. 다행히도 유비가 급히 장비를 만류하며 "조정에서도 조정 나름대로의 공론이 있게 마련이다. 너는 어찌 그리 경거망동하려 하느냐?"며 질타했다. 실은 유비가 15세 때 노식의 문하에서 학문을 배운 적이 있다. 그

2장 인기영합의 시조 유현덕(劉玄德) 69

렇기에 자신의 스승이 이러한 상황에 처한 것을 본 유비 또한 마음이 편할 리가 없었다. 하지만 자신의 황숙이라는 칭호에 충실하자니 멋대로 행동할 수 없었던 것이다. 스승을 구할 수 없을 뿐 아니라 장비의 경솔함마저 질책하고 있는 유비의 이러한 모습이야말로 황숙의 칭호에 걸맞은 모습이라 하겠다.

후에 유비, 관우, 장비 세 사람이 장각진에서 동탁을 구하던 중에 동탁이 그들을 보고 '백신(白身 평민을 의미함)', '심경지(甚輕之 다른 사람을 멸시하는 말)', '불위례(不爲禮 예를 지키지 않음을 나타냄)'라고 무시하는 투로 말하자 장비가 화를 견디지 못해 칼을 뽑아들고 동탁의 장막 안으로 들어가 동탁을 죽이려 했다. 이때 또 한번 유비가 장비를 제지하며 "동탁은 조정에서 임명한 관리이다. 어찌 마음대로 죽일 수 있겠는가?"라고 꾸짖었다. 장비는 백정 출신이다. 예의범절을 그다지 중요하게 여기지 않기에 말이나 행동하는 데 있어서 거침이 없었다. 하지만 유비가 짊어진 황숙이라는 칭호의 역할을 위해 장비도 어쩔 수 없이 항상 주의를 기울여야만 했다. 또 한번은 여포가 무례하게 유비를 '현제(賢弟 자신의 동생, 친구 또는 제자의 경칭)'라고 칭한 적이 있다. 장비가 이를 듣고 분을 참지 못하고 눈을 부릅뜨고 큰 소리로 꾸짖으며 "나의 형님은 금지옥엽(金枝玉葉 황족의 자손)이시다. 네가 누구이기에 감히 우리 형님을 현제라 칭하는가? 나와 한번 겨루어 보자!" 이러한 사건 또한 유비가 황숙이라는 신분이었기에 벌어진 일이다.

'황숙'이라는 칭호가 유비에게 많은 도움을 준 것은 확실하다. 우선 늙고 병들어 쇠약한 도겸(陶謙)이 서주(徐州) 지역을 유비에게 예양하려

한 일이다.

"유비는 황실의 자손이며 덕망이 높고 재능이 뛰어나니 서주를 그에게 맡겨도 문제없을 것이다."라고 말하며 도겸은 서주를 유비에게 넘겨주었다. 시간이 지나 유비의 병사들이 패하고 유표에게 의탁하기 위해 손건(孫乾)을 선발대로 보낸 적이 있다. 당시에 유표는 처남인 채모(蔡瑁)에게서 유비의 명예를 훼손하는 말을 듣고 유비를 받아들여야 할지 말지를 고민하고 있었는데, 손건의 한마디에 바로 유비를 받아들이기로 결정했다. 손건이 유표에게 한 그 한마디는 "유비는 한족의 후예이니 모두 같은 동족이오."였다. 같은 민족임을 내세워 유표의 마음을 돌린 것이다.

'황숙'이라는 칭호는 유비가 50세의 나이를 넘겼을 즈음 또 한번 빛을 발한다. 유비가 자신보다 스무 살이나 어린 손권의 여동생 손상향(孫尙香)과 결혼하여 오국태(吳國太)의 사위가 된 일이다. 오국태의 사위가 됨으로써 손권과 유비의 연맹관계에 중대한 발걸음을 내딛게 된다. 실은 오국태가 처음부터 유비를 마음에 들어 한 것은 아니었다. 오국태는 참모인 주유(周瑜)의 계책을 그리 마음에 들어 하지 않았다. 주유는 손상향을 이용해 미인계를 써서 유비를 꾀게끔 하여, 유비와 손상향이 결혼함으로써 얻을 수 있는 국가적 이득을 계산하고 있었다. 오국태가 주유의 이러한 계책에 동의하지 않았음은 물론이다. 하지만 그때 교국노(喬國老)라는 자가 오국태를 일깨워주는 말을 하였다.

"유황숙은 한실의 종친입니다. 그를 사위로 받아들이는 것은 이로운 일입니다."

오국태는 그때서야 노여움을 풀고 유비를 만나기로 한다. 오국태는 유비를 보자마자 "정말로 내가 바라던 사윗감이구나!"라고 감탄하며 유비와 손상향의 결혼에 동의한다. 생각해보면 유비가 만약 황숙이라는 칭호를 얻지 못했더라면 그는 단지 신발을 만들어 팔고 거적자리나 짜서 파는 상인에 불과했을 것이다. 오국태는 어찌하여 '용과 봉황의 기세, 하늘과 태양의 지표'가 될 유비를 알아차릴 수 있었을까? 이 모든 것이 황숙이라는 칭호 덕분에 가능했던 것이다.

'황숙'이라는 칭호를 얻은 지 오래 지나자 유비 자신도 스스로 긴장이 풀어질 때가 있었다. 마음이 헤이해질 때마다 유비는 예전의 수공업자 본색을 자신도 모르게 드러내곤 했다. 하루는 어떤 이가 유비에게 소의 꼬리털을 보내왔다. 유비는 꼬리털을 보자마자 예전의 장인 정신이 되살아나 제갈량에게 선물하기 위한 모자를 그 자리에서 엮어냈다. 유비가 출병하여 황건적을 토벌할 때가 38살이니 수공업자로 살아온 그의 인생이 적어도 20년은 족히 되었다. 20년 넘게 익혀 온 기술로 모자를 엮으니 모자는 당연히 세심하게 만들어질 수밖에 없었다. 하지만 유비는 제갈 선생의 훈계를 받아야만 했다.

"명공(유비)은 더 이상 원대한 꿈이 없으신지요? 이러한 사소한 일에 연연할 것입니까?"

공명은 유비에게 언제라도 어떤 장소에서도 항상 자신의 본분을 잊지 않도록 당부했다. 만약 잠시라도 자신의 신분에 걸맞지 않은 행동을 한다면 일을 그르칠 수 있다는 것이 제갈량의 생각이었다. 유비는 그의 조언을 받아들여 그 이후로 두 번 다시 신분에 걸맞지 않는 행동을 하지 않았다.

뛰어난 '연기력'

　칭호도 얻고 명성도 알려진 유비는 연기를 통해 새로운 면모를 보여준다. 그가 하려 한 것은 자신의 성공을 위해 유리한 방향을 설정하는 것이었다. 바로 연기를 하는 것이다. 유비는 사내대장부로서 쉽게 흘리지 말아야 할 눈물을 몇 차례나 흘리곤 한다. 이 눈물을 흘리는 행위가 바로 일종의 연기였던 것이다. 연기를 잘하는 사람은 가장 적합한 시기에 대중을 선동하는 일종의 분위기를 조성하여 일반 사람들에게 형언할 수 없는 기억을 남기게 한다. 실제로 이러한 방법은 사람들에게 잘 먹혀들어 갔다. 어떤 이들은 이러한 연기에 대해 일고의 가치도 없다고 생각하며, 심지어 코웃음 치며 비웃기도 하지만 이를 비웃는 이들이 간과하는 것은 바로 이러한 연기가 얼마나 사람들에게 효과적으로 작용하는가이다.
　중국에서 이러한 연기를 통해 사람들을 감동시킨 역사는 매우 길다.

유비는 바로 이러한 연기 능력에 있어서 최고의 고수였다.

‖ 눈물을 통해 '선비는 자기를 알아주는 사람을 위해 죽는다.'는 고사를 현실로 실현하다 ‖

유비는 눈물을 잘 흘린다. 눈물을 자주 흘릴 뿐만 아니라 우는 방법 또한 다양하다. 책 속에서 유비가 몇 번을 우는지는 조사해보지 못했지만, "유현덕이 울면서 말하기를, 크게 울다, 크게 통곡하다, 울면서 아뢰길, 손을 잡고 눈물을 떨구다, 흐느껴 울며 이별하다, 서로 마주보고 울다, 목 놓아 크게 울다, 눈물이 마치 비가 내리듯 떨어지다, 눈물이 샘솟다, 눈물이 엉키다" 등 그 수를 헤아릴 수 없다. 유비는 눈물을 많이 흘리지만 그 종류 또한 다양하다. 민중들의 입장을 생각하며 흘리는 눈물, 책사인 서서(徐庶)와 이별하면서 흘리는 눈물, 운이 나쁜 것을 개탄하며 흘리는 눈물, 유표에게 의탁할 때 화장실에서 스스로 살이 오른 것을 발견하고 다리에 군살이 붙은 것을 개탄하며 흘리는 눈물 등 여러 가지의 눈물이 있다. 하지만 이러한 여러 종류의 눈물은 결코 단순히 진심에서 우러나오는 눈물이 아니라 일종의 교묘한 책략이었다.

사람들은 유비가 천하의 삼분의 일을 얻은 것은 이 눈물에서 나온 것이라고 말하는데 이는 확실히 일리가 있다.

좀 더 깊게 생각해보면 유비가 자주 눈물을 보였던 것이 이해가 간다. 삼국 가운데 유비의 세력이 가장 약했다. 조조는 천자를 등에 업고 제후에게 명령하는 등 중원은 이미 조조의 손아귀에 있었으며, 손권은 강동을 손에 넣고 있었다. 하지만 유비는 형주(荊州)를 얻기 전엔 아무 것도 없었다. 먼저 북평태수 공손찬의 휘하에서 보잘것없는 현령으로 있다가 서주를 얻었지만 여포에게 빼앗겼다. 조조의 휘하에서 재능을 감추고 때를 기다리다 어렵게 그에게서 벗어나 자신의 뜻을 펼쳐보려 했건만, 다시 조조의 공격으로 원소에게 투항하게 된다. 또 조조를 피하기 위해 형주의 유표에게 의탁하는 등 계속해서 의지할 곳 없는 불쌍한 신세였다. 유비가 유일하게 할 수 있었던 것은 바로 자신의 휘하에 능력 있는 부하들을 두는 것이었다. 만약 유비에게 부하를 대하는 겸손함마저 없고 인심을 농락하는 방법도 없었다면 유비가 어찌 천하의 삼분의 일을 얻을 수 있었을까?

한번은 장비가 술에 만취해 서주를 잃고 유비에게 돌아왔을 때 자세하게 그 이유를 말했다. 다른 사람들은 대경실색했지만 유비는 얻은 것이 있다고 무슨 기뻐할 것이 있으며 잃은 것이 있다고 무슨 슬퍼할 일이 있느냐며 장비를 위로했다. 하지만 가족들이 성안에 갇혀 있다는 사실을 알고 난 후 유비는 아무 말도 하지 않았다. 사실 이 일은 장비의 잘못이 분명했다. 후에 관우가 다시 한번 장비를 질책했고 장비는 칼을 뽑아 스스로 목을 베려 했다. 이때 유비가 연기를 하기 시작한다. 유비는 장비를 만류하고 칼을 뺏어 집어던지며 "형제는 손발과 같고 처는 옷과 같다. 옷이 망가지면 다시 꿰매면 되지만 손발이 끊어지면 어찌 다시 이을 수 있겠는가?" 라고 말하며 목 놓아 크게 통곡하기 시작했다.

유비의 이 말에 장비와 관우 모두 크게 감동하여 그들의 우의는 전보다 훨씬 두터워졌다. 이러한 눈물연기를 통해 유비는 진심에서 우러나는 감동을 이끌어냈고 다른 사람들도 유비의 인격과 재능을 알아주기 시작했다. 장비와 관우는 이때부터 목숨을 바쳐 유비에게 충성하기 시작했다. 단지 눈물 몇 방울을 통해 유비는 많은 효과를 얻을 수 있었다. 또한 눈물을 흘렸다는 사실에 체면을 잃지도 않았다. 이것이 바로 유비가 사람을 부리는 책략이었다.

자신이 직접 본보기를 보여줌으로써 민심을 얻다

눈물을 흘리는 방법 이외에 유비는 적절한 시기에 자신의 사적인 집안일을 내세워 연기하는 방법을 잘 알고 있었다. 그의 연기를 본 부하들은 사적인 일을 잊고 공적인 일에만 집중할 수 있었으며 이로 인해 군대의 사기를 얻을 수 있었다.

유비가 이 방법을 사용하여 자신의 능력을 보여준 전형적인 사건이 있다. 당시 장판파(長坂坡) 전쟁에서 조운(趙雲)이 아두(阿斗 유비의 아들 유선의 아명)를 구하기 위해 이중 삼중으로 에워싼 조조의 병사들을 50여 명이나 베고 아이를 구출해 돌아왔다. 아이를 유비에게 넘겨줄 때 유비가 겉으로는 기쁘지 않은 척하며 말하기를, "너를 구하기 위해 하마터면 좋은 장수 한 명을 잃을 뻔했다." 그리고는 아들 아두를 바닥에 내팽개쳤다.

생각해보면 호랑이가 아무리 잔인해도 제 새끼는 잡아먹지 않는다. 하물며 유비에게 있어 조운이 아무리 중요한 장수라 할지라도 자신이 직접 낳은 친아들보다 중요할리 있겠는가? 옛 속담이 맞긴 맞는가 보다. 선비는 자신을 알아주는 사람을 위해 죽는다. 유비의 이러한 모습에 조운이 목숨 바쳐 유비를 섬기지 않을 수 있겠는가? 다만 한 가지 사실을 망각하지 않았으면 한다. 유비는 귀가 어깨에 닿을 정도로 길며 두 손은 무릎에 닿을 정도로 길다. 그의 팔은 빠른 속도로 땅을 짚을 수 있다. 게다가 조운의 무공 또한 뛰어나니 아이가 어찌 땅바닥에 내팽개쳐질 수 있었겠는가? 조운은 황급히 아두를 안고 일어나면서 눈물 흘리며 말했다.

"제가 목숨을 기꺼이 바쳐도 이 은혜를 어찌 갚을 수 있겠습니까?"

원래 아이를 구해온 것은 그리 대단한 일이 아니었다. 하지만 유비는 고의로 일을 크게 벌여 다른 사람들을 감동시켰다. 이 사건을 통해 훗날 어떤 이는 이런 시를 지을 정도였다.

"충신을 위안할 길이 없다면 자신의 아들을 내던져라."

민간속담은 이를 더 잘 설명해주고 있다.

"유비가 아두를 내팽개쳐서 인심을 얻었다."

다시 유비가 서주, 형주, 익주(益州)를 획득하는 과정을 살펴보자. 실은 유비가 이 땅들을 차지하는 것은 당연한 일이었다. 하지만 유비는 일찍이 다수의 의견을 무시하고 받지 않으려고 하였다. 사실 마음속으로는 이 땅을 얻게 되는 것에 대해 누구보다도 기뻤다. 받는다 하더라도 다른 사람들이 왈가왈부할 수 없는 상황이었다. 하지만 유비는 이 일도 그냥 넘어가지 않았다. 계속 기다리다 남에게 인의를 다하여 최대한의 도움을 주고 난 후에야 이 땅을 거두어 들였다. 이 일이 남긴 인상은 매우 깊다. 민중들은 유비가 어질지 않고 그저 명예만 추구하는 일은 절대로 하지 않을 것이며, 어쩔 수 없는 상황에서 이 땅을 거두어들인 것이라 생각하게 되었다.

서천(西川) 지방으로 진군하여 익주 유장의 근거지를 점령하는 과정에서 유비의 태도는 마치 마지못해 익주를 점령하는 듯한 모습이다. 게다가 방통(龐統), 법정(法正)과 같은 사람들을 의롭지 못하다고 비판하는데 이는 독자들도 이해할 수 없는 부분일 것이다. 하지만 결국은 크게 전쟁을 일으켜 익주를 점령했다. 사실 독자들이 조금만 깊게 생각해보면 유비가 서천을 점령하려 한 것은 공명이 초가집에 살 때부터 이미 계획된 핵심 전략이었다.

진군 중에 유비는 방통에게 깊은 뜻을 전해주었다. 그는 자신이 일관되게 쓰는 방법과 조조가 쓰는 방법을 비교하였다.

"조조는 성격이 급하고 나는 관대하다. 조조는 폭력적이고 나는 인자하다. 조조는 남을 기만하고 나는 신의를 지킨다. 모든 것이 조조와 상반되며 일할 때 있어서도 그렇다."

위의 유비의 말에서도 알 수 있듯이 유비는 계속해서 자신의 부하들이 자신을 바라볼 때 인과 덕을 겸비한 왕이라는 이미지를 각인시키도록 노력했다. 그리하여 유비는 그의 부하들이 더욱 목숨을 바쳐 자신을 위해 일해 줄 것을 바랐으며, 자신이 인정한 우수한 신하들이 그를 따르도록 했다. 이것이 바로 유비가 연기를 통해 얻은 일거양득이다. 그래서 유비는 전력을 기울여 스스로 본보기를 보여주었다. 즉, 자신의 인과 덕을 남들이 알도록 하게 한 것이다. 이러한 연기는 결코 어렵지 않았다. 그저 조금만 세심하게 마음을 움직이면 모든 것이 순조롭게 처리되었다. 어려운 것은 단지 목적을 위해 스스로 연기하며 자신을 아끼지 않는 그 노력뿐이었다.

군중 노선으로 걸어가, 천하의 명성을 얻다

갖가지 번거로움도 꺼리지 않는 연기를 통하여 유비는 좋은 평판과 명성을 얻고 좋은 이미지를 구축할 수 있었다. 이는 수많은 우수한 인재들의 참여를 불러 일으켰다. 그는 어릴 적부터 중·하류층 친구들과 잘 사귀었고, 커서는 군대를 통솔하고 부하들을 잘 대하는 것 또한 매우 중시하였다. 관우, 장비, 조운과 같은 오랜 벗이건 제갈량, 방통과 같은 새로 온 동지건 간에 유비가 그들을 구슬리는 수단은 매우 훌륭했다. 같이 먹고 같이 자는 그의 모습을 보고 모두 감격하여 그를 위해 기꺼이 사력을 다했다. 심지어 적이 보내온 자객조차도 그에게 감화될 정도였다. 당연히 유비가 이렇게 하는 것에는 어떤 실리적 목적이 있었으니, 바로 사람들의 인심을 사서 그들로 하여금 자기 대신 목숨을 내걸게 하려는 것이었다.

천하를 얻기 위해서는 민심의 향배가 지극히 중요한 것이었고, 이에 대한 유비의 인식 역시 상당한 수준에 도달해 있었음을 알 수 있다. 그의 군중노선이 어떻게 인기에 영합하는 과정을 거쳐 나올 수 있었는지 살펴보기로 하자.

'덕으로 설득시키다' – 가장 감동적인 방법

유비는 몰락한 귀족 출신으로 짚신을 삼아 먹고 살았다. 장각(張角)이 반란을 일으키자 장비를 꼬드겨 가산을 다 털게 한 뒤, 그 자신은 무일푼으로 일어서 결국 제후가 되었다. 유비가 기댄 것은 무엇이었을까? 그것은 바로 '덕으로 설득시킨다'는 구호로 인심을 끌어들인 것, 그리고 '형제는 수족과 같다'는 의리였다. 즉 이러한 정의롭고 늠름한 이미지가 유비로 하여금 적지 않은 인심을 살 수 있게 하였다.

유비는 수하의 병사들을 보살피는 데만 그치지 않고 백성들의 심중에서 자신이 어떤 지위를 차지하고 있는지를 더욱 중시하였다. 그는 본래 소상공업자로 군중 속에서 걸어 나온 인물이다. 그는 조조처럼 하늘이 준 기회를 모두 차지하고 있지도 않았고, 또 손권처럼 풍부한 배경을 갖고 있지도 않았다. 그러므로 백성들의 마음 한 구석이야말로 그의 유일한 출로였던 것이다. '인덕애민'(仁德愛民 어진 덕으로 백성들을 사랑한다)으로 논하자면, 유비는 일생동안 좌절을 여러 번 겪었기에 백성들에게 인정을 베풀 기회가 결코 많지 않았다. 그러나 그는 '인심을 얻는 자가 천하를 얻는다'는 이치를 잘 알고 있었고, 너그럽고 어질고 후덕하게 사람을 대하는 것을 중시하였다. 백성을 해치면서 자신의 이익을 추구하던 군벌, 흉포하고 살육을 즐기던 군벌들과는 분명히 달랐다.

당초 유비는 황건적을 토벌하는 공을 세워 안희(安喜)현의 직위를 받았다. 현에 배치되고서 한 달 여 동안 백성들의 이익을 조금도 침해하지 않아 사람들은 모두 감화되었다. 부임한 뒤 관우, 장비와 한 상에서 식사하고 한 침대에서 잠을 잤다. 그 결과 소문이 꼬리에 꼬리를 물고 퍼져 유비에 대한 입소문은 점점 좋아졌고, 유비는 시작부터 민중들의 좋은 명성과 인망을 얻게 된다.

민심을 대하는 데 있어서 유비는 시종일관 '인(仁)'을 중시하였다. 부하들이 그에게 유종(劉琮)의 성을 공격하라고 건의하였는데도 그는 받아들이지 않고 오히려 유표의 무덤 앞에 가서 대성통곡하였다. 이로 인해 그는 형주의 민심을 모두 가져갔고, 결국 마지막에 손권은 손에 다 넣었던 형주를 그에게 양보할 수밖에 없었다. 익주를 공격할 때 방통은 그에게 급공(急攻)을 건의하였지만 유비는 아직 민심을 얻지 못했다 여겨 우선은 은애와 의리를 두텁게 쌓은 뒤 기회가 왔을 때 군대를 움직여야 한다고 했다.

한나라 말기 천하가 혼란스럽고 전쟁이 잦았던 당시, 일시적으로 안정되어 있던 몇몇 주(州)와 군(郡)은 백성들의 피난처가 되었다. 가령, 손권의 강동, 유표의 형주, 유장의 익주, 공손씨(公孫氏)의 요동(遼東), 그리고 아득히 먼 교주(交州) 등이다. 백성들이 난리 중에 몸을 의탁할 곳은 단지 유비 한 사람뿐이었다. 유비는 강남의 공안(公安) 일대를 점령하고 있었는데, 형주의 백성 가운데 조조를 배반하고 유비에게 투항하는 자가 끊이질 않았고, 나중에는 그 수가 너무 많아져서 유비는 자신의 근거지가 너무 작아 사람들을 안착시킬 수 없다고 불평할 정도였다.

군사 책략적인 면에서 너무나 많은 난민을 수용한 것은 유비에게 적지 않은 후환을 남겼다. 양양(襄陽)의 길에서 패했을 때 성안의 수만 명에 달하는 성안의 백성들은 늙은이를 부축하고 어린이를 이끌며 짐을 짊어지고 물이 콸콸 흐르는 강을 건너야 했고, 그곳에는 곡소리가 하늘을 진동했다. 많은 장수들이 유비에게 "잠시 백성들을 놔두고 가는 게 낫겠습니다. 먼저 오르십시오"라고 권하자, 유비는 눈물을 흘리며 말했다.

"대사를 거행하는 사람은 반드시 '이인위본'(以人爲本 사람을 근본으로 하다)하는 법, 지금 사람들이 나에게 속해 있는데 어찌 저들을 버릴 수 있겠는가?"

현대인들이 자주 말하는 '이인위본'을 유비는 일찍이 입 밖으로 낸 것이다. 유비는 이 행동으로 과연 민심을 얻었다. 후대 사람 가운데 어떤 이는 시를 지어 찬양하기도 하였다.

"위난이 닥쳤어도 어진 마음으로 백성들을 품고, 배에 올라 눈물을 훔치자 삼군이 감동하였네. 이제 양(襄)강 어귀에서 유표를 추모하나니, 노인네들은 아직도 당신을 기억한다오."

백전노장의 효웅이었던 유비가 왜 몰랐겠는가. 앞에는 큰 강이 흐르고 뒤에는 병사들이 추격해 오는데, 하루에 몇 리길 밖에 못 데려갈 이 어마어마한 대오를 이끌고 간다는 것은 그야말로 전술가들의 금기가 아니던가. 그러나 유비는 알고 있었다. 자신이 백성들에 대해 인내심을 가지고 그들을 중요시하면 할수록, 백성들 역시 자신의 목숨을 걸고 따르리라는 것을. 마지막에 백성들이 정말 움직일 수도 없게 되었을 때 유비는 갑자기 한 가지 방책을 내놓았다. 큰 소리로 부르짖고 대성통곡하며 백성들과 함께 살고 함께 죽겠다고 소란을 피워대기 시작한 것이다. 이게 어찌 한 정치가이자 군사가의 행동일 수 있겠는가? 겉보기에는 백성을 구제하려는 것이었지만 진정한 의도는 무엇이겠는가? 다른 사람은 알아채지 못했지만 유비 본인의 심중에는 속셈이 있었다. '먼저 얻으려면 반드시 먼저 주어야 한다.' 군중들의 마음속에 이미 내가 있다면 목숨 걸고 따를 자가 없을 거라 걱정할 필요가 없고, 아무도 자신의 대군에 들어오지 않을 거라는 걱정 또한 할 필요가 없는 것이다.

‖ '의리를 최우선 순위에 놓는다' – 가장 효과적인 방법 ‖

유비는 한 집단의 통치자로서 선인들이 명군(明君)에 대해 가장 중요하게 생각했던 기본적인 덕목 중 두 가지 점에 부합한다. 하나는 '인덕애민'(仁德愛民 어진 덕으로 백성을 사랑한다), 즉 세상을 구제하려는 마음가짐이며, 또 하나는 '존현예사'(尊賢禮士 어진 이를 존경하고 선비를 예로써 대한다), 즉 사람을 알아보는 지혜이다. 더 자세히 살펴보면 우리는 유비가 핵심인재와 보통인재를 대하는 데 있어서도 자신만의 특징이 있음을 알 수 있게 된다.

의심할 바 없이 유비의 핵심인재는 바로 제갈량, 관우, 장비 등이다.

유비가 전쟁마다 패하고 사방으로 도주할 때도 관우, 장비 등은 끝까지 그를 따랐다. 그 이유는 바로 '형제간의 의리' 때문이었다. 다시 말해 오랜 기간 환난을 함께 나누며 키워 온 형제간의 정 덕분이었던 셈이다. 관우, 장비와 이토록 융합하며 잘 지낼 수 있었던 것을 보면 우리는 유비가 확실히 뛰어난 수단을 갖고 있었음을 알 수 있다.

유비는 핵심인재를 대할 때 그만의 특징이 있었다. 비밀조직을 모델로 하고 의형제를 맺으며 의리를 중시하는 것 등 정신적으로 유대하면서 자신만의 통치체계를 세워나갔다. 이는 그의 출신, 경험과 떼려야 뗄 수 없다.

조조와 손권은 고위 관료와 사대부 집안 출신, 즉 명문귀족 출신으로 친인척이나 친구가 많아 이러한 친지나 집안관계에 의존해 자신의 근간을 세울 수 있었다. 조조는 더욱이 충분한 실력을 갖춘 데다 천자까지 등에 업고 제후를 호령하는 정치적 우세를 점하고 있고, 본디 조정의 관료 출신이라 '유재시거'(唯才是擧 오로지 재능만 있으면 등용함)의 정책도 실행할 수 있었다.

반면 유비는 집도 없고 땅도 없고 집안만 놓고 보더라도 다른 사람에게 의지할 수밖에 없는 처지였다. 반면 유비가 가문을 일으키려면 '소집단주의'의 의리에 의존하여 자기 조직 내 정신적 지주가 되어야만 했다. 바로 이 점에서 유비는 상당한 수준에 올라 있었다.

장비가 자칫 소홀히 하여 형주를 잃었을 때도 유비의 태도는 꽤 너그러웠다. 장비를 나무라지 않은 것은 이미 일이 이 지경이 되어 나무라도 소용이 없다는 것을 알고 있었기 때문이다. 오로지 자신의 인재 등용이 잘못되었음을 탓할 수밖에 없었다. 이 사건은 또 다른 측면에서 유비가 가지고 있는 지도자로서의 능력을 보여준다. 무슨 일이든 과감하게 책임을 지고 설사 일이 잘못되더라도 부하에게 그 책임을 떠넘기지 않는다는 것이다. 게다가 다른 인재를 대할 때도 유비는 늘 '예현하사'(禮賢下士 선비를 예우하고 자신을 낮춰 인재와 교제하다)의 태도를 견지하였다.

'존현예사'에 있어서 유비의 행동은 특히 돋보였다. 당시 47세의 나이로 나름의 기반을 갖추고, 천하의 큰 영웅으로 추앙받던 그가 성의와 진심을 다해 '삼고초려'한 일화는 너무도 유명하다. 불과 27세의 이름도 지위도 없고, 아직 어떤 업적도 세운 적 없는 제갈량에게 산에서 나와 자신을 보좌해달라고 청한 것은 천고의 미담으로 남아 있다.

'융중대책'(隆中對策 유비에게 천하삼분지계를 제시하다) 당시, 제갈량은 유비를 "신의를 온 천하에 드러내 영웅들을 끌어 모으고, 현자들을 생각함이 절실하다"라고 칭찬하였는데 이는 결코 빈말이 아니었다.

그리하여, 당시 세간에서는 유비를 '관용으로 사람을 대하는 당세의 현명한 군주'라고 칭송하는 이들이 잇따라 등장했다. 이렇게 전해진 이야기들은 유비 주변으로 적지 않은 인재들을 끌어들였는데, 마초(馬超), 위연(魏延), 서서, 방통 등이 그러했다. 유비는 인재를 불러 모을 줄 알았고 곁에 둘 줄 알았다. 유비가 인심을 사로잡을 수 있었던 한 가지 사소한 일을 살펴보자.

당초 익주의 토착 명사였던 황권(黃權)은 유장이 유비를 촉으로 불러들이는 것에 적극 만류한 적이 있었다. 유비가 익주를 공격해 빼앗을 당시에도 역시 광한을 굳게 지키며 유장이 투항한 뒤에야 비로소 무릎을 꿇었다. 유비는 과거의 일들은 문제 삼지 않고 황권을 편장군(偏將軍)에 임명하고 신임한다. 유비는 한왕이 되어서도 여전히 영익주목(領益州牧)을 겸임하고 있었는데, 이때 황권을 치중종사(治中從事)에 임명한다. 유비가 황제를 칭한 뒤 직접 대군을 거느리고 손권을 치러 갔을 때도, 황권을 진북장군(鎮北將軍)으로 임명하였고 강북의 군대를 통솔하여 조조의 습격을 막게 했다.

유비가 이릉(夷陵) 전투에서 대패하자 황권은 촉으로 돌아갈 방법이 없었고, 또 동오(東吳)에 투항하는 것도 원치 않았다. 오로지 군대를 이끌고 조조에게 항복할 수밖에 없었다. 촉한(=촉)의 관할관리는 이 일로 황권의 부인을 잡아들였는데, 유비는 오히려 "내가 황권을 책임지는 것이지, 황권이 나를 책임지는 것이 아니다"라고 말하며 여전히 황권의 부인을 우대해주었다. 이로써 알 수 있듯 투항한 장수를 대할 때나 측근을 대할 때나 유비는 누구나 차별 없이 대우하고 다른 마음은 조금도 품지 않았다. 이 역시 여러 훌륭한 장수와 지모가 뛰어난 신하들이 그를 따르고자 했던 중요한 이유이다.

인기영합의 책략
: 드러내고 싶다면 더욱 가리고, 나아가기 위해 물러나라

유비는 자신의 직함과 연기를 통하여 점점 대업을 위한 이상의 길로 접어들고 있었다. 하지만 혁명은 아직 성공적이지 않았다. 그가 해야 할 일은 매우 많았는데 그중 하나가 바로 위험한 암투 속에서 자신을 보전하는 것이었다. 기회를 엿보아 움직이고 '일비충천'(一飛沖天 날았다 하면 하늘 끝까지 올라야 한다. 즉 한 번 시작하면 훌륭히 해내야 한다) 해야 했다. 그래서 '드러내고 싶다면 더욱 가리고, 나아가기 위해 물러남'을 그 자신의 성공 책략으로 삼았다.

‖ 하강은 더 높은 곳으로의 상승을 위한 것이다 ‖

"모난 돌이 정 맞는다"는 속담이 있다. 아무런 기반도 없던 유비는 당연히 이러한 이치를 잘 알고 있었다. 그래서 그는 늘 신중에 신중을 기하였고, 자신이 일비충천하기 전에는 반드시 조용해야 함을 알았기에 그만의 역량을 쌓아둘 시간을 벌 수 있었다.

예를 들어, 자신의 직함을 내거는 일에서도 그는 매우 총명했다. 한번도 직접 자신의 신분을 드러낸 적이 없었고 늘 빙 에둘러서 알렸다.

《삼국지연의(三國志演義)》중 이 한 구절에 특히 주목하기 바란다. 유비는 사람을 만날 때마다 반드시 자신을 '중산정왕 유승(劉勝)의 후예요, 한 경제(漢景帝) 각하의 현손'이라고 칭한다. 자신이 '황실귀족의 후예'라고는 단 한마디도 언급한 적 없다. 사실상 유비가 진정으로 말하고 싶었던 것은 후자(後者)였다. 그가 유승의 후예이고 유철(劉撤 한무제)의 증손이라는 것 따위는 결코 중요하지 않았고 대부분의 사람들 역시 이것에 주의하지 않았다. 그는 왜 진짜 하고 싶은 말은 한마디도 언급하지 않고 기억하기도 쉽지 않은 누구누구의 후예 따위를 명함의 제목으로 달았을까? 이것은 선전에 있어서 매우 고명한 수법 중 하나이다.

한번 생각해 보자. 만약 반대로, 유비가 사람들을 만날 때마다 첫마디가 "저는 한나라 황실의 후예이고 황실 정통의 대표입니다. 당신께서 저를 도와 함께 '파적흥한'(破敵興漢 적을 격파시고 한을 다시 부흥시키다) 하기를 간곡히 바랍니다"라고 한다면, 이 말을 들은 사람은 과연 어떻게 생각하겠는가? "큰소리나 뻥뻥 치는 사람 같으니! 황실 구성원 주제에, '호피 끌어와 큰 깃발 만드는 일'은 누군들 못하겠어?"라고 생각하지 않겠는가.

가설은 이러하다. 아마도 삼국이 병립하던 시대는 없었을 것이고, 또 이렇게 많은 정채(精彩)한 고사 역시 없었을 것이리라.

　유비는 당연히 야심을 갖고 있었다. 그가 일찍이 유표의 문하에 몸을 의탁할 당시 한번은 술에 취해 실언을 한 적이 있었다. "내가 만약 밑천이 있다면 천하의 저런 보잘것없는 자들 따위 걱정할 것도 없을 텐데." 그러나 유비는 결코 급하게 성공을 얻으려 하지 않았으며 '교정청산불방송'(咬定靑山不放松 청산을 꽉 깨물어 느슨함이라고는 없음)의 강인함을 지니고 있었다. 비록 수년간 실패를 거듭하였지만 여전히 자신만의 천하를 세우길 고집하고 있었고, 결코 다른 이의 막료가 되고 싶어 하지는 않았다.

　유비는 다른 밑천을 갖고 있지 않았기에 더 강대한 세력이 자신의 세력을 때려 부술까 두려웠기에 일 처리에 있어 사소한 것에도 신중을 기하였다. 유비와 조조가 일거에 여포의 군대를 섬멸한 후 둘이 함께 조정으로 돌아가 천자를 알현하였다. 이때 조조의 세력은 매우 강대했고 유비의 세력은 보잘것없었으므로 조조와 비교하면 어디를 가든 유비는 단지 하찮은 존재에 불과했다. 겉으로 보기에 유비는 조조에 붙어사는 하찮은 인물로 아무런 신분도 없이 매일 야채 심고 정원에 물이나 주는, 마치 아무런 큰 뜻도 없는 존재 같아 보였다. 그러나 유비의 심중에는 숨겨놓은 꿍꿍이가 있었고 우직하게 감추어두고 시간이 지나기를 기다렸다.

　그러던 어느 날, 조조는 유비를 초대해 술을 마시며 영웅에 대해 논하였다. 사방각지의 군웅들은 눈에 차지도 않으며 오직 유비만을 영웅이라 칭하는 조조를 보고 유비는 너무 놀라 식은땀만 줄줄 흘릴 뿐이었다. 그 뒤 유비는 더욱 신중하게 행동하였고 말소리나 얼굴빛에 아무런 내색도 하지 않아 가슴 속에 아무런 뜻도 품고 있지 않은 사람처럼 행동했다. 한편, 유비가 조조를 따라 출사한 지 한참이 지나자 조조는 유비를 상당히 마음에 들어 하기 시작했다. 게다가 그의 황숙이라는 직함은 조정의 중신들로 하여금 그를 높게 보도록 만들었다. 그는 자신의 서슬을 감춤과 동시에 또 그의 점점 높아지는 지명도에 영향을 주지 않도록 해야 했다.

그러나 줄곧 말을 삼가고 행동을 조심하다 보면 자칫 묻혀버리기 십상이라 그는 조금씩 자신의 능력을 드러내야 했다. 다른 사람들이 자신을 낮춰볼까 그것이 걱정이기도 했다. 그런데 만약 이렇게 능력을 감추며 조심하지 않았다면, 국구(國舅 왕의 장인)를 감독하고 내각의 조서를 거두는 등의 중대한 일을 어떻게 유비와 같은 외부인에게 맡길 수 있었겠는가? 이로써 우리는 알 수 있다. 심중에 야심이 가득하나 열세의 지위에 처해 있는 유비는 '우직하게 감추고 드러내지 않으며, 한 발짝 물러나 유리한 곳을 점한 뒤 제압하는' 병법책략을 누구보다 더 잘 알고 있었던 것이다. 이후 유비는 교묘하게 구실을 빌려 조조의 손 안에서 벗어날 수 있었고, 새장 속의 새가 날아올라 하늘을 뚫는 것처럼 자신의 진정한 사업을 개척해 나갔다.

‖ **현명한 물러남은 사실상의 나아감이다** ‖

유비는 비록 한 나라의 주인 자리에 있었지만 전투에 있어서는 관우와 장비만 못했고, 전술전략을 세우는 데 있어서는 제갈량만 못했지만,

꾀를 내는 데 있어서는 누구보다 강했다. 그는 늘 주동적으로 가서 말하고 행동하지는 않았지만 다른 사람으로 하여금 어떻게 해야 할지를 알도록 하였다. 이렇게 '수비로써 공격을 대신하고, 나아가기 위해 물러나'는 능력은 확실히 유비에게 적지 않은 이득을 가져다주었다.

우선 도겸의 '삼양서주'(三讓徐州 서주를 3번 양보하다)에서 '귀 큰 도적' 유비가 대사를 거행하는 지모가 잘 드러난다. 당시 서주의 수장이었던 도겸은 조조에 의해 포위 공격을 당하는데 다행히 유비의 도움을 얻어 서주를 난에서 구할 수 있었다. 도겸은 나이가 이미 적지 않아 죽을 날이 가까워 오고 있었는데 그의 두 아들에게는 강한 기질이 없었다. 그래서 그는 중요한 거점인 서주를 인의(仁義)로 이름난 유비에게 넘겨주고 싶었다. 이유인즉, 유비는 한실의 종친이므로 서주의 통치권을 계승하는 게 당연하다는 것이다. 그러나 약삭빠른 유비는 당연히 자신만의 속셈이 있었다. 유비의 생각에 남의 근거지인 서주를 이렇게 넙죽 받아들이면 천하의 사람들이 자신을 일컬어 '기회주의자'라고 비난할지도 모르고, 자신의 명성에 조금도 득 될게 없을 것이라 생각했다.

서주는 한 조각의 '기름진 고기'였지만 혹시라도 입이 데일까 먹기 어려웠다. 유비는 '이퇴위진'(以退爲進), 즉 물러남으로써 나아가는 책략을 써 사양하여 받지 않기로 하고, 그의 제안을 사양하고 또 사양했다. 도겸이 보기에 유비는 결코 기회주의적인 소인배가 아니었다. 그래서 그는 더욱 유비에 대해 탄복하고 더욱 적극적으로 자신의 옥새를 유비에게 넘겨주려 했다. 우스운 것은, 도겸이 임종에 가까워지자 유비에게 서주를 꼭 잘 다스려달라 신신당부하였는데 이는 정말 너무도 바보 같고 무던한 것이었다. 도겸 수하의 군신과 백성들도 의외로 유비의 '이퇴위진' 전략에 속아 넘어갔다. 백성들은 떼를 지어 관부 앞으로 몰려와 엎드려 곡하며 빌었다. "유사군(유비)께서 우리 서주를 다스려주시지 않는다면 우리가 어떻게 편히 살 수 있겠습니까?" 상황이 여기까지 오니 유비가 서주를 넘겨받는 것은 '명정언순'(名正言順 명분이 바르니 말도 이치에 맞음)이었다. 그제야 신중한 유비는 비로소 마음 편히 손을 쓸 수 있게 되었다.

유비가 이 '이퇴위진'의 전략을 사용한 것이 어찌 이때뿐이었겠는가. 훗날, 유비가 손권에게 형주를 빌릴 때도, 익주의 유장을 공격할 때에도 대부분 이와 유사한 방법을 택하였다. 그중에서도 가장 절묘했던 사건은 바로 '백제성 탁고'(白帝城托孤 유비탁고로도 불림)라 할 수 있다.

유비는 조조와의 이림(彝林)전투에서 참패하고 백제성으로 피신하였는데, 이때 그는 중병에 걸려 목숨이 얼마 남지 않았다. 그는 아들 유선(劉禪)이 허약하고 무능하여 훗날 대권이 반드시 남의 손에 들어가리라는 것을 잘 알고 있었다. 유선이 한 헌제의 전철을 밟게 될 가능성이 커지자 유비는 탁고에까지 생각이 미치게 된다.

유비가 가장 먼저 떠올린 사람은 제갈량이었다. 제갈량은 유비의 '이퇴위진' 전략을 적극적으로 옹호하고 계승, 발전시킨 자였다. 유비는 자신이 죽고 난 뒤 제갈량이 조조와 같은 길을 갈까 매우 걱정되었기 때문에 '이퇴위진'하기로 결심하고 제갈량을 시험해보고자 한다.

"만일 그대가 적자(유선)를 보좌할 수 있다면 보좌하시고, 만약 그럴 수 없다면 그대가 이곳의 주인이 되어주게나" 라고 하였다.

일세의 효웅 유비는 결코 몇십 년간 이룩해놓은 천하를 순순히 다른 이에게 양보할 사람이 아니었기 때문에, 이 말을 들은 제갈량은 놀라서 혼비백산하고 땀을 비 오듯 흘렸다. 유비의 뜻은 너무나 명백한 것이었다. 유비의 본심은 이러했다. '그대는 반드시 우리 아두를 충심으로 보좌해야 한다. 절대 딴 마음을 품으면 안 되느니!'

제갈량이 어찌나 총명했던지 듣자마자 바로 무릎을 꿇고 맹세를 하였으니, "신은 반드시 온 힘과 충성을 다해 절개를 지킬 것이고 기꺼이 목숨을 바치겠나이다."

그러나 유비는 제갈량에 대해 아직 완전히 마음을 놓을 수 없어서 당시 군무를 맡아보던 이엄(李嚴)을 불러와 군사를 관리하게 하고 제갈량에게는 정사를 맡아보게 하였다. 유비는 고심 끝에 제갈량과 이엄 두 사람에게 책임을 동시에 맡긴 것이었으니, 실상은 이 두 사람이 상호 견제하여 경거망동할 수 없도록 치밀하게 깔아둔 포석이었다. 거기에 마지막으로 자신이 가장 신뢰했던 부하 조운을 불러 다시 한번 거듭 부탁한 뒤에야 비로소 눈을 감을 수 있었다.

유비는 난세 중에 일생을 종횡무진하였고, 생의 마지막 순간 '백제성탁고'라는 수단을 통해 그 권모술수 일생의 최고봉에 도달하였다. 그야말로 일세 효웅의 폐막에 완벽한 종지부를 찍은 셈이다!

🎎 사람을 쓰는 기술 🎎
유비의 인기영합법을 배워봅시다

　'황숙'이라는 한 장의 명함은 유비로 하여금 일생을 인기에 영합하게 하였다. 또 이 한 장의 명함이 천하삼분(天下三分)의 국면을 형성하고 유비가 살던 삼국시대 전체를 관통하였으니 중국 역사상 제일의 명함이라고 할 만하다. 이 명함은 과연 어떤 모양일까? 당시 종이가 발명된 지 얼마 되지 않은 점으로 미루어볼 때, 오늘날의 정교하고 자그마한 카드 모양의 명함은 아니었으리라. 그러나 유비가 자신의 명함을 디자인함에 있어서 충분한 공을 들였음은 확실하다. 유비의 성공 경험을 살펴보면 그의 인기 영합 수단은 매우 심오한 것이었으니, 이 신묘한 작용에 대해 자세히 분석해보도록 하자.

자신만의 명성과 브랜드를 만들다

　유비는 이 한 장의 명함을 일생 동안 사용했는데, 다시 말해 자신만의 브랜드를 널리 보급하는 데 그 일생을 바쳤다고도 할 수 있다. 브랜드의 핵심은 '황실정통'이었다. 유비가 십수 년을 하루가 멀다 하고 수립하고 강화한 이 작업은 가히 탁월한 성과를 거두었다.

종합하여 말하면, 유비의 명함은 그가 기대한 다음의 몇 가지 브랜드 효과를 불러왔다.

1. 자신의 비천하고 보잘것없던 사회적 지위와 개인적 이미지를 변화시켜 많은 사람들에게 존경을 받았다.
2. 영웅호걸을 불러 모으기 위해 전략단체를 형성하여 기초를 다졌으니, 제갈량, 관우, 장비 등의 인재가 평생 그를 따랐다.
3. 그의 정통황실 출신 이미지는 촉으로 하여금 어느새 '정의의 사단'과 같은 이미지를 구축할 수 있게 했다. 삼국지의 독자들이 느낄 수 있듯, 촉의 장수들은 모두 용맹하고 당당한 위엄과 바르고 굳센 절개를 가진 것 같은 인상을 주는데, 이는 민중들의 지지를 얻는 데 큰 몫을 하였다.

브랜드는 여론을 따라가야 한다

유비의 '파적흥한'(破敵興漢) 구호와 호응하는 것으로는 아마 청(淸) 초의 '반청복명'(反淸復明 청을 물리치고 명을 다시 부흥시키자)일 것이다. 그러나 '반청복명'의 위세는 전혀 유비의 '파적흥한'만큼 강하지 못했다. 심지어 유비의 이 구호는 거의 실현될 뻔했다. 그 이유는 어디에 있는가?

그들의 성패는 브랜드가 시세를 잘 살펴야 비로소 정세를 따라갈 수 있음을 보여준다.

브랜드의 중요한 가치 중의 하나는 바로 효과적으로 대중자원을 이용하는 데 있으니, 대중으로 하여금 그 기업이 발전할 수 있도록 힘 있는 지지자가 되게 하는 것이다. 한마디로 말해 민심은 꽤 쓸 만한 것이었다.

이렇게 여론을 따라가는 브랜드의 추세는 결코 유비가 최초로 발명한 것이 아니다. 그 이전에 조조도 이 구호를 내걸고 원소를 토벌한 적이 있었는데, 단지 유비는 이 방법을 극대화시키고, 거기에 자신의 '한실정통'(漢室正統) 브랜드를 완벽하게 결합하였을 뿐이다.

반드시 일관성을 견지해야 한다

사실 브랜드의 구호 아래에서 어느 정도 신의를 저버리는 짓쯤이야 슬그머니 넘어갈 수도 있었고, 때로는 이것이 이치에 맞는 일이 되어버리기도 했다. 예를 들어, 유비가 형주를 빌려 차지하고서 동오가 이를 돌려달라고 요구했을 때 그는 거절하며 되돌려주지 않았다. 객관적으로 볼 때 이것은 유비가 발뺌한 것이고 무지막지하며 무리한 태도였다.

그러나 그가 황실의 정통이었기 때문에 나관중(羅貫中)은 결코 이를 도리에 어긋난다고 여기지 않았고, 오히려 그가 형주를 차지하는 것이 당연하다고 여긴 듯하다. 대부분의 삼국지 독자들 역시 유비의 이 행위를 소인배의 짓거리라고 여기지는 않을 것이다.

그 원인은 매우 간단하다. 사람들은 이미 그가 한실정통임을 인정하고 그가 반드시 모든 강산을 차지하는 것이 당연하다고 여긴다. 형주를 점거하는 것쯤은 더 말할 필요도 없을 것이다. 그가 어떤 수단을 써서 얻었는지 따위에 사람들은 결코 관심을 두지 않았다. 이와 같이 장기간 꾸준히 한 노선을 견지해 오며 형성된 '정통'의 브랜드 이미지는 이미 사람들의 판단기준을 통제해버렸고, 원래는 지적당해야 마땅한 행위들이 도리어 사람들의 지지를 받게 된다.

표면적으로 볼 때 유비의 선전수단은 그다지 고명한 것 같지 않다. 그러나 평범함 속에서의 기발한 책략이 그를 성공으로 이끌었다. 여기서 더욱 중요한 것은 그의 꾸준함이다. 이 커다란 깃발을 끝까지 짊어지고 갈 수 있는 사람은 많지 않으며, 특히 오늘날과 같이 수많은 유혹이 존재하는 시대에는 자신의 입장을 굳건히 지키는 일이 더더욱 중요하다. 따라서 유비의 이러한 품성은 충분히 배워둘 가치가 있다.

3

세 치의 혀
소진(蘇秦)

뛰어난 웅변 능력을 겸비한 **가난한 선비**

蘇秦 ──────── 소진

　소진(蘇秦), 전국시대의 유명한 책략가이다. 뛰어난 말솜씨로 성공하였으며 전국의 혼전 시기에 큰 영향력을 발휘한 역사적 인물이다.

　중국 역사상 언변의 달인으로 유명했던 귀곡자(鬼谷子)에게는 두 명의 제자가 있었다. 그 둘은 다름 아닌 소진과 장의(張儀)였다. 말솜씨에 있어서만큼은 소진이 장의를 앞질렀다.

　소진은 가난한 집안에서 태어난 평범한 인물이었다. 그가 성공하기 위한 길은 무술을 배워 장수가 되거나 학문을 배워 학자가 되는 두 가지 길뿐이었다. 그러나 소진의 생각은 달랐다. 그는 책략술을 배우고 싶어 했다. 지금의 관점에서 볼 때, 책략술에 뛰어나기 위해서는 말솜씨가 뒷받침되어야 한다. 책략가에게 필수적으로 요구되는 것은 달변의 능력이었다.

　원래 소진은 말재주가 그다지 뛰어나지 않았다. 게다가 그는 집안일도 농사일도 돕지 않아 가족들이 모두 그를 무시했다. 이러한 가족들의 멸시는 소진을 분발케 했고, 소진은 기회가 닿아 제(齊)나라의 귀곡자 선생 밑으로 들어가 수업을 받았다. 귀곡자 선생의 가르침을 받은 뒤 여러 지방을 여행하며 견문을 넓혔지만 누가 알았겠는가? 그가 여행하면서 얻은 것은 단 하나도 없었다.

집으로 돌아왔지만 가족들은 여전히 그를 비웃었다. 이에 소진은 각고의 노력으로 주(周)서《음부경(陰符經)》을 공부하기 시작했다. 뼈를 깎는 고통을 참아내며 연구한 끝에 어떠한 방식으로 군주들을 영합해야 하는지에 대해 이해하게 되었다. 공부를 마친 후 그는 세 치의 혀를 이용하여 천하를 두루 섭렵하면서 전국시대의 선봉이 되었다.

언변이 뛰어나려면 끈기가 필요하다

소진은 유명한 모략가이자 학자인 귀곡자 문하에서 많은 세월을 보냈다. 삼경에 등을 밝힐 때부터 오경에 닭 울음소리가 들릴 때까지 그와 장의는 공부에 매진하였다. 그들이 공부했던 목적은 혼란스러운 세상에서 백성들을 구제해보겠다는 뜻에서가 아니라, 자신의 성공을 위해 언변 능력을 길러 부귀영화를 누려보겠다는 데에 있었다. 최종적으로 그가 이 목적을 달성할 수 있었던 것은 그의 실천적인 용기와 끈기가 뒷받침되었기 때문이다.

‖ **언변이 뛰어나려면 실천이 필요하다** ‖

소진은 귀곡자 문하에서 공부를 마친 뒤 득의양양하게 권세를 쟁취하기 위한 행동에 나섰다. 그는 한 마리의 매와 같이 며칠 동안 지도를 본 후, 진(秦)나라를 포획물 대상으로 삼았다. 진나라로 떠나기 전에 그는 일부러 귀한 담비모피 옷을 구하여 입었는데, 이는 진나라 혜왕(惠王)이 그의 허름한 옷차림을 보고 진나라에 돈을 벌기 위해 찾아왔다는 인상을 주지 않기 위해서였다.

왕위를 이어받은 지 그리 오래되지 않은 혜왕이 소진을 맞이하자, 소진은 이미 준비해놓은 선견지명의 도리를 장황하게 설명하였다. 소진의 말은 마치 청산유수 같았다.

"왕께서는 큰 나라의 임금이십니다. 진나라의 지형은 편리하고, 토지는 비옥하며 산물이 풍부하니 참으로 완벽한 나라입니다. 게다가 왕께선 현명하시고 덕이 많으시며 많은 군사들을 거느리시고 전쟁 준비 또한 철저합니다. 만약에 왕께서 제후 자리를 겸하신 후에 천하를 지배하신다면 세상의 영웅이 되실 것입니다. 이 얼마나 위대한 공로입니까!"

당시 궁전의 왕좌에 앉아 있던 혜왕은 오만한 자세로 소진의 말을 다 들은 후에 냉소적인 말투로 말했다.

"과인은 항상 이런 말을 듣는다네. '깃털이 충분히 나지 않은 새는 높이 날 수 없고, 법률 제정이 완벽하지 않다면 그 실행이 불완전하고, 어질고 너그럽지 못하면 백성을 효과적으로 다스리지 못하고, 정치교화가 막힘없이 통하지 않으면 전쟁을 일으켜 공을 세울 수 없다.' 오늘 과인에게 가르침을 주었지만 다음에 시간이 있을 때 다시 그대에게 가르침을 청하겠네."

이 말을 듣고 소진은 머리에 찬물을 끼얹은 듯한 느낌을 받았다. 그는

실망이 컸지만 그동안의 노력을 생각해보면 이대로 쉽게 포기할 수 없었다. 소진이 다시 말하길,

"임금이여, 일찍이 신농(神農)은 보수(補遂)를 벌하였고, 황제(黃帝)는 치우(蚩尤)를 점령했으며, 요(堯)는 환두(驩兜)를, 순(舜)은 삼묘(三苗)를, 우(禹)는 공왕(共王)을 벌하였으며, 탕(湯)은 유하(有夏)를, 문왕(文王)은 발숭(發崇)을, 무왕(武王)은 주왕(紂王)을 벌하였고, 제환공(齊桓公)은 천하를 제패하였습니다.

이 모든 것은 전쟁을 통해 달성한 것입니다! 천하를 제패하기 위해서 전쟁은 필수적입니다. 고대 각 나라의 사자들이 서로 방문하며 약속을 통해 동맹을 체결하고 천하를 하나로 모으기 위해 군사들을 훈련시키지 않고 무기도 비축하지 않았습니다. 하지만 문인들의 말만 들은 제후들은 머리가 혼란스러워지기 시작하여 어느 방향으로 정책을 세울지조차 알지 못했습니다. 법률을 상세하게 제정하고 민중들이 많은 계책들을 생각해내어 많은 책들이 쓰여졌지만 정작 백성들의 의식주 문제는 해결하지 못했습니다. 백성들은 심지어 입을 옷조차 없는 실정입니다.

도리가 비록 확실하다 하더라도 전쟁이 점점 잦아지는 시국에서는 공허할 뿐이지 진정으로 문제를 해결할 수는 없습니다. 인의를 실행하고 동맹을 체결하는 것으로는 천하 제후들의 마음을 하나로 모을 수 없습니다. 문치정책은 통하지 않습니다. 각 제후들은 단지 무력으로 다스릴 수밖에 없습니다. 그래서 병사를 모집하고 말을 사들이며 전쟁을 일으킬 것을 결심합니다. 한 명의 병사도 잃지 않고 천하를 제패하겠다는 생각은 오제삼황(五帝三皇)마저 해낼 수 없는 일입니다. 그래서 저는 자신 있

게 말할 수 있습니다. 반드시 무력을 사용하는 전쟁에 의지해야 합니다. 만약에 동맹이라든지 신약이라든지 이런 말에 현혹되면 절대 안 됩니다."

혜왕은 소진이 얘기를 하는 동안 크게 하품을 하며 더 이상은 참을 수 없다는 듯한 표정으로 말했다.

"됐소, 오늘 과인의 몸이 편하지 않으니 다음에 다시 말하도록 하시오." 그리고 몸을 일으켜 후궁으로 돌아갔다.

사실 소진의 이야기는 설득력이 있었다. 그는 당시 천하의 대세를 일일이 지적하고 명확하게 밝히며, 혜왕에게 강대한 힘과 우월한 지리적 조건을 이용하여 전쟁을 통해 천하를 통일할 것을 종용했다. 하지만 성공은 하루아침에 이루어낼 수 있는 일이 아니었다. 혜왕은 소진의 아첨에 조금도 넘어가지 않았고 오히려 완곡한 표현으로 소진의 제안을 거절하며 아직은 진나라가 천하를 통일하기에 이른 감이 있다고 생각했다.

그 후에도 소진은 함양(咸陽)에 머물며 혜왕에게 무력을 이용하여 천하를 통일할 것을 계속해서 상소하였지만 진나라 혜왕은 어떠한 행동도 취하지 않았다. 오히려 소진의 이런 끈질김에 그저 탁상공론만 늘어놓을 줄 아는 실속 없는 인물에 불과하다고 생각하게 되었다. 시간이 길어지자 소진은 점점 비참해졌다. 빛을 발하던 옷은 점점 낡아갔으며 주머니의 돈도 모두 떨어졌다. 며칠에 겨우 한 끼 식사를 할 수 있을 정도였으며 점점 야위어갔다. 결국 신발마저 다 떨어지고 스스로 신발을 짜는 지경에 이르자 그는 함양을 떠나 낙양(洛陽)으로 돌아왔다. 소진의 부인은 소진의 초라한 모습을 보자 더욱 그를 멸시하기 시작했고 그의 부모마저 소진과 말하기를 꺼려할 정도였다. 소진의 형수는 그에게 먹을 것도 주지 않았지만 소진은 이러한 가족들의 멸시를 그저 참을 수밖에 없었다.

‖ 각고의 노력으로 면학에 힘써야만 성공할 수 있다 ‖

의지할 곳 없이 불쌍한 신세를 면하지 못했던 소진은 처음부터 다시 시작하기로 마음먹었다. 그는 수많은 책들을 독학하면서 각 나라들 간의 이해관계를 점점 깨치기 시작했다. 그는 매일 《음부경》을 읽으며 사색하고 탐구하여 모략과 지략에 대한 방대한 지식을 넓혀갔다. 그는 당시 일곱 개의 나라가 이해관계에 의해 서로 충돌하던 양상을 깊이 있게 연구했다. 일 년 동안 공부하면서 밥 한번 제대로 배불리 먹어본 적이 없었고 잠도 제대로 자본 적이 없었다. 일 년이 지난 뒤 소진은 당시의 시국을 자신의 손바닥 들여다보듯 훤히 꿰뚫게 되었다. 그리고 그 시기에 맞는 일련의 전략들을 만들어냈다. 그는 자신이 만든 전략들을 보며 이것이야 말로 진정으로 각 나라 왕들의 마음을 움직일 수 있는 책략이라며 만족했다.

소진은 다시 세상을 향해 도전하기로 했다. 이번에 그가 찾아간 곳은 북방의 약소국인 연(燕)나라였다. 소진은 당시의 사회적 폐단을 연나라 문후(文侯)에게 지적하며 연나라의 강대한 힘을 이용한 정책을 제시했다. 동시에 제(齊), 초(楚), 연(燕), 한(韓), 조(趙), 위(魏) 여섯 나라가 연합할 때에야 비로소 강대국인 진(秦)나라를 견제할 수 있다고 강조하였다.

연 문후는 소진의 이러한 관점에 동의하였고 그에게 차량과 금비단을 건네며 조나라에 가서 조왕을 설득해줄 것을 요청하였다. 조나라에 간 소진은 자신의 이론으로 조왕을 설득시켰다. 조왕은 크게 기뻐하며 소진을 무안군(武安君)에 봉하였다. 그리고 그에게 100대의 차량과 황금으로 만든 많은 능라주단을 선물하였다. 그리고는 그에게 다른 나라를 돌며 '합종술(合縱術 다른 여러 나라가 연합하여 진나라를 견제하는 책략)'로 모두 연합하여 진나라에 대항하자는 뜻을 전달하게 했다.

드디어 소진은 한낱 가난한 빈민의 신분에서 벗어나 일약 위엄을 갖추고 여러 나라를 돌아다니는 외교관이 된다. 이 모든 것이 단지 그의 세 치 혀로 가능했다. 그가 다른 나라를 돌며 각 나라의 제후들을 설득하자 모두들 가슴이 두근거렸으며 소진의 말을 받아들였다. 소진은 얼마 되지 않아 육국(여섯 개의 나라)의 승상 지위에 올라섰다. 그리고 소진이 집정하던 15년 동안 진나라 군대는 동쪽의 함곡관(函谷關)을 감히 넘보지 못했다.

한낱 서생에서 많은 사람을 거느리는 국상으로 성공한 것이다. 훗날 소진이 고학을 통해 성공한 일을 빗댄 사자성어가 생겨났다. 바로 '전거후공'(前倨后恭 처음에는 거만한 태도로 나오다 나중에는 공손하게 되다)이다. 그 당시 소진은 초나라 왕을 만나러 가는 길에 고향인 낙양을 거쳤다. 그의 아버지는 소진이 고향에 왔다는 소식을 듣고 바쁘게 방을 청소하고 길을 수리한 뒤 큰 연회를 열어 소진을 맞이하였다. 모든 가족들이 교외의 삼십 리 밖까지 나와서 그를 맞이하였는데, 그를 항시 무시하던 부인은 차마 고개를 들지 못했다. 그저 몰래 그의 얼굴을 살짝 볼 뿐이었다. 또한 소진에게 밥도 차려주지 않았던 형수는 소진 앞에 엎드려 여러 번 절을 했다. 형수가 말하길, "도련님이 지위가 높아졌으니 돈도 많이 버셨네요."

소진은 돌변한 가족들의 태도를 보고 탄식하며 말했다.

"아, 내가 가난했을 때는 부모도 나를 자식 취급하지 않았는데 내가 부귀해지니 모두 나를 두려워하는구나. 인생에서 권력과 돈이 과연 전부란 말인가? 다른 것은 없단 말인가?"

그의 탄식에서 우리는 가족들에게 버림받았을 때 소진이 느꼈던 비통한 심정과 사람의 권위에 따라 대우가 달라지는 씁쓸한 그의 마음을 읽어낼 수 있다. 그의 의지력과 성공을 향한 집착은 모두 여기에서 비롯되었다.

모든 것을 말솜씨에 의지하여

    소진의 성공은 물론 스스로 천하의 국면과 형세를 철저하게 연구하여 자신의 책략을 전개한 데 있다. 하지만 이것보다 더 중요한 원인은 바로 그의 말솜씨이다.

    생각해보자. 만약 당신이 말을 할 때 더듬거린다면 비록 높은 사람들 앞에서 말할 기회가 있다 하더라도 그 사람들이 당신의 말을 듣는 데 한계가 있을 것이다.

    또한 당신의 견해가 아무리 특출하더라도 말솜씨가 없다면 그 견해를 피력할 기회조차 얻지 못할 것이다. 게다가 그 당시 전국시대에는 책사들의 수가 셀 수도 없이 많았다. 남보다 뛰어난 말솜씨가 없었다면 성공은 가당치도 않았다.

‖ 소진의 말솜씨 ‖

소진은 원래 말솜씨가 그다지 좋은 편이 아니었다. 물론 책을 많이 보긴 했지만 부끄러움을 많이 타는 성격이었다. 진나라에서 혜왕으로부터 거절을 당한 뒤에 그는 크게 낙담했지만 사방을 돌며 말솜씨를 늘리기 위해 노력한 결과 누구보다도 뛰어난 언변의 달인이 되었고, 육국의 힘을 합쳐 진나라를 막자는 책략으로 결국은 육국의 왕들을 설득시킨다.

소진이 고대 그리스의 웅변가와 닮았다는 의견이 있다. 그의 연설은 화려했고 기세가 드높았으며 비유, 과장 등의 여러 수법을 마음대로 이용하였다. 수사법 또한 매우 뛰어났다. 만약 그의 연설을 들을 수 있다면 그가 하는 한마디 한마디가 모두 주옥같다고 느낄 것이다. 심지어 이런 이야기도 있을 정도이다. "소진의 연설을 듣는 것은 백 권의 책을 보는 것보다 낫다." 하지만 우리에게 과거로 돌아갈 타임머신이 개발되지 않는 이상 그런 기회는 없을 것이다.

소진에게 있어서 흑을 백이라, 옳은 것을 그른 것이라, 소를 말이라, 동시(東施 추녀를 대표함)를 서시(西施 미녀를 대표함)라 하는 것은 식은 죽 먹기였다. 그는 여섯 나라의 왕들을 모두 설득시킬 만한 언변을 가지고 있었다. 이러한 능력은 논리적 사유능력, 역사적 지식, 임기응변, 연설할 때의 기세와 말투, 사전 정보 등이 뒷받침되지 않으면 근본적으로 해낼 수 없는 능력이다.

당시 조나라에는 이태(李兌)라는 유명한 인물이 있었다. 가난한 집안에서 태어난 소진은 비록 이태에게 중용되지는 않았지만 그로부터 자금을 얻을 수 있었다. 소진이 어떻게 그로부터 자금을 구했는지 살펴보자.

소진이 이태에게 말했다. "저는 낙양에 사는 소진이라 합니다. 집안의 형편이 가난하여 신발조차 제대로 신을 수 없는 형편입니다. 발에는 굳은살이 가득하고 매일 백 리가 넘는 길을 걸어야 투숙할 수 있습니다. 하지만 제가 여기에 온 것은 천하의 대사를 논하고 싶어서입니다."

이태가 말하길, "먼저 귀신과 관련된 이야기를 나에게 해보시오. 만약 사람과 관련된 일이라면 난 더 이상 들을 필요가 없소."

소진이 대답하길, "신하는 원래부터 귀신 이야기를 하기 위해 여기에 온 것입니다. 사람과 관련된 일이 아닙니다. 제가 오늘 여기에 오는 길에 날은 이미 어둑해졌습니다. 성문이 닫힌 후에 거적자리조차 찾을 수가 없었는데 때마침 인가의 토지 옆에 황폐한 사당이 있었습니다. 새벽이 되자 토우(土偶 흙 인간)와 목우(木偶 나무 인간)가 언쟁을 시작했습니다. 먼저 토우가 말하길 "너는 나를 쫓아오지 못해! 만약 폭우가 쏟아지고 바람이 불면 넌 바로 무너질 거야. 그래서 다시 흙 속으로 돌아오게 되지. 게다가 넌 나무뿌리도 아니고 그저 나무줄기일 뿐이지. 너는 폭우를 만나면 부러져서 장강으로 흘러가게 될 거야."

저는 그들의 얘기를 몰래 들으면서 토우가 승리했다고 생각했습니다. 지금 각하께서 무령왕(武灵王)을 죽이고 그의 가족을 몰살하는 일은 각하의 생활이 천지의 아래에서 이루어진다면 몹시 위태로운 일입니다. 각하께서 신의 책략을 들으신다면 살 수 있으시고 만약 그렇지 아니하시다면 목숨을 잃게 될 것입니다."

이태가 이 말을 듣고 소진에게 말했다. "오늘은 객실에서 주무시고 내일 다시 나를 만나러 오시오."

이태의 가신이 이태에게 말하길, "오늘 몰래 각하와 소진이 하는 얘기를 들었습니다. 소진은 언변이 뛰어난 자입니다. 각하께서는 소진의 계략을 들으실 것입니까?" 이태가 말했다. "듣지 않을 것이오." 가신은 말했다. "각하가 원치 않으신다면 귀를 막고 절대로 소진의 말을 듣지 마십시오."

둘째 날 소진이 다시 이태를 방문하여 하루 종일 이태와 담화를 나눈 뒤 돌아갔다. 가신이 소진을 배웅하였는데 소진이 가신에게 물었다. "내가 어제 대략적으로 재상님의 마음을 어느 정도 움직였는데, 오늘은 자세하게 설명했는데도 어찌 마음을 움직이지 않는 것일까요?" 가신이 대답하길, "당신의 계획은 웅대하고 높습니다. 하지만 우리 재상님은 당신의 계획대로 하실 수 없습니다. 그래서 내가 재상님에게 당신의 얘기를 듣지 말라고 미리 얘기해 두었습니다. 하지만 만약 당신이 내일 다시 온다면 내가 재상님께 말씀 드려 당신에게 자금을 주도록 하겠소."

다음 날 소진이 다시 이태를 방문했을 때 이태는 손뼉 치고 기뻐하며 소진에게 명월주, 화씨벽(옥의 일종), 검은 담비가죽, 2백 냥의 황금을 주었다. 소진은 이 자금으로 진나라에 갔다.

소진이 본래 이태의 마음을 움직이려 한 방법은 자신의 가난한 처지를 이용해 이태의 동정을 얻어내려는 것이었다. 그런데 이태에게 이 방법이 통하지 않을 것이라고는 생각지 못했다. 오히려 이태는 귀신이야기를 들고 나와 소진을 당황케 했다. 하지만 소진은 상대방의 계략을 역이용하여 상대방을 공격할 줄 아는 자였다. 그는 이태가 처한 위기상황을 비유하여 역공을 취한다. 소진은 비록 가난한 서생이었지만 담력이 있는 식견을 가지고 있었기에 이태의 약점과 마음속의 괴로움을 들추어 냈다. 그리고 이태의 환심을 얻을 수 있었다. 다만 아쉬운 것은 이태가 그의 가신의 말을 듣고 소진을 중용하지 않았다는 점이다. 하지만 가신 또한 마음속으로 소진을 공경하는 마음을 가지고 있었기에 소진에게 자금을 제공하도록 주인에게 부탁한다. 이처럼 소진은 가난한 서생에서 시작하여 혹독한 노력을 통해 일반 사람을 초월하는 담력과 식견을 갖추게 되었다. 또한 그의 출중한 모략과 웅변능력, 그의 정신과 담력, 식견은 현대를 살아가는 우리들에게 시사하는 바가 크다.

언변으로 천하를 다스려라

당시 여섯 나라의 제후들은 모두 진나라의 강력한 군사력을 두려워하여 영토의 일부를 진나라에 할양하고 시한부의 안정을 구하고 있었다. 소진은 천하를 돌다가 이 소식을 듣고 드디어 기회가 찾아왔다고 생각했다.

그는 먼저 연나라를 찾아갔다. 연 문공(燕文公)은 이미 소진의 명성을 알고 있었다. 연왕은 소진을 만나자마자 묻기를, "연나라는 아주 작은 나라여서 진나라가 항상 기회를 넘봐 침략하려 하오. 어떻게 하면 좋겠소?"

소진이 대답하길, "연나라는 비록 작은 나라이지만 진나라로부터 2천 리나 떨어져 있고, 병사들도 수만이 넘습니다. 또한 진나라와 연나라 사이에는 조나라가 있기에 전쟁이 벌어지지 않을 것입니다. 왕께서 지금 조나라와 동맹을 맺지 않고 영토의 일부를 진나라에 할양하고 있는 것은 어리석은 일입니다."

연왕이 말하길, "그럼 어떻게 하면 좋겠소?"

소진이 대답하길, "제가 보건대 조나라와 협력 관계를 맺고 다른 나라들과도 공동으로 연합하여 진나라에 대항하는 것이 좋은 방법입니다. 만약 성공한다면 진나라는 감히 연나라를 쳐들어 올 마음을 먹지 못할 것입니다."

그 뒤로 소진은 연왕의 두터운 신임을 얻었다. 그리고 조나라를 설득하기 위해 찾아갔다. 조왕 조숙후(趙肅侯) 역시 소진의 명성을 익히 알고 있었다. 조왕이 소진에게 진나라를 어떻게 방어해야 할지 묻자 소진이 대답하길, "조나라의 영토는 2천 리가 넘고 수만의 군사와 병기 또한 많습니다. 하지만 진나라는 확실히 조나라에 위협적인 존재입니다. 하지만 진나라가 조나라를 쳐들어오지 못하는 이유는 진나라가 조나라를 칠 경우 한나라, 위나라가 연합하여 그들의 후방을 칠 것을 염려해서입니다. 하지만 한나라와 위나라는 커다란 산이나 하천이 없습니다. 만약 진나라 군대가 한과 위를 먼저 점령한 후에 조나라를 쳐들어온다면 매우 위험할 것입니다. 진나라를 제외한 다른 나라들이 모두 연합하면 진나라보다 훨씬 세력이 큽니다. 여섯 나라가 연합하여 진나라를 공격한다면 어쩌면 진나라를 점령할 수도 있을 것입니다. 왕께서는 연합국의 맹주가 되신 후에 나머지 다섯 나라의 도움을 받아 진나라의 공격을 방어하십시오. 만약 동맹을 깨는 나라가 있다면 나머지 나라들이 힘을 합쳐 그 나라를 공격하면 될 것입니다. 아직도 진나라가 두려우십니까?"

조숙후는 소진의 말을 듣고 바로 소진의 생각에 동의의 뜻을 나타냈다. 소진은 조나라를 떠나 한나라로 향하였다.

소진이 한왕에게 말하길, "한나라는 지리적으로 좋습니다. 북쪽으로 공락(巩洛), 성고(城皐)가 있고 서쪽으로는 의양(宜陽)과 상귀(商阪)가 있습니다. 영토는 9백 리가 되고 병사들은 수만이 넘는데 왜 굳이 영토를 진나라에 할양합니까? 게다가 매년 공물까지 바치고 있지 않습니까? 진나라 사람들은 사납고 탐욕에 끝이 없습니다. 한나라의 영토에는 한계가 있지만 진나라의 욕망은 끝이 없습니다. 한나라가 가지고 있는 실력과 왕께서 갖추신 출중한 지혜가 있는데 만약 진나라에 투항한다면 세상 사람들이 모두 이를 비웃을 것입니다."

한왕은 소진의 말을 듣고 충격을 받아 자리에서 움직이지 못하고 크게 탄식하며 말하길, "차라리 죽는 한이 있더라도 두 번 다시 진나라에 투항하지 않을 것이오. 앞으로 무슨 일이든 당신의 계획에 따르겠소."

소진은 이렇게 한왕을 설득하고 위나라로 향했다. 소진이 위왕을 만나 말하길, "위나라는 비옥한 땅이 이토록 넓고 천하의 대국인데 어찌 진나라에 항복할 수 있습니까? 참으로 부끄러운 일이 아닐 수 없습니다."

위왕이 대답하길, "나 역시 형세를 무시할 수는 없소. 위나라가 비록 땅은 넓지만 진나라의 공격을 받은 뒤로 병사들이 얼마 남지 않았소. 그래서 어쩔 수 없이 투항한 것이오."

소진이 웃으며 말하길, "왕께서 틀리셨습니다. 당시 구천(勾踐)은 단지 삼천 명의 패잔병만으로도 부차(夫差)를 멸했습니다. 주 무왕(周武王)은 약한 병사 삼천으로 상 주왕(商紂王)을 물리쳤습니다. 지금 위나라에는 2만의 병사가 있는데 어찌 병사가 없다고 말씀하십니까? 저는 조왕의 명령을 받아 각 나라의 제후들을 모아 연합세력을 형성한 뒤 진나라를 칠 계획을 갖고 있습니다. 만약 왕께서 나머지 다섯 나라와 연합하실 의향이 계시다면 진나라에 대항하십시오."

위왕은 소진의 말을 들은 뒤 자신감이 생겨 소진의 생각에 동의했다. 이제 제나라 차례였다.

소진이 제 선왕(齊宣王)에게 아뢰길, "제나라는 풍수가 뛰어난 곳에 위치하고 있습니다. 그래서 '사색지국'(四塞之國 네 가지 방향이 모두 좋은 나라)이라 불립니다. 한과 위가 진에 투항한 이유는 그들 나라가 진나라에 가깝기 때문입니다. 하지만 제와 진 사이에는 산과 강이 즐비하며 설령 진나라가 제나라를 치려해도 한나라와 위나라가 있기에 함부로 쳐들어 올 수 없을 것입니다. 이것이 진나라가 제나라를 공격할 수 없는 이유입니다. 왕께서는 어찌 이런 대국을 거느리고 진나라에 투항하십니까? 세상 사람들이 비웃음이 두렵지 않으십니까? 저는 조왕의 명령으로 육국을 연합하여 진나라에 대항하고자 합니다. 만약 제 계책에 동의하신다면 이것이야말로 제나라가 살 길입니다."

제왕은 소진의 말을 듣고 그의 뜻에 따르기로 했다. 이에 소진은 마지막으로 초나라를 향해 떠났다.

소진이 초왕에게 말하길, "초나라는 영토가 오천 리나 되고 병사 또한 백만이 넘습니다. 이것이 바로 초나라의 자원입니다. 만약 왕께서 무력을 조금이라도 보여주신다면 어느 나라도 감히 초나라를 침범할 수 없을 것입니다. 하지만 왕께서는 도리어 이러한 자원을 진나라에 바치다니 부끄럽지 않으십니까? 지금 천하에서는 진나라와 초나라의 세력이 가장 강합니다. 만약 진나라가 더욱 강해진다면 초나라는 결국 세력이 약해질 것이고 초나라가 강대해지면 진나라는 약해질 것입니다. 왕께서 다른 나라들과 연맹하여 진나라에 대항할 생각이 있으시다면 초나라는 점점 강대해 질 것이고 결국 천하를 통일하실 수 있을 것입니다."

소진의 말을 들은 초왕은 매우 기뻐하며 다른 다섯 나라와 연합하여 진나라에 대항할 것을 결정했다. 초나라를 마지막으로 소진은 마침내 여섯 나라의 왕들을 설득하는 데 성공했다. 소진은 이 일을 성공시키면서 합종정책의 기반을 쌓았으며 그의 일생에서 가장 뛰어난 걸작을 만들어냈다. 그는 언변술로 천하를 움직였으며 그의 명성은 계속 뻗어나갔다.

뛰어난 언변으로 천하의 형세를 다스리다

소진은 천하를 돌며 제후들을 방문하면서 그의 언변술을 이용하여 왕들의 신임을 얻었다. 또한 벼슬을 높이려는 자신의 소망을 실현했을 뿐 아니라 각 제후국간의 외교정책에 직접적인 영향을 끼쳤다.

‖ 이치에 맞지 않지만 변론할 수 있는 능력 ‖

종횡(縱橫 합종과 연횡), 이 두 글자는 각각 의미가 있다. 바로 합종(合縱 전국시대 소진이 제창한 외교정책)과 연횡(連橫 전국시대 장의가 제창한 외교정책)이다. 합종정책은 남북으로, 즉 세로로 연결된 위나라, 한나라, 조나라를 중심으로 북쪽으로 초나라와 연합하고, 동쪽으로 제나라와 연합하여 공동으로 진나라에 대항하자는 정책이다. 이 전략의 핵심 인물은 소진이다. 중심 생각은 '약한 세력이 힘을 모아 강한 세력을 이기는 것'이다. 연횡정책은 동서로, 즉 가로로 연결된 두 나라인 제나라와 진나라가 무력을 이용하여 나머지 약소국이 그들의 명령에 따르도록 하고 제나라가 약해졌을 때 진나라가 나머지 여섯 나라를 점령하는 전략이다. 이 전략의 핵심인물은 장의이다. 중심 생각은 '강한 세력으로 나머지 약한 세력을 이기는 것'이다. 결과적으로는 장의가 있던 진나라가 천하를 통일하지만 소진의 명성은 장의에 비해 훨씬 드높았다.

당시 연나라 왕이 늙고 쇠약해져 자신의 자리를 지(之)에게 물려주려 하자 태자 평(平)과 장군인 시피(市被)가 반란을 일으켰다. 제나라는 이 기회를 틈타 연나라를 공격했고 50일 만에 연나라 전국을 점령했다. 연나라의 상황이 나빠지자 조나라의 무령왕은 인질로 있던 연나라 공자인 직(職)을 돌려보내 연 소왕(燕昭王)으로 세웠다.

연 소왕은 매우 덕이 높은 왕이었다. 그는 많은 지혜로운 신하들을 끌어들였고 적극적으로 제나라를 향해 대규모의 군사 보복행동을 준비하였다. 소진은 이때 연나라에 도착했다. 연 소왕은 소진의 언변이 뛰어남을 알고 그를 제나라에 파견해 제나라가 점령한 연나라의 영토를 되찾길 바랐다.

소진이 제나라에 도착하여 제 선왕에게 말하길, "연 소왕은 진 목공(秦穆公)의 사위이기에 배후에 진나라가 있습니다. 제나라가 연나라의 땅을 차지한 사실에 연나라와 진나라 모두가 불만입니다. 만약 대왕께서 그 땅을 연나라에 되돌려 주신다면 연나라뿐만 아니라 진나라도 대왕의 은덕에 감동할 것입니다. 그렇다면 대왕께서는 연나라와 진나라의 지지를 얻으실 수 있고 천하를 호령할 수 있습니다. 천하에서 누가 감히 제나라에 복종하지 않겠습니까?" 제 선왕은 크게 기뻐하며 연나라 땅을 돌려주었다.

소진은 이 일을 성사시킴으로서 연 소왕의 중용을 받아 국상의 지위에 오르게 된다. 그러나 연 소왕은 여전히 원수를 갚기 위해 제나라를 공격하고 싶었다. 그래서 소진이 말하길, "우리가 비록 제나라가 침범하여 빼앗겼던 땅을 돌려받았지만 그때의 원수는 갚지 않을 수 없소. 만약 제나라가 서쪽의 송(宋)나라를 공격하고 남쪽으로 초나라를 공격한다면 우리는 그 기회를 엿보아 제나라를 멸할 수 있습니다. 그러니 제나라가 송나라를 공격하도록 할 방법이 없겠소?"

연 소왕의 밀명을 받은 소진을 제나라로 갔다. 당시 진나라와 송나라의 관계는 우호적이었기에 제나라가 송나라를 공격한다면 진나라와의 관계가 악화될 것이 분명했다. 소진이 제나라에 머물 때 마침 진나라에서 사람을 보내와 제나라와 공동으로 제왕(帝王)이라는 칭호에 대해 논의하고 있었다. 소진은 이 기회를 틈타 제나라 왕에게 말했다. "제나라와 진나라가 같이 제왕(帝王)이란 칭호를 사용한다면 천하는 제나라를 존중할 것 같습니까? 아님 진나라를 존중할 것 같습니까?"

제나라 왕이 대답하길 "당연히 진나라를 존중할 것이오."

"그렇다면 만약 제나라가 제왕 칭호를 포기한다면 천하는 제나라와 진나라 중 누구를 더 좋아하겠습니까?"

"당연 제나라를 좋아할 것이오." 제나라 왕이 대답했다.

소진이 다시 물었다. "두 명의 제왕(帝王)이 같이 조나라를 침범하는 것과, 제나라 독자적으로 송나라를 공격하는 것 중 어느 것이 더 유리할까요?"

제나라 왕이 대답하길, "당연히 송나라를 공격하는 것이 훨씬 유리하오."

소진은 계속해서 제나라 왕을 설득하며 말하길, "만약 우리가 진나라와 같이 제왕(帝王)이란 칭호를 사용한다면 천하는 진나라만 존중해줄 것이고, 만약 우리가 칭호를 포기한다면 천하는 진나라에 반대할 것이며, 같이 조나라를 치는 것보다 단독으로 송나라를 침범하는 것이 나으니, 저는 제왕(帝王)이란 칭호를 버리고 천하에 순응할 것을 주장합니다."

소진의 말을 다 듣고 난 제나라 왕은 과연 그의 말을 믿었다. 결국 제나라 왕은 조나라와 아지(阿地)에서 연맹을 맺고 같이 진나라를 공격하기로 했다. 결국 진나라와 제나라의 관계는 악화되었다.

소진은 기회를 잡아 제나라 왕에게 송나라를 공격하라고 권했다. "송나라 왕은 방탕하여 천하 사람들이 모두 싫어합니다. 만약 우리가 서쪽으로 송나라를 공격한다면 대왕께선 좋은 명성을 떨치실 수 있으시며 실제적인 이익도 얻으실 수 있습니다. 즉 중원의 제후왕이 되실 수 있습니다." 이에 제나라 왕은 송나라를 공격했고, 연나라는 제나라의 신임을 얻기 위해 군사를 보내 제나라를 도왔다. 송나라는 이 두 나라 연합군의 공격에 회북(淮北) 지역을 잃었지만 제나라 또한 이 전쟁으로 인해 점점 쇠퇴해져 갔다.

소진은 이간질하는 계책을 이용하여 제나라와 진나라가 서로 좋지 않은 관계를 맺게끔 했고, 연나라는 그 중간에서 이익을 취했다. 이는 실로 절묘한 계책이었다.

‖ 강력한 논쟁으로 설 자리를 확보하라 ‖

소진이 연나라를 위해 여기저기 발 벗고 뛰고 있을 무렵, 연나라 안에서는 오히려 소진을 모략하는 안 좋은 소문이 돌았다. 소진은 솔직하게 자신의 의견을 표출하면 그에 관한 이런 안 좋은 소문은 가라앉을 것이라 생각했다. 그럼 소진이 어떻게 자신을 변호했는지 살펴보자.

어떤 이가 연왕에게 소진에 대해 말하길, "소진은 천하에서 신의를 가장 잘 지키지 않는 사람입니다. 대왕께서는 어찌하여 그를 공손하게 대접하며 조정에서 그를 숭배하십니까? 이는 천하 사람들 앞에서 대왕과 소인배가 동료라는 것을 인정하는 꼴입니다." 실제로 소진이 제나라에서 돌아왔을 때 연나라 왕은 그에게 거처할 곳마저 주지 않았다.

소진이 연왕에게 말하길, "저는 본래 동주(東周)의 평범한 사람이었습니다. 당시 대왕을 처음 만났을 때는 어떠한 공로도 없었습니다. 하지만 대왕께서는 교외까지 나와 저를 맞이해주셨고 저에게 높은 지위를 주셨습니다. 오늘 저는 대왕을 대신해서 제나라에 가서 잃었던 땅을 되찾아왔고 위험에 빠진 연나라를 구했습니다. 그러나 왕께선 저를 신임하지 않으시니, 이는 어떤 자가 제가 신의를 지키지 않는다고 대왕님께 중상모략 했음이 분명합니다. 사실 저는 신의를 지키지 않습니다. 하지만 그

것이 바로 대왕님의 복입니다. 제가 만약 미생(尾生)과 같이 신용을 잘 지키고, 백이(伯夷)와 같이 청렴결백하며, 증삼(曾參)과 같이 효성이 깊어 천하에 모든 사람들이 인정하는 도덕적인 사람이라면 대왕을 위해 목숨을 바치는 것이 가능하다고 생각하십니까?"

"당연히 가능하오." 연왕이 답했다.

그러자 소진이 말하길, "만약 정말 그렇다면 전 대왕을 위해서 이렇게 일하지 않을 것입니다. 신이 만약 증삼과 같이 효성이 깊다면 부모를 떠나 밖에서 세월을 보내지 않을 것이니 어찌 제나라로 갈 수 있었겠습니까? 또 제가 백이와 같이 청렴결백하다면 주 무왕이 의롭지 않다고 생각하기에 그의 신하가 되지 않았을 것입니다. 또한 지금의 지위 또한 받아들이지 않았을 것입니다. 차라리 수양산에서 굶어죽을지언정 약소국인 연나라의 수위(垂危) 군주를 위해 일하지 않았을 것입니다. 또 제가 미생과 같이 신용을 잘 지킨다면 여우(女于)와의 약속을 지키기 위해 그녀가 올 때까지 다리 위에서 기다리다가 물에 빠져 죽어 신의를 지켰을 것입니다. 이와 같았다면 어찌 제가 제나라에 가서 연나라와 진나라의 위력을 발휘할 수 있었겠습니까? 다시 말해 신의와 도덕을 잘 지키는 사람은 모두 자신을 완벽하게 하는 사람이지만 다른 사람들 도와주는 데 필요한 사람이 아닙니다. 신의를 잘 지킨다는 것은 현재의 상황을 만족하는 방법이지 계책을 강구해 무언가를 얻으려 하는 길이 아닙니다. 게다가 삼왕이 연달아 일어나고 오왕이 계속해서 흥성했지만 그들은 모두 현재상황을 만족하지 못했습니다. 현실을 만족했다 해도 상관없습니다. 하지만 그랬다면 제나라는 진군해 오지 않았을 것이며 왕께서도 초나라를 넘지 못하셨을 것입니다. 하물며 저는 주나라에 모친이 있습니다. 노모와 이별하여 대왕을 위해 일하는 것은 제자리걸음 하는 방법을 포기하고 책략을 세워 다른 것을 쟁취하기 위해서였습니다. 지금 보아하니 대왕과 저의 생각이 같지 않은 것 같습니다. 대왕께서는 현실에 만족하는 군주이시고 저는 다른 것을 쟁취하고 싶어 하는 신하입니다. 이것이 바로 신이 대왕의 미움을 산 이유입니다."

연왕이 말하길, "충신이 질책 받는 일도 있는가?"

소진이 말했다. "왕께서는 모르십니다. 저의 이웃 중에 먼 지방의 관리가 된 사람이 있습니다. 그는 부인이 다른 남자와 간통한다는 사실을 알고 바로 돌아왔습니다. 부인과 간통했던 그 남자는 걱정에 휩싸였습니다. 하지만 부인은 남자를 안심시키며 이미 술에 독을 타놓았다고 얘기했습니다. 이틀이 지난 후 남편이 집에 돌아왔고 부인은 하인을 시켜 남편에게 독이 든 술을 건네주게 하였습니다. 하인은 그 술에 독이 들어있다는 사실을 알았습니다. 그 술을 그대로 건네준다면 남자 주인은 죽을 참이었습니다. 또 남자 주인에게 진실을 밝혔다간 여자 주인으로부터 쫓겨나게 될 판이었습니다. 그래서 하인은 일부러 넘어지는 척 하며 독이 든 술을 버렸습니다. 남자 주인은 매우 화가 나서 그 하인을 때렸습니다. 하지만 하인의 계책으로 인해 남자 주인을 구할 수 있었고 또 여자 주인에게 쫓겨나지도 않았습니다. 이 정도로 충심이 깊은데도 그는 맞는 것을 면할 수 없었습니다. 그것은 충신이기에 도리어 질책을 받게 된 이유입니다. 제가 바로 지금 그러한 처지입니다. 저는 연나라를 위해 충성을 다했지만 오히려 그 충성으로 인해 지금 질책을 받고 있습니다. 제가 걱정하는 것은 이후에 왕께서 누군가에게 천하의 일을 시키신다면 과연 누가 자신 있게 제가 얻어낸 정도의 이익을 얻을 수 있겠습니까? 게다가 제왕에게는 기만하는 수법이 통하지 않습니다. 유일한 방법은 제왕을 설득시키는 것입니다. 하지만 과연 누가 각 제왕들을 제대로 설득시킬 수 있겠습니까? 설령 그들이 요, 순과 같이 현명하고 덕이 있는 자라 하더라도 제나라는 그들의 말을 믿지 않을 것입니다."

소진의 대답에는 설득력이 있었다. 그는 왕의 심리를 겨누어 먼저 자신이 충신으로서 부족하다는 것을 인정하고 왕을 안정시켜 그의 말을 들을 수 있는 기회를 만들었다. 이어서 그는 세 명의 사람을 분석하여 자신이 대(大)충신임을 설명하고 다시 이웃의 예를 들어 충신이 얻지 못하는 이해에 대해 설명했다. 소진의 말을 들은 왕은 자신의 소진에 대한 신임이 흔들렸음을 인정하고 원래의 결정을 번복했다.

언변술 외의 권모술수

혼란스러운 국면 하에서 책사들은 자신에게 이로운 방향으로 국면을 전개시키고자 한다. 이때 필요한 것은 언변술 외의 권모술수와 지모이다. 이 점에서 소진은 다른 누구보다 뛰어났다.

‖ 얼굴색 하나 변하지 않고 상대를 와해시키다 ‖

여섯 나라를 설득하여 합종정책을 펴자던 소진의 주장과 달리 연횡정책을 주장하던 진나라 장의는 귀곡자 선생 문하에서 같이 있던 학생이었다. 소진이 비록 여섯 나라의 군주를 설득해 연맹을 맺어 진나라에 대항하자고 주장했지만 여전히 진나라가 다른 나라들을 공격할 것이 걱정되었다. 왜냐하면 여섯 나라가 아직 완전하게 연합을 맺지 못한 상황이었기 때문이다. 진나라에 파견해 전쟁을 막을 인재가 없는 것을 걱정하고 있던 소진은 이때 장의가 곤궁에 빠져있다는 소식을 들었다. 소진은 장의에게 몰래 사람을 보내 만나자고 했고, 장의는 조나라에 있던 소진을 만나러 그리로 향했다.

소진은 하인에게 명령해 장의가 집안으로 들어오지 못하게 했다. 하지만 다른 한편으로는 온갖 방법으로 장의가 계속 조나라에 머물게끔 했다. 며칠 후에 소진은 장의를 만났지만 장의에게 좋은 자리를 주지 않고 하인들이 먹는 음식을 내주었다. 뿐만 아니라 장의를 질책하며 말하길, "자네 재능으로 그렇게 곤경에 처해 있다니 참으로 안타깝네. 솔직히 내 지위를 이용하면 충분히 자네를 추천하여 출세하도록 할 수 있지만 아무리 생각해도 그럴 만한 가치가 없다는 생각이 드네." 소진은 말을 끝낸 후 장의에게 그만 떠나라고 했다.

장의는 실망한 것은 둘째치더라도 자존심이 크게 상했다. 그는 모든 제후국 중에 그가 힘을 발휘할 만한 가치가 있는 나라는 진나라뿐이라고 생각했고, 진나라만이 조나라에 모욕을 줄 수 있다고 여기면서 진나라로 향했다. 소진은 조왕에게 장의가 진나라에 간 사실을 알리는 한편 사람을 보내 장의의 뒤를 따라가서 그를 보살피도록 했다. 소진이 보낸 자는 장의에게 말과 돈을 제공하였다. 그 길로 장의는 진 혜왕을 찾아갔다. 진 혜왕은 장의를 객향(客鄉)에 봉하고 그와 함께 어떤 방식으로 다른 제후들을 칠 것인가에 대해 의논하였다.

이때 장의를 도왔던 그 자가 갑자기 장의에게 이별을 고하였다. 장의가 말하길, "당신의 도움으로 내가 이렇게 부귀해질 수 있었소. 지금 내가 당신에게 보답하려 하는데 당신은 왜 나를 떠나려 하시오?"

그자가 대답하길, "실은 내가 당신과 함께 한 것은 모두 소진이 시킨 일이오. 소진은 진나라가 조나라를 공격해 합종연합이 이루어지지 않을 것을 걱정하였고, 당신이 진나라의 정권을 잡을 수 없다고 생각하여 일부러 당신을 자극시켰고, 또한 나를 보내 당신에게 자금을 제공하도록 하였소. 이제 당신이 진왕의 중용을 받았으니 내 임무는 끝났소이다."

장의는 이 말을 다 들은 후에 감탄하며 말하길, "아! 이 모든 것은 내가 공부했던 책략들인데 소진이 나에게 그 책략을 이용했구나. 난 어찌 깨닫지 못했던가? 내 능력은 확실히 소진보다 못하구나. 내가 비록 중용되었지만 어찌 조나라를 공격할 수 있겠는가? 나 대신 소진에게 고맙다고 전해주시오. 소진이 있는 한 절대로 나는 조나라를 공격하지 않을 것이며 그와 절대로 적대 관계가 되지 않을 것이오." 소진이 살아 있는 동안 장의는 감히 조나라를 칠 생각을 하지 않았다.

소진은 합종을 주장했고 장의는 연횡을 주장했다. 하지만 처음부터 이러한 주장을 내세운 것은 아니었다. 소진은 당시 진왕에게 중용 받지 못하고 조나라에 건너가 어쩔 수 없는 상황에서 합종의 계책을 생각해 냈다. 장의는 자발적으로 진나라를 위해 일했지만 연횡을 주장하지 않고서는 공을 세울 수가 없었다. 즉 필연적인 형세였던 것이다.

소진은 장의가 뛰어난 인물인 줄 알았지만 왜 장의를 추천하여 함께 일하려고 하지 않은 것인가? 오히려 장의를 자극하여 진나라에 자발적으로 들어가 합종정책을 깰 수 있는 기회를 준 것일까? 이것은 과연 소진의 실수였는가? 실제로 세인들은 잘 알지 못한다. 장의는 소진보다 열 배나 더 교활했기에 절대로 소진의 밑에서 전력을 다해 합종정책을 돕지는 않았을 것이다. 이에 소진은 계략을 꾸며 장의가 진나라에 들어가는 데 자금을 대주었고, 또 이로 인해 몇 년 동안 장의의 보답과 은혜를 받을 수 있었다. 만약 두 사람이 동시에 육국을 위해 일하였다면 하나의 산에 두 마리의 호랑이가 있을 수 없듯 어찌 소진이 편안한 생활을 영위할 수 있었겠는가? 소진은 이 모든 것을 계산하여 신중하게 일을 처리했고 용의주도하게 계획을 세웠던 것이다.

공개적으로, 또 비밀리에 계획을 세우다

소진의 몸은 비록 제나라에 있었지만, 마음은 연나라에 있었다. 그리고는 비밀리에 제나라의 국력을 약화시키기 위한 작업을 하였다. 제왕을 설득해 대규모 토목공사를 하게 하고 전쟁을 일으키게 하였다. 제나라와 진나라의 관계가 악화되어가는 상황에서 제나라가 송나라를 공격하자 진왕은 크게 분노했다. 소진은 제왕을 꾀어 먼저 군사행동을 하도록 해서 진나라의 세력을 억제하도록 하였다. 이는 모두 제나라의 세력을 약화시키기 위한 일종의 책략이었다.

그러나 제나라 왕도 그렇게 어리석은 인물이 아니었다. 그는 자신이 진나라를 공격했을 때 연나라가 기회를 틈타 쳐들어오는 것이 두려웠다. 그러자 소진은 연나라를 변호하며 제왕에게 말하길, "연나라는 영토가 작고 세력이 약하여 항상 강대국인 제에 의지하며 따릅니다. 그리고 제나라와 연나라의 우호적 관계가 유지될 수 있는 것은 모두 연나라 사람들이 우호적 관계를 바라기 때문입니다. 그런데 어찌하여 제나라에 딴마음을 품을 수 있겠습니까?" 소진의 말에 제왕은 마음을 놓았고, 소진을 다른 나라에 보내서 합종정책을 이끌어내어 진나라를 공격하도록 하였다.

소진은 한, 조, 위, 연의 왕들을 찾아가 각각 군사를 출병해 진나라를 공격하도록 하였으며 조나라의 재상인 봉양군(奉陽君)을 합종장(合縱長 소진이 주장한 합종정책의 우두머리)으로 추천했다. 하지만 실질적으로 합종정책의 진정한 지휘자는 제나라였다. 이 합종정책은 명목상으로는 진나라를 공격하자는 것이지만, 실제로는 진나라를 견제하는 것이었다. 왜냐하면 연합군이 힘을 합쳐 진나라를 공격하려 한다면 진나라는 송나라를 구하러 군사를 보낼 수 없고, 그래야만 제나라가 그 기회를 틈타 송나라를 공격할 수 있었기 때문이다. 소진은 강력하게 진나라를 공격할 것을 주장하였지만 제나라는 큰 노력을 들이지 않았고 조, 한, 위, 연나라도 진나라를 공격하는 것에 머뭇거렸다. 결국 아무도 출병하지 않았고 이 때문에 연합군은 단 한 번도 진나라와 대규모 전쟁을 벌이지 않았다. 하지만 제나라는 그 연합의 과정에서 많은 힘을 낭비했고 결국 국가적으로 큰 손실을 입게 되었다.

제왕은 진나라를 공격하는 동시에 송나라에 두 번째 공격을 전개하였다. 하지만 이 공격으로 인해 나머지 연합군은 진퇴양난의 처지에 빠지고 말았다. 힘을 합쳐 진나라를 공격할 방법도 없었고, 또한 곧바로 군대를 철수할 수도 없었다. 이번 일로 각 나라는 제나라에 불만을 갖게 되었다. 본래 소진의 목적은 네 나라를 돌며 공개적으로는 합종하여 진나라를 공격하자고 설득하는 것이었지만, 실질적으로는 연나라를 위해 비밀리에 제나라를 공격하는 동맹군을 결성하는 것이었다. 소진이 보아하니 이미 각국의 왕들은 제나라로부터 마음이 멀어져가고 있었다. 소진은 몰래 위나라 맹상군(孟嘗君)을 설득하기 시작했다.

"맹상군께서는 제나라에 있을 때 제나라를 위해 많은 공로를 쌓았습니다. 하지만 제왕은 도리어 중용하지 않고 고향을 떠나 멀리 위나라까지 가게 했습니다. 오늘날 제나라는 또 신의를 지키지 아니하고 각국 연합군을 농락하고 있습니다. 연나라 군대는 제나라를 공격할 뜻을 가지고 있으며 조나라 역시 제나라에 불만을 갖고 있습니다. 만약 연합하여 제나라를 공격한다면 중원의 세력은 커질 것이며 위나라와 맹상군께서는 이름을 세상에 떨치게 될 것입니다." 맹상군은 소진의 의견에 동조하기로 결심하였다.

소진은 또 제왕을 찾아가 진나라와 싸우지 말 것을 주장하였다. "위나라와 조나라는 진나라와 가까이 있습니다. 하지만 제나라는 진나라와 멀리 있습니다. 만약 다섯 나라가 합종하여 진나라를 쳐부술 수 없다면 위나라와 조나라는 자신의 나라를 보존하기 위해 진나라와 화해할 것이고 진나라가 그 나라들과 연합한다면 연횡정책을 써서 제나라를 공격할 것이 분명합니다. 제 생각으로는 왕께서 먼저 진나라와 화해하여 위험을 피하심이 좋을 것 같습니다." 제왕은 소진의 의견에 일리가 있다고 여겨 진나라와 화해할 의사를 밝혔고 진나라와 관계가 친밀한 한섭(韓聶)

을 재상으로 임명했다.

조나라 봉양군은 당시 진나라를 공격하는 합종에 바쁘게 뛰어다니고 있었는데, 제왕이 상의도 없이 진나라와 화해하는 모습을 보고 크게 분노하였다. 그래서 위나라, 연나라와 연합하여 송나라를 공격하고 있는 제나라에 전쟁을 일으키려 하였다. 제왕은 황급히 송나라로부터 군대를 철수하고 봉양군에게 영토를 할양하기로 하였다. 이에 봉양군은 제나라를 공격하던 것을 멈추었다.

이처럼 여러 나라가 소진의 한마디에 공격과 방어를 반복했으며 모두 소진의 책략에 놀아났다. 아주 복잡한 국면에서 소진은 자신이 원하는 방향으로 국면을 전개해나갔다. 결과가 어떻든 그의 책략과 언변은 실로 후대 사람들의 탄복을 자아낼 만했다.

※ 사람을 쓰는 기술 ※
소진의 말솜씨를 배워봅시다

　소진은 다른 사람들에게 무시당하는 가난한 서생에 불과했다. 하지만 한순간에 성공을 거두게 된다. 즉, 홀로 여섯 나라의 왕들을 감동시켜 그들의 존경을 받게 된다. 소진은 개인적으로 큰 성공을 얻었을 뿐 아니라 당시 사회에서의 영향력 또한 대단했다. 소진은 역사적으로 전대미문의 기적을 창조해냈다. 소진이 기적을 창조해낼 수 있었던 것은 그가 겸비하고 있던 언변술 때문이다. 그는 원래 지위가 낮은 사람이었지만 여섯 나라의 왕들을 설득시키면서 성공을 이루었다. 그가 여섯 왕을 설득시키는 과정은 우리가 일반 사람을 설득시키는 것과는 비교도 할 수 없을 정도로 어려운 일이었지만 그는 결국 모두를 설득하는 데 성공했다. 그에게 어떠한 비결이 있었을까?

지피지기(知彼知己 자신을 알고 남을 알다)

　설전(舌戰 말로 싸우는 전쟁)과 병전(兵戰 실제 군사들 간의 무력을 이용한 전쟁)

은 매우 유사하다. 지피지기는 병전에서 가장 중요한 요소이며, 또한 설전에서도 가장 중요한 비결이다. 지피지기에서 어려운 것은 지피(知彼 남을 알다)에 있다. 남을 안다는 것은 상대방과 관련된 각종 상황을 이해하는 것뿐만 아니라 상대방이 필요로 하는 것, 하고자 하는 것, 감정 등 많은 것을 이해하고 있다는 것을 의미한다. 설득하는 과정에서 무엇을 말할 것이며, 어떠한 방식으로 말할 것이며, 언제 말할 것이며, 어떠한 정도로 말할 것인지 모두 상대방의 상황에 근거하여 판단해야 한다. 소진은 처음에 '지피'를 이해하지 못했기에 진왕에게 거절당하고 비참한 상황에 처하게 된다. 하지만 훗날 소진은 '지피'를 이해하게 되었고 여섯 나라 왕들의 실제 상황을 이해하고 분석하여 모두를 설득시키는 데 성공한다.

마음 공략

설득하는 데 있어 중요한 것은 상대방에게 하도록 강요하는 것이 아니라 상대방이 스스로 하게끔 설득하는 데 있다. 상대방이 스스로 하게 만들려면 그것이 반드시 그에게 득이 되는 일이어야 한다. 만약 상대방이 자신에게 득이 되는 일이라고 생각한다면 설득은 성공한 것이다. 이 비결을 마음대로 구사할 수 있다면 어떠한 일이라도 능히 성공해 낼 수 있을 것이다. 또한 상대방이 자진해서 흔쾌히 행동할 것이다.

이 두 가지 비결 이외에 설득의 비결에는 다음과 같은 것들이 있다.

1. 입실(立實 사실을 빌려 상대방을 설득하다)

'사실'은 다른 사람에게 큰 영향력을 발휘할 수 있다. 하나의 정확한 사실은 한마디의 말, 천 마디의 추상적인 말보다 훨씬 더 큰 영향력이 있다. 때로는 사실을 솔직하게 말한다면 사람들은 자연히 충심으로 기뻐하며 성심을 다해 따를 것이다.

2. 변리(辯理 변론과 웅변으로 설득하다)

많은 사람들은 "사실은 웅변을 이긴다"라고 말한다. 하지만 이 말은 맞기도 하지만 또 맞지 않을 때도 있다. '사실'은 큰 위력을 가지며 웅변 또한 강력한 힘이 있다. 하지만 '사실'이 죽어 있는 것이라면 웅변은 살아 숨쉬는 것이다. '사실'은 웅변을 통해서만 충분히 이용될 수 있으며 두 가지는 서로 떨어질 수 없는 관계에 있다. 즉 '설득=사실+웅변'인 것이다.

3. 투정(投情 감정상 상대와 친해짐)

도리가 한 척의 깊이이라면 감정은 만 척의 깊이이다. 상대를 감동시키면 이미 일은 성공한 것이나 다름없다. 남을 설득할 때 도리도 필요하지만 더욱 중요한 것은 감정이다. 만약 감동이 없으면 도리가 아무리 설득력이 있더라도 상대방을 설득할 수 없다.

4. 유신(唯信 믿음)

믿음은 설득의 천부적 기지이다. 상대방을 믿게끔 해야만 그를 설득시킬 수 있다. 만약 상대방이 믿지 않는다면 모든 것은 의미가 없어진다. 우리는 믿음을 주는 데 능숙해져야 할 뿐 아니라 믿음이라는 기술을 빌리는 데에도 능숙해져야 한다.

5. 다유(多維 다차원)

의사소통을 할 때 중요하게 작용하는 유명한 법칙이 있다. 바로 메라비언의 법칙이다. 앨버트 메라비언은 1971년 《사일런트 메시지》를 발표하면서 상대방에게 메시지를 전함에 있어 표정, 태도, 목소리와 같은 여러 가지 요소가 복합적으로 작용한다는 사실을 밝혀낸 바 있다.

'의사소통=7%의 말 내용+38%의 목소리+55%의 바디랭귀지'

위의 공식에서 알 수 있듯 말 내용의 비중은 단지 7%에 불과하고 목소리, 바디랭귀지(표정+태도)와 같은 언어 외적 요소가 93%를 차지한다. 그러므로 다른 사람과 대화를 나누며 상대를 설득하고자 한다면 말 내용에만 치중할 것이 아니라 언어 외적인 요소들까지 지혜롭게 염두에 두어야 한다.

그밖에, 설득의 또 다른 비결로는 '정성'(精誠 정성스럽고 솔직한 것), '교언'(巧言 교묘하게 꾸며대는 말), '유주'(唯主 주인에게 충성), '화합'(和合 좋은 관계) 등이 있다.

만약에 우리가 설득하는 비결을 실질적으로 운용할 수 있는 능력이 있다면 우리도 소진과 마찬가지로 성공할 수 있다. 설득력은 백만 군대를 이기는 무기와 같다.

4

태극고수
송강(宋江)

타인의 힘을 빌려 **성과를 이뤄낸 고수**

宋江 ——— 송강

송강(宋江), 산동(山東) 운성(鄆城)사람으로, 의형제들의 도움에 의존해 개인의 정치적 지위를 유지한 지략가이다. 《수호전(水滸傳)》에서 송강은 선행을 좋아하고 의협심이 강한 지도자로 나온다. 그러나 내가 볼 때 송강은 늘 자신의 뜻을 이루지 못해 암울해 한 하급 공무원에 불과했고 '차력타력'(借力打力 태극권의 중요원칙으로 상대방의 힘을 이용하여 상대방에게 역공격하는 것을 의미함)에 능해 자신의 사회적 지위와 명망을 높일 수 있었다.

송강은 태극권 추수(推手 상대의 움직임에 따라 대응해 나가는 태극권의 한 대련법)에 능한 고수라고 해도 전혀 지나침이 없다. 그는 송나라의 일개 현(縣)급 하급간부로 몸담고 있었지만 굳이 말하자면 지식인 출신에 속했다. 그러나 송강 그 자신은 특별히 훌륭하다 할 만한 어떤 재능도 없었고, 자신의 노력에 의해 조정의 요직에 오르기를 원했지만 너무 요원해 보였다. 그래서 그는 일종의 '곡선구국'(曲線救國 간접적인 방법을 통하여 나라를 구함)의 우회전술을 택해 양산(梁山)의 수많은 사람들의 힘을 빌려 벼락출세의 꿈을 달성한다. 이것이 바로 송강의 태극권 추수 차력타력의 고명한 힘이다.

우선 명분을 내걸어라

하급관리였던 송강은 견식이 넓고 성정이 원만하며 하류층의 경험도 갖고 있어 세상사를 통달하였고, 말단 정부의 활동에 대해서도 아는 것이 많았다. 당연히 그는 어떻게 윗사람을 속이고 아랫사람을 업신여겨야 하는지를 알았다. 또한 온갖 종류의 사람들을 사귀는 법도 알았으며, 위험요소를 없애는 법 또한 잘 알고 있었다. 그는 양산에 올라가면 대부분이 무지한 무리들이라 설득하기 쉽고, 그에게 쉽게 복종할 것이라 여겼다. 그래서 그들을 이용하기도 쉬우리라 생각했다. 그렇지만 그들이 자신을 받아들이려면 타당한 이유가 필요했고, 그것이 바로 허울 좋은 '명분'이었다. 명분을 잘 내걸고 거기다 약간의 의협심만 있어 준다면 그들은 그에게 신임을 줄 것이 분명했다.

‖ 명분을 찾아 산으로 올라가다 ‖

송강은 본래 산동의 부호 출신이었고 하급 공무원을 한 적도 있다. 당시 그는 산동 운성현의 압사(押司, 주로 공문서 관련 일을 맡은 하급관리)였는데, 하루 종일 글을 끼적이고 문서를 작성하는 도필(刀筆 문서기록)의 임무를 띤 하급관리였다. 이것 말고는 무공도 평범하고 그야말로 특출한 장기 하나 가진 게 없었다. 송강은 유비와 닮은 점이 매우 많았다. 사람을 만나면 그저 훌쩍이거나 굽신거리는 무능하고 겁약한 인물이었고, 종일 마누라 염파석(閻婆惜)에게 무시당하고 또 아무런 발전도 없는 인물이었다.

말단 관리였던 송강은 공문서 작성하는 일이 그다지 즐겁지 않았다. 하루하루를 아무 일도 안 하고 보내고 있었으니 포부가 하늘을 찌를 듯 했던 그로서는 자신의 원대한 계획을 펼쳐볼 도리가 없었던 것이다. 이른 바, '재부대우선, 지부다우인'(才不大于善, 志不多于仁 재능이 선보다 크지 않고, 뜻이 인보다 많지 않다)였다. 그는 이렇듯 일개 보잘것없는 인물이었지만, 공교롭게도 싸움을 좋아했고 의인과 교제하는 것을 좋아했으며 본디 호방한 마음과 유가(儒家)의 인애(仁愛)를 지니고 있었다. 그리하여 명성을 얻을 수 있었고 '급시우(及時雨 때맞춰 내리는 비)'라는 그의 별호는 산동의 모든 백성들이 알고 있을 정도였다.

송강은 원대한 이상을 품고 있었지만 조정의 암울한 상황 때문에 도통 성과를 내지 못했다. 당시 그는 조정에 강렬한 불만의 감정을 갖고 있었으니, 이는 그가 당시의 암흑 상황을 간파하고 있었음을 말해준다. 그러나 도대체 어느 길로 갈 것인가에 대해 그는 갈피를 잡지 못하였고 이상으로 통하는 길을 찾지 못하고 있었다. 이것이 송강의 출발점이었다.

부인 염파석을 죽인 이후, 송강은 이곳저곳으로 도망 다녔는데 이 시기에 양산 호걸들의 도움을 여러 차례 받았고, 양산의 두목이었던 조개(晁盖)는 여러 번 그에게 자신의 패거리에 들어오라 권유했다. 처음에 송강은 조금 망설이지만 결국 갈 곳이 없었던 그는 양산으로 향한다. 양산에 들어오긴 했지만 그는 늘 명분이 없으면 말도 이치에 맞지 않는다고 여겼고 그곳에 머물면서도 마치 무언가가 빠진 느낌이었다. 기왕 왔으니 안정된 세력을 구축하고 싶어졌다. 그런데 그곳 사람들에게 받아들여지고 거기에 성과까지 내려면 반드시 충분한 이유가 필요했다. 그래서 송강은 심혈을 기울여 한 가지 이유를 꾸며낸다.

'자신은 할 수 없이 바람난 부인을 죽였는데 관아에 붙잡히면 그야말로 방법이 없다. 그래서 양산의 의협심 강한 호걸들을 떠올렸고 양산의 호걸들에게 의탁하는 것보다 더 좋은 것은 없다.'

일찍이 '급시우' 송강이 와주길 바라던 호걸들은 그의 말에 조금도 의심을 품지 않았다. 그러나 하늘은 알고 있었다. 그의 부인 염파석을 비명횡사하게 만든 진짜 이유는 외도 때문이 아니라 그녀가 송강의 사적인 비밀을 알아버렸기 때문이었다. 송강은 자신의 앞길에 위협이 되는 사람이라면 첩실이건 본처이건 전부 죽여야만 했고, 마침 염파석의 행실 또한 옳지 않았기 때문에 송강은 그야말로 '떳떳하게' '합법'적인 이유로 이 베갯머리의 적을 죽이고 강호를 움직이는 '영웅'이 될 수 있었다.

그가 양산에 올라갈 수 있었던 것은 철저한 고심 끝에 이루어진 것이다. 송강은 세상사에 훤하였고, 당시 세상 돌아가는 일에 불만을 품고 있었다. 가령, 생신강사건(生晨綱사건 : 양산의 호걸들이 양중서의 생일선물을 턴 사건)에 대해 그는 이렇게 말했다.

"세상은 불공평하고 나라는 평안한 날이 없으니 일반 백성들 역시 모험을 무릅써야 한다." 이는 그가 양산에 올라 한 일에 대해 다시금 힘을 실어주는 것이었으니, 이로써 그의 명분은 더욱 단단해졌다.

‖ 명분을 내걸고 봉기하다 ‖

송강은 양산에 올라 여러 사람의 신임을 얻은 뒤, '하늘에서 내려주신 운명'이라며 자신이 반역의 우두머리라고 공표하기 시작했다. 당시 아이들 사이에 이런 동요가 불렸다.

耗國因家木(모국인가목)

刀兵点水工(도병점수공)

縱橫三十六(종횡삼십육)

播亂在山東(파란재산동)

나라를 어지럽히는 것은 가목이요

(즉 관머리 아래 나무 목木을 하면 송宋자를 의미)

병란을 일으킬 자는 삼수변에 장인 공工이다

(즉 강江자를 의미)

육육년六六年이요

(혹은 육육수六六數를 의미. 송강 등 양산 호걸 36인을 의미)

난리를 일으킬 자가 산동에 있다.

송강은 "이 동요 가사에 해당하는 자는 바로 나 송강이고 하늘이 나에게 반역의 우두머리가 되라고 명하였으니, 당연히 이는 합법적인 것이다. 게다가 구천현녀(九千玄女 하늘의 신녀)가 나에게 병서를 주었고, 양산의 돌비석이 놓인 자리 순서도 나 송강 지위의 합법성을 입증해 준다"고 자신의 입장을 분명히 밝혔다.

중국의 반역자들은 하나같이 이런 신비하고도 바보 같은 술수를 좋아했다. 진승(陳勝) 오광(吳廣) 봉기에서 자신들을 '진승왕'이라고 부른 것부터, 장각이 '창천이사, 황천당립'(蒼天已死, 黃天當立 푸른 하늘은 이미 죽었고 누른 하늘은 이제 서려 한다)이란 깃발을 내걸고 거병한 것, 이틈(李闖 리추앙 본명 이자성)이 "무지한 자가 눈이 하나라고 말하지 마라, 이들이 천하에 나오면 반역을 할 것이니"라고 한 것, 그리고 홍수전(洪秀全)이 자신을 황제의 아들이라고 수작 부린 것까지 모두가 이에 해당한다. 그러나 반역에 있어서 '당연한 이유'와 '하늘이 명한 이유'는 결코 같은 의미가 아니다. 강도들이 백정의 칼을 내려놓고 부처가 되는 것, 즉 '만민의 주인'이 되는 것에는 반드시 합법적 전기가 있어야만 했다. 진승이 먼저 반역을 할 수도 있었지만, 하늘은 끝내 또 다른 반역자인 유방(劉邦)을 인정해주었고, 유복통(劉福通) 등이 군사를 일으켰지만 성공한 자는 결국 보잘것없던 행각승 주원장(朱元璋)이었다.

송강은 이러한 이치를 너무도 잘 알고 있었다. 그는 저들과 마찬가지로 선인들의 방법을 거울삼아 반역의 합법성에 고명한 명분을 걸고 싶었다. 그러나 그는 반역의 길이 검게 드리워지는 것을 원치 않았기에 반드시 자신을 '표백'하여 최종적인 성과를 거두고 싶었다.

그렇다면 단지 두 갈래 길이 존재했다. 하나는 동경(東京 송나라 수도. 오늘날 하남성 개봉)을 쳐서 황제가 되는 것이었는데 양산은 아직 이러한 실력을 갖추지 못하고 있었다. 또 하나는 지배자들에게 복종하여 대신(大臣)이 되는 것이었다. 이 두 번째 길이 바로 송강의 목표였다. 일단 복종하기로 목표를 정했다면 반드시 '파란재산동'과 같은 천명(天命)은 포기하고 혁명방침을 바꿔야 했다. 그래서 이때 내민 카드가 '충의(忠義)'였다. 그리고 '충'은 반드시 '의'보다 우선되어야 했다. '파란'에서 '충의'로 탈바꿈하는 것은 '반역'에서 '복종'으로 전환하는 이론적 준비였다. 송강은 이론적 준비의 중요성을 너무도 잘 알고 있었다. 그가 퍼뜨린 '충의'는 그로 하여금 '주체적 복종' 이론과 '도덕적 고지'를 장악하게 해주었고, 결국 조건이 성숙되자 일은 순조롭게 진행되었다.

송강은 비록 양산에 올랐지만 그러나 여전히 송나라 여론에 좌지우지되었다. 그는 지식인이었기 때문에 대부분 문맹이었던 다른 호걸들과는 달랐다. 그는 자신의 남은 반평생을 사람들이 모두 업신여기는 강도로 살고 싶지 않았다. 또 다른 형제들과 마찬가지로 천고의 오명을 덮어 쓰고 싶지도 않았다. 강도의 호칭에서 벗어나기 위해, 또 벼락출세하여 대관에 오르는 성공에의 지름길을 가기 위해 그는 국가에 투항할 수밖에 없었다.

송강이 양산에 들어온 뒤에 보게 된 일체의 것들은 국가에 복종하려는 그의 생각과 도무지 맞지 않았다. 그래서 그는 온갖 방법을 써서 이러한 현 상황을 바꿔놓고 양산을 자신이 생각한 정도(正道)로 이끌고자 한다. 그는 사람들의 자신에 대한 호감을 이용하여 한 걸음 한 걸음 평화적 변화를 실현시켜 나갔다. 우선 조개 및 여러 사람들을 설득하여 반역적 이름인 '취의청(取義廳)'을 충직하고 순종적인 느낌의 '충의당(忠義堂)'으로 바꿨다. 이어서 그는 '맞춤형 집단 구조개혁'을 시행하였다. 맨 먼저 '집단 문화'를 개조하였고, '체천행도(替天行道 하늘을 대신하여 바른 일을 행한다)의 기치를 내걸었다. 또한 다른 한편으로는 병권을 잡는 데 착수하고 소집단을 조종하였다. 군사행동이 있기만 하면 '닭 잡는 데 소 잡는 칼을 쓰랴, 일이 생기면 미천한 내가 힘을 써야 한다'는 구실로 자신이 서둘러 출병하곤 했다.

전투 중에 송강은 점점 자신만의 작은 세력권을 형성하였고 진명(秦明), 호연작(呼延灼), 화영(花榮) 등의 봉건장수들을 차례로 자신의 휘하로 불러 모았다. 대부분은 붙잡아 온 뒤 송강 자신이 손수 포박을 풀어주고 그 앞에서 머리 숙여 절하며, 자신이 양산에 올라온 것은 어쩔 수 없는 일이고 잠시 머무는 것뿐이며 훗날 반드시 조정을 위하여 힘을 쓰고 싶다고 눈물 섞인 호소를 하였다. 송강은 이렇게 뻔뻔스런 수단을 동원해 그들을 양산으로 들인 뒤 도당을 결성하였고 훗날 국가의 부름을 받기 위해 온 역량을 집결시켰다.

차력타력의 수법 : 사량발천근
(四兩拔千斤 단지 넉 냥의 힘으로 천 근의 힘을 튕겨낸다)

충분한 역량을 조직한 뒤, 이어서 당면한 문제는 어떻게 이러한 역량을 빌어 자신의 이상을 실현시킬까 하는 것이었다. 송강은 차력타력의 방법으로 자신을 높은 자리에 올려놓을 계획을 차근차근 완성해나갔다.

‖ 태극권 추수(推手), 권모술수를 자유자재로 휘두르는 암투 ‖

송강이 양산에 막 입성했을 때는 이인자 자리에서 참고 그칠 수밖에 없었다. 당시 조개는 그야말로 '명정언순'(名正言順 명분이 바르고 말이 사리에 맞음)한 두목이었다. 그러나 남의 뒤에 있기를 싫어했던 노련한 송강은 다른 사람의 세력을 자신의 것으로 잘 활용하였고 추수에도 능했기 때문에 아주 순조롭게 양산의 두목으로 올라설 수 있었다.

당초 송강이 양산에 오른 뒤, 조개는 과거 생신강 사건 당시 송강이 자신을 도와준 일에 대한 은혜를 갚고자 자신의 일인자 자리를 그에게 넘길 것을 제안하였다. 그러나 송강의 식견과 지모는 조개의 그것을 훨씬 앞서 나갔다. 당시 일인자의 자리는 결코 조개 개인만의 것이 아니었기 때문에 몰래 주고받을 수 없는 것이었다. 설령 송강이 정말 그 자리를 대신하고 싶었다고 해도 절대 무턱대고 넘겨받을 수는 없었다. 송강에게 있어 당시의 일인자 자리는 그야말로 '화산구'(火山口 위험하고 난처한 자리를 뜻함)였다. 작은 공로조차 세우지 못한 채 단지 조개를 도왔다는 이유만으로 아무 거리낌 없이 그 자리에 앉을 정도로 어리석은 그가 아니었다.

비록 송강은 야심을 품고 양산의 일인자 자리를 노리고 있었지만 아직 시기가 오지 않았음을 잘 알고 있었다. 양산에 들어온 뒤 그는 조개 앞에서 매우 얌전하고 겸손하며 예의 바르게 행동했다. 그러나 뒤에서는 잠시도 자신의 야심을 위해 노력하지 않은 적이 없었다.

그는 한 차례 분석을 거친 뒤 몇 가지 중요한 사실을 발견했다. 양산박의 일인자가 되어 그의 이상을 실현시키는 데 있어 가장 큰 장애물은 단지 조개 한 사람 뿐이라는 것과 자신의 기반이 탄탄해지기 위해서는 반드시 자신의 패거리가 있어야 한다는 것 등이다. 그러나 당시 조개 주변에 있던 사람들은 송강의 입장에서는 믿을 수 없었기에 그는 다른 사람들을 불러 모아 양산에 따로 자신만의 파벌을 만들고자 했다. 그래서 그는 매번 산을 내려갈 때마다 무공이 훌륭한 장수들을 하나씩 데려갔다. 뿐만 아니라 당시 강호에서 마주친 의인들에게 산으로 올라올 것을 권유하여 그들에게 자리를 안배해주었다. 예컨대, 시진(柴進), 뇌횡(雷橫), 대종(戴宗), 장횡(張橫), 장순(張順), 이규(李逵), 무송(武松), 노지심(盧智深), 공명(孔明), 공량(孔亮), 장청(張靑), 손이낭(孫二娘) 등으로, 이들 대부분은 송강과 환난을 함께 겪은 형제들이었으니, 그들이 송강의 말을 안 듣고 조개의 말을 들을 리 있었겠는가?

송강은 개인적으로 부단히 자신의 직속부대를 확장시켜 나갔다. '지취생신강'(智取生晨綱 생신강을 털었던 무리가 스스로 자신들을 이렇게 불렀다) 집단을 분열시키고 그들의 영향력을 감소시키며 겉으로는 추앙하는 척했지만 몰래 조개를 배척하여 실권을 잃어가게 하고 있었다. 그리고 그는 대부분의 시간에 병사들을 데리고 나가 성을 공격하고 땅을 빼앗아왔다. 첫째는 밑천을 확보하고자 함이었고, 둘째는 일선 장병들에게 자신의 위엄과 명망을 확대시키고자 함이었으며, 셋째는 조개와의 근거리 접촉을 최대한 피하고자 함이었다. 이것이 바로 이인자가 화를 피하는 전략이었다. 조개는 본디 경서(經書)와 사기(史記)조차 읽어본 적이 없는 시골 무지랭이 출신으로 송강의 이 태극권 전략에 속수무책이었고, 최후에는 용맹하게 출전했던 전장에서 송강의 바람대로 사문공(史文恭)의 화살 아래 숨을 거두고 말았다.

송강이 권모술수를 자유자재로 휘두른 전략이 주효한 것이다.

‖ 일인자의 자리, 교묘한 수단으로 얻는 것이
　힘으로 빼앗는 것보다 낫다 ‖

　이치대로라면 조개가 죽은 뒤에 이인자 송강이 두목의 자리를 인계받는 것은 당연했다. 그러나 조개는 송강이 순조롭게 일인자 자리에 앉는 것을 달가워하지 않았기에 죽기 전에 송강에게 이렇게 말했다.
　"현명한 아우여, 나를 탓하지 말고 잘 듣게나. 만일 나를 쏘아죽인 놈을 잡아오는 사람이 있다면 그에게 양산박의 주인자리를 주시게."
　이 유언은 송강과 양산 전체에 엄청난 난제를 안겨주었다. 왜냐하면 송강의 무예는 평범하였으나 유당(劉唐), 이규, 삼완(三阮) 같은 이들은 모두 사문공을 생포하고 순조롭게 두목 자리에 오를 가능성이 있는 자들이었다. 송강에게는 이러한 가능성이 전혀 없었다. 이렇게 양산박의 형세는 순식간에 복잡하게 되어 버렸고, 이는 송강이 원하던 것이 결코 아니었다. 생각해 보자, 만일 흑선풍(黑旋風) 이규가 사문공을 잡아오면 설마 이 사람 죽이기 좋아하는 살인귀 같은 놈이 양산의 최고 자리에 오르게 된단 말인가? 조개의 술수는 꽤 잔인한 것이었으니, 천하에 으뜸가던 인물이 죽기 직전 스스로를 위해 어느 정도의 원수를 갚은 셈이었다.
　송강은 본래 이 난제에 대해 전혀 신경 쓰지 않고 그저 자신이 일인자 자리에 오르는 것에만 열중할 수도 있었다. 그러나 강호에서 두목의 유훈은 '헌법성'의 권위를 갖는 것이었기에 만일 그의 유훈을 위배한다면 반드시 강호 사람들의 분노를 살 것이 분명했다. 그는 망설이지 않을 수 없었다. 송강에게 있어 일인자가 되기 위해 조개의 유훈을 저버리는 것은 어쩔 수 없는 일이었다. 하지만 위배를 하더라도 반드시 교묘하고 이치에 맞으며 자연스러워야만 두목이 될 수 있는 합법성을 갖출 수 있었다. 송강이 조개의 장사를 지낸 뒤에 바로 증두(曾頭)시를 공격해 그의 원수를 갚지 않은 이유가 바로 이것이다. 만약 양산박 사람들이 조개의 복수를 위한 분노로 가득 차 단숨에 증두시를 공격해 함락시켜버리면 분명 사문공을 생포할 것이고, 그렇게 되면 두목의 자리는 십중팔구 송강이 차지할 수 없게 될 것이었다. 그렇다고 조개의 유훈이 아직도 귀에 생생한데 이미 정해진 방침에 따르지 않을 수도 없었다. 이 때문에 송강은 반드시 양산과는 아무런 연고가 없는 사람을 찾아 그로 하여금 이 복수를 완성시켜야만 했고, 그 사람은 필히 담력 부족으로 두목의 자리에 오를 수 없는 사람이여야만 했다.

바로 이때 송강의 시야에 들어온 사람이 있었다. 노준의(盧俊義)였다. 송강은 온갖 방법을 동원해 노준의를 산으로 불러들였는데, 첫째는 그가 재물이 많아서였고, 둘째는 명성이 널리 알려진 고관을 밖에서 불러들여 지도자층 전체의 자질을 끌어올리기 위해서였다. 당연히 가장 중요한 이유는 이 신예의 도움을 빌어 조개의 복수를 완성함으로써 자신의 위치를 공고히 지키려 했다.

노준의가 양산에 오자마자 송강은 조개를 위한 복수 작업을 일정에 넣었다. 욱보사(郁保四)로 하여금 모반을 획책하게 하여 깊은 밤에 사문공을 유인해낸 뒤 대군을 이끌고 증두시를 습격하였다. 이때 송강은 주력파였던 양지(楊志), 사진(史進), 노지심, 무송, 주동(朱仝), 뇌횡, 이규 등을 증두시 습격에 보내고, 단지 노준의와 노준의의 종이었던 연청(燕

靑)만 서문에 매복하게 하여 마지막에 사문공을 생포하였다. 단지 연청만이 노준의를 도왔고 그는 감히 주인의 공로를 빼앗을 수 없었다. 이는 송강과 오용(吳用)이 일부러 노준의가 큰 공을 세울 수 있도록 계략을 짠 것이었다.

송강은 조개의 유훈에 대한 얘기를 꺼내며 노준의를 두목 자리에 앉히려 했다. 노준의는 어찌나 총명하였던지, 다시는 자신의 명망 높은 집으로 돌아갈 수 없고 이제는 완전히 갈 곳조차 없어졌음을 알았다. 이때 그와 연청이 마주한 것은 송강의 오래된 심복들이었으니, 그 둘이 어떻게 목숨을 걸고 일인자의 자리에 앉으려 할 수 있었겠는가.

노준의와 연청 두 사람이 서로 사양하고 있을 때 다른 이들은 과연 어떤 태도를 보였는지 살펴보자.

오용이 말했다. "송강 형님께서 첫 번째이시고, 그 다음이 노준의가 되어야 저희 모두는 인정할 수 있습니다. 형님께서 만약 이번에도 재차 사양하시면 저희들은 실망할 것입니다." 지다성(智多星 지모가 뛰어난 사람) 오용은 사람들에게 눈짓을 하며 각 영웅들에게 서둘러 태도를 표명할 것을 암시했다.

이규, 무송, 유당, 노지심은 오용의 암시를 알아채고 곧바로 입장을 밝혔다. 유당이 말하였다. "우리 일곱이 처음 산에 오를 때 이미 형님을 두목의 자리로 모시자는 뜻이 있었거늘, 오늘에 와서 다른 사람에게 넘긴다니요?"

당초 양산에 오를 당시 그가 조개와 마찬가지로 송강을 정말 두목 자리에 앉게 할 마음이 있었는지 여부는 하늘만이 알 것이다. 노지심도 옆에서 거들었다. "형님께서 만일 계속 이렇게 예의를 차리시면, 저희 형제들은 다 흩어질 것입니다."

이들이 각각 다른 책임을 맡고 있었던 것은 참으로 흥미롭다. 오용은 군사 참모로서 핵심층을 대표하고 있었다. 이규는 송강의 군사를 대표하였고, 유당은 조개의 옛 부하를, 무송과 노지심은 각각 소화산(少華山), 도화산(桃花山)과 같은 훗날 합병하게 될 방계 군사들을 대표하고 있었다. 각 방면의 이와 같은 인물들이 충분한 '민의'를 대변하고 있었던 것이다.

남아 있는 수많은 반동파 졸개 병사들은 아무런 발언권도 갖고 있지 않았다. 그리하여 송강은 순조롭게 양산호걸들의 두목이 되었고 군웅을 통일하였다. 양산에 오를 때부터 안전하게 두목의 위치에 오를 때까지 그는 시종 자신의 처세철학을 일관하였으니, 바로 '이득을 몰아내 해를 면하고, 기회를 보아가며 행동하고, 차력타력하며, 교묘한 수단을 써서 승리를 거두자'는 것이었다.

양머리를 걸고도 개고기를 내다 팔 수 있다
: 양두구육(羊頭狗肉)

　송강이 양산에 오른 최종 목적은 그가 공언한 것처럼 양산의 형제들과 함께 '체천행도' 하기 위한 것은 결코 아니었다. 실상은 이를 발판 삼아 고관의 자리에 오른 뒤 빛이 찬란한 길로 나아가는 것이었다. 쉽게 말해, 그는 '양두구육'을 행했다. 그래서 그는 산에 오른 뒤에도 무공은 연마하지 않고 오히려 아첨하고 친분 맺는 법을 배웠다. 양산의 형제들에게 아첨하고 송나라 황제에게 아첨했으며 방랍(方臘)에게 아첨하고 수많은 인물들에게 아첨하였다.

　그가 자신의 진짜 목적을 실현하기 위해서는 첫째로 양산의 역량을 빌려야 했고, 둘째로는 조정의 미움을 사면 안 되었다. 그래서 그는 오직 아첨의 방법을 쓸 수밖에 없었고, 그것도 교묘하고 강력해야 했다. 자칫 잘못하다가는 형제들에게 욕먹고 버려지거나 아니면 조정에 의해 철저히 죽임을 당하기 십상이었다.

‖ 체천행도(替天行道) - 먼저 아랫사람에게 아첨하라 ‖

　송강은 양산에서 비록 그럴싸하게 '체천행도'의 기치를 내걸고 충직하고 의로운 척 행동했지만, 눈썰미가 있는 사람이라면 어떻게 된 일인지 바로 알 수 있을 터였다. 하지만 그는 자기 수하의 형제들이 이 일의 진상을 모르면 그만이었다. 이는 양두구육의 작은 술책에 불과한 것으로, 남을 속여 인심을 얻고 군사를 얻는 것이었다. 그런데 이 계획은 확실히 주효했다.

　우선 '체천행도'는 양산호걸들의 구미에 딱 들어맞았고 그들의 사기를 크게 북돋아주었다. 이규와 같이 거칠고 경망스러운 인물도 송강이 시키는 대로 절대 복종하며 조금의 두려움도 없이 그의 지시대로 이곳저곳을 공략해나갔다. 이 외에도 체천행도는 각지의 수많은 녹림호걸들을 끌어 모아 양산의 명성을 더욱 드높여주었다.

　이 체천행도에 호응하는 사람은 정말 많았다. 이 구호를 위해, 당시 송강의 은혜를 입었던 수많은 반동파 졸개들은 차례로 그에게 와서 투신하였고 이로 인해 양산의 기세는 점점 강대해졌다. 바로 이 '체천행도' 네 글자를 위해 형제들은 희생을 두려워하지 않고 용감하게 전진하고 있었다.

　송강은 이를 보고 속으로 흐뭇했다. 그는 자기만의 꿈이 있었다. '체천행도'는 다만 명분이었을 뿐, 이를 통해 양산의 강대함을 얻을 수 있음을 잘 알고 있었다. 진정한 체천행도를 실현할 수 있을지의 여부는 자신이 어떻게 이 방대한 조직을 운영해 나갈 수 있을지 더 지켜보아야 했다.

송강은 지식인이었기 때문에 무엇이 도(道)인지 모를 리 없었다. 그러나 그는 양산에서 진정한 도가 무엇인지 아는 사람은 몇 안 될 것이라 확신했다. "도를 행할지 말지는 결국 나 혼자만의 주장이 아니던가!" 아마도 송강은 자신에게 한 번도 물은 적이 없었을 것이다. 함부로 사람을 죽이고 재물을 약탈하는 것이 체천행도인지, 각급 관리들에게 마구잡이로 뇌물을 쓰고 암암리에 내통하며 자신이 그리도 증오했던 사회풍조를 망쳐놓는 것이 체천행도인지, 고구(高俅)를 포함한 수많은 탐관오리와 간신들에게 머리 숙여 절한 뒤 상객으로 받드는 것이 과연 체천행도인지 말이다.

적의 무리를 칠 때도 '제폭안량'(除暴安良 폭도를 제거하여 백성들을 편안하게 하다)과 '체천행도'를 부르짖었고, 호걸들과 의형제를 맺고 함께 의병을 일으킬 때 역시 '체천행도'를 외쳤다. 송강에게 있어 체천행도의 '천'(天)은 다른 사람이 아니고 바로 자기 자신이었으며, '도'(道)는 무슨 '정의'나 '도의'를 일컫는 것이 아니라 송강 자신이 황제나 지방군벌이 되는 것, 혹은 최소한 나라의 부름을 받아 고관이 되는 것을 의미했다.

마음속에 무엇을 생각하느냐가 중요한 것이 아니었다. 어떻게 해야 표면적으로 떳떳하게 자기 심중의 진짜 목적을 실현할 수 있을지, 어떻게 해야 양머리를 내걸고 개고기를 내다 팔 수 있을지가 송강이 고민하는 문제였다. 여기서의 관건은 바로 자신이 어떻게 아첨하는지에 달려 있었다.

송강의 아첨은 매번 조금의 빈틈도 없는 완벽한 것이었고 그 이유 또한 충분히 완전무결했다. 그는 자신의 목적을 실현시키기 위해 온갖 노력을 아끼지 않았고, 종종 자기 부하들에게 온정을 베풀어 그들을 감동시키고, 이치로써 그들을 깨우쳐주었다.

그는 무송에게 조정에 몸담을 것을 권유하면서 이렇게 말했다.

"형제여, 그대는 단지 자신의 '전도양양'만을 돌보는구려. 만일 조정의 부름을 받으면 노지심과 양지에게도 조정으로 갈 것을 설득하게나. 나중에 높은 자리에 오르면 한 손에는 총, 다른 한 손에는 검을 쥘 수 있고, 처자식은 대대로 관직을 세습할 수 있으며, 먼 훗날 역사에 이름 석 자를 남길 수도 있으니, 이는 사람이 일생을 보람 있게 보내는 방법이 아니겠는가. 나는 무능하여 비록 충심은 있으나 앞으로 나아가기가 힘들다네. 형제여, 그대가 만일 영웅이라면 대신이 될 것을 결심해야 하네."

이런 말들은 무송을 격려하는 것이라기보다는 자신의 의지에 대한 고백이자, 일찍부터 충심은 있는데 그 충심을 다할 길이 없는 자신에 대한 불만이라고 하는 편이 옳을 것이다. 그밖에 송강은 투항한 장수들에게도 '함께 체천행도하자'거나 '충성을 다하고 전심전력을 다해 나라에 보답하자'는 등의 말을 여러 차례 했는데, 그것은 투항한 이들을 감화시키는 일종의 수단이기도 했지만 다른 한편으로는 그 자신의 공명사상의 표출이기도 했다. 동시에 송강의 수단이 얼마나 고명한지를 보여주는 지표이기도 했다.

순천호국(順天護國) - 다음으로 조정에 아첨하라

송강은 의인으로 이름나 있고 그 의협심 또한 남달랐지만, 종종 사람들에게 꿍꿍이가 많고 조금은 가식적인 인상을 준다. 예를 들어, 조정의 고급 군관을 잡아들일 때마다 그는 매번 말에서 내려와 무릎 꿇고 엎드려 절한 뒤 그 포박을 손수 풀어주고 사과하며 "소인의 죄는 죽여 마땅하옵니다" 따위의 말을 하였다. 비굴하게 알랑거리며 조금의 기개도 찾아볼 수 없는 행동이다. 그런데 의외로 이러한 그의 행동은 매우 고명한 것이었다. 양산이 투항한 장수들에 대해 택할 수 있는 방법은 세 가지였다. 죽이거나 풀어주거나 아니면 강제로 자기편에 복속시키는 것이었다. 어느 방법이 그들에게 가장 유리한 것이었을까? 그야 물론 적을 동지로 바꿔놓는 것이 가장 고명한 책략일 것이다. 의(義)로써 그들을 감화시키고, 인(仁)으로써 그들을 포용하여 그들로 하여금 진심으로 자기편에 오도록 만들면 적들을 분열시킬 수 있고 또한 자신의 역량을 키울 수 있다. 실제로 송강의 이 방법은 매우 현명한 것이었다. 투항한 장수들은 여러 차례의 전투에서 생명의 위협을 무릅쓰고 갖가지 뛰어난 공로를 세웠고, 송강이 자신을 죽이지 않은 것에 대해 직접 행동으로써 보답하였다.

송강은 조정의 대군을 세 번이나 격파하는 승승장구 속에서도 그 승세를 몰아 계속 추격하지 않고 오히려 예를 다해 조정의 패장들을 끌어모았다. 말끝마다 '충심'을 노래했고, '조정에 충성을 다한다'고 호소하였다. 자신은 줄곧 보국(報國)의 마음을 품었지만 보국의 문이 없어 어쩔 수 없이 이 양산에 들어왔으며, 만일 언젠가 기회가 된다면 반드시 조정을 위해 적들을 소탕하고 나라를 위해 온 힘을 다하겠다는 등의 아첨을 서슴지 않았다. 자신의 미래를 위해 고명한 '퇴로'(退路)를 남겨둔 셈이다.

송강이 보기에는 나라의 부름을 받아 귀순하는 것이 가장 좋은 귀결이었다. 왜냐하면 명예와 이익을 동시에 추구할 수 있고 명정언순하게 국가를 위해 힘을 다할 수 있으며, 이로써 관직과 작위가 높아지고 조상을 빛낼 수도 있기 때문이다. 게다가 역사에 이름을 남겨 후세에 그 가르침을 전할 수도 있지 않은가. 하지만 이것은 지극히 주관적인 송강의 바람에 불과했다. 마지막 결말은 그로 하여금 군중들로부터 떨어져나가게 하고 심지어 욕까지 얻어먹게 하였으니 그야말로 송강 인생 최대의 비극이라 할 만했다. 그러나 그는 자신의 인생계획을 실현하였다. 그것도 매우 복잡한 정세 속에서 이룩하였으니 이 안에는 우리가 배워 마땅한 것들이 여전히 많다고 할 수 있다.

양산호걸의 상당수가 반대하였지만 송강은 결국 나라의 부름을 받고자 한 자신의 바람을 실현시켰다. 형제들은 원망 섞인 말들을 내뱉었으면서도 여전히 송강을 따랐다. 국가의 부름을 받은 뒤 송강은 조정의 충신이 되어 동서를 정벌하고 적잖은 대사를 수행했다.

그는 '체천행도'의 기치를 내던져버리고, 그 명분을 바꿔 '순천호국' 네 글자를 불쑥 써넣었다. 그 자신도 의병의 우두머리에서 조정에 복종하는 충신으로 환골탈태하였다. 이때 송강이 황제에게 한 언약은 이러했다.

"국가를 보호하고 대송(大宋)의 강산이 평안하도록 수호하겠사옵니다." 그러나 속뜻은 이러했으리라. "나는 국가를 열렬히 사랑하는 사람이고, 황제는 국가를 대표하는 사람이다. 조정이 나를 저버린다면 나 역시 조정을 저버릴 수 있다."

기왕 국가에 몸담은 바 그는 이제 '조정의 사람'이 되었다. 정확히 말하자면 '조정의 주구(走狗)'가 된 것이다. 주구의 임무는 토끼를 잡거나 여우를 잡는 것이다. 그리하여 조정이 송강에게 가서 방랍을 치라고 하면 그는 가지 않을 수 없었다.

조정의 이 같은 행동은 속이 빤히 들여다보이는 것으로 '도적으로 도적을 통제하자', 즉 강도로 하여금 또 다른 강도를 잡게 하는 방법이었다. 그런데도 송강은 이 모든 공무들을 다 받아들였다. 그것은 그가 투항하기로 결심했던 것과 마찬가지로, 양산의 형제들을 위해 출로와 귀결점을 찾아주기 위한 것이었고 앞길을 도모하기 위한 것이었다.

여기서 '앞길'은 조정이 그들에게 줄 수도 있었고, 또 송강에게 의탁해 얻어낼 수도 있었다. 다시 말해, 송강과 조정을 향해 끊임없이 흥정해야 하는 것이었다. 그런데 흥정을 하려면 밑천이 있어야 했다. 여기서의 '밑천'이란 전쟁에서의 공로 혹은 실력을 의미했다. 물론 공로가 없다면 그에 따른 녹봉 역시 받을 수 없고, 거기다 만일 실력까지 바닥났다면 그야말로 한 푼의 가치도 없는 것이었고 그 무엇도 얻어낼 수 없었다.

성공해도 인심(人心)이요, 실패해도 인심(人心)이다

송강이 결국 그의 원대한 이상을 달성할 수 있었던 것은 그의 배후에 있던 수많은 형제들과 밀접한 관련이 있다. 만일 그들이 없었다면 송강은 어떠한 인기척도 낼 수 없었을 것이고 당연히 조정의 관심도 얻지 못했을 것이다. 형제들로 하여금 죽을 때까지 그를 따르게 하기 위해서는 우선 그들의 마음을 얻어야 했다. 송강이 어떻게 이 목표를 달성할 수 있었는지 살펴보자.

‖ 인심을 끌어들이는 것이 최상의 방법이다 ‖

송강은 전부터 '급시우'라는 별호를 갖고 있었는데, 이는 주위 백성들에 대한 그의 관심과 사랑 때문에 생긴 것이다. 예컨대, 그는 물질적으로 백성들을 자주 도와주었고, 또 곤경에 빠진 영웅호걸들을 도와주곤 하였다. 그는 상당히 인정이 있는 사람이었고, 이러한 면모는 송강이 자기 곁에 사람을 오래 둘 수 있었던 주요 밑천 가운데 하나였다.

사람들이 생계를 유지하기가 힘들 때 만일 누군가 도움의 손길을 내민다면 그 사람은 '생명의 은인'이나 다름없고, 사람들은 그를 가슴 깊이 새기고 영원히 잊지 않을 것이다. 왜냐하면 이는 단지 돈의 문제에서 그치는 것이 아니라 돈보다 더 중요한 '선한 인성'과 '도덕적 감화력'의 문제이기 때문이다. 소위 '불애자재불요민'(不愛資財不擾民 재물을 탐하지 않고 백성을 어지럽히지 않는다)은 역사적으로 성공한 지도자들이 모두 재물을 가벼이 여기고 사람과 의리를 중히 여겼음을 말해준다. 그들은 대업을 이루기 위해서 결국 '사람'에 의존해야만 한다는 사실을 알았다.

송강도 마찬가지였다. 그는 항상 동정 어린 눈으로 곤궁한 자들을 바라보았고, 그들이 갈 곳이 없거나 치명적 재난 혹은 위기에 직면하면 구원의 손을 뻗어 아낌없이 도와주었다. 가령, 그는 염파(閻婆) 모녀(염파와 그녀의 딸 염파석)를 거두어 주고, 설영(薛永)과 무송, 이규, 심지어 전혀 안면이 없는 기녀 등에게도 돈을 내주었다. 송강이 내놓은 것은 금전이었지만 얻은 것은 인심이요 찬양이다.

송강은 도필을 맡아 하던 하급관리였지만 법령을 잘 알고 있었고, 그 스스로 본디 직분에 충실하고 법 집행에도 엄격하였다. 그러나 조개 등이 생신강을 약탈한 것을 알게 되었을 때, 송강은 범법행위임을 알면서도 몰래 조개를 도망가게 해준다. 이때부터 양산의 호걸들은 그를 존경하며 그에게 복종하기 시작하였다.

외모에 대해 말하자면 그는 얼굴이 검고 키가 작고 뚱뚱했다. 지위를 논하자면 그는 도필하는 하급관리에 불과했다. 지모는 오용보다 못했고, 무예는 양산의 다른 호걸 중 어느 누구보다도 못했다. 그런데 이런 보잘것없는 사람이 널리 이름을 떨쳤으니, 그를 아는 자이건 모르는 자이건 간에 그의 이름만 들으면 존경을 표하고 마음으로 동경하며 우르르 떼 지어 모여들었다. 석용(石勇)은 이렇게 말했다.

"오직 두 사람만이 천하를 얻을 수 있다. 하나는 시진이고, 또 하나는 운성현의 압사로 있던 산동의 급시우 송 공명(公明)이다. 이 두 사람을 빼고는 제 아무리 송나라 황제라도 나는 두렵지 않다"고 하였다.

흑선풍 이규는 이 세상에 아무것도 두려운 것이 없는 인물이었지만, 다만 송강에 대해서만은 오체투지(五體投地 불교에서 행하는 큰절의 형태, 신체의 다섯 부분이 땅에 닿게 함) 할 정도로 감복하며 일찍이 이렇게 말하였다.

"형님이 나를 죽이셔도 원망하지 않을 것이고 나를 능지처참하셔도 한스러워하지 않겠소. 형님을 빼고는 하늘조차 두렵지 않소!"

한번은 시진의 집에서 가진 술자리에서, 송강은 숨어 다니면서 병까지 앓고 있던 무송을 위로하였다. "기왕 이렇게 만난 것은 좋은 일이니 축하하십시다. 나 송강은 오늘날 마음 붙일 곳 하나 없지만 정만큼은 깊이 알고 있소. 나와 시진 어른 그리고 형제들은 함께 이 잔을 듭시다. 당신 형제들도 하루 속히 단결하길 바라겠소." 이 말은 천성이 거만한 무송을 감동시켰다. 송강은 떠나는 무송을 배웅하고 무송이 보이지 않을 때까지 서 있었다. 이렇게 두터운 정과 의리를 가졌던 송강이 어찌 군중들의 추대를 받지 않을 수 있었겠는가!

송강은 양산에 오른 뒤 자질이 훌륭한 인재들을 더욱 적극적으로 불러들였다. 자신의 마음에 든 자는 무슨 수를 써서든 손에 넣으려 하였는데, 그중 가장 돋보였던 사례는 진명에게 배반했다는 누명을 씌워 처자식 다 잃고 오갈 데 없는 신세로 만든 뒤 어쩔 수 없이 양산에 귀순하게 만든 사건이다. 그 뒤에도 부하를 교사하여 노준의를 모함하게 하였는데, 노준의는 집과 가족을 잃고 결국 갈 곳이 없어 양산으로 들어오게 되었다.

송강은 목적을 위해서는 수단을 가리지 않았고, 그에게 있어 과정은 중요하지 않았다. 중요한 것은 결과였다. 오직 들이고 싶은 인재가 무사평온하면 그의 가족들이 죽든 살든 전혀 상관하지 않았다. 기껏해야 눈 가리고 아웅 식의 보상만 줄 뿐이었다. 이러한 행위는 도를 넘어선 것이었지만 크게 주효하여, 노준의, 진명, 호연작, 연청 등 양산의 핵심인재들을 빠른 시간 내에 끌어모을 수 있었다.

‖ 형제들의 의리를 빌어 벼락출세하다 ‖

송강은 양산 형제들을 이용해 자신의 양산 점령의 야심을 실현하였고, 조개 시대의 흔적을 하나씩 지워나갔다. 그러나 그는 여전히 자신과 양산 형제들 간의 정과 의리를 공고히 하기 위해 끊임없이 노력하였다.

하지만 그가 조정의 정책에 호응하고 나라의 부름을 받는 데만 몰두

한 뒤부터 이러한 상황에는 미묘한 변화가 생겼다. '형제간의 정'은 '직장에서의 정치적 분위기'로 완전히 대체되었다. 송강이 산에 오른 목적은 어쩌면 옳은 것일 수도 있다. 그러나 그의 동기는 상당히 불순한 것이었다. 양산 호걸들의 대부분은 양산에 어쩔 수 없이 들어온 이들로 그중 가장 유명한 자가 임충(林沖)이다. 이들은 송나라의 암흑세력에 견디다 못해 들어와, 본래는 봉기를 한 뒤 황제를 단숨에 없애버릴 계획이 있던 자들로, 결코 송강과 장기간 짝이 되어 조종받을 자들이 아니었다.

송강은 비록 몸이 양산에 있었지만 늘 국가의 부름을 생각했고 조정에 충성하려 했다. 그의 속마음은 세상 사람들의 멸시를 받기 원치 않았고, 산에 올라 도적패가 된 것은 단지 임시변통의 계책일 뿐이었다. '곡선구국'하고 결국은 나라에 귀순하는 것이야말로 송강의 목적이었다. 국가로 귀순하는 것은 송강으로 하여금 커다란 대가를 지불하게 했고, 그로 인해 양산 형제들이 주는 상당한 압력을 견뎌내야 했다.

양산 사람들의 대부분은 '충'이 무엇인지도 몰랐다. 그들이 중시하는 것은 단지 '형제'였다. 그들은 맹목적일 정도로 형제를 중시하였는데, 예컨대 송강에 대한 것이 그러했다. 송강과 그들은 원래 한 배를 탄 관계가 아니었으나 송강의 명성과 의리 때문에 그들은 생사를 함께하는 형제가 되었다. 그러나 송강은 그들이 모두 충을 알고 있다고 여겼고, 형제들의 의리를 이용해 양산이 나라의 울타리 안에 정착하고, 조정의 눈에 들 수 있도록 선도하겠다고 다짐했다.

송강이 출정한 방랍과의 전쟁은 그야말로 처참했다. 송강과 방랍, 둘은 본래 의형제 사이였으나(조정에서는 그 둘을 모두 도적이라 여겼지만) 서로를 죽여야만 했고, 곳곳에서 시체와 피가 강을 이루었다. 한편, '의'를 그 무엇보다도 중시했던 양산의 호걸들은 자신의 형제들이 하나하나 비참하게 죽어나가는 고통을 지켜보아야만 했다.

후에 방랍은 송강을 이렇게 욕했다.

"형제들의 선혈로 자신의 관복을 붉게 물들이는구나!"

그때 송강은 두려움과 당혹감, 공허함으로 가득 차 있었다. 그렇지만 그는 방랍을 섬멸하고자 한 이 전쟁을 끝까지 치러내야만 했다. 송강은 말한다. "우리는 최대한의 성의를 다했으나, 그는 여전히 잘못을 깨닫지 못하고 고집스럽고 완강하기만 하다. 우리가 다시 공격하면 마음은 한결 후련해질 터이다. 그러니 목숨 걸고 그를 섬멸해야 한다!"

형제의 선혈로 번쩍번쩍 빛나는 벼락출세의 길을 완성한 그였지만, 결국에는 더욱 흉폭하고 잔인한 통치계급의 마수에 걸려든다.

송강은 자신의 무죄를 인정받고자 더욱 심혈을 기울였고, 그 연장선상에서 택한 그의 결정들은 꽤나 효과적이었음을 여러 사건들이 증명해 준다. 어찌됐든 결국 마지막에는 순조롭게 고관 자리까지 올랐으니 '한 가지 뛰어남으로 백 가지 추함을 감춘' 것이었고, '참새가 봉황으로 변한' 것에 그쳤다.

❁ 사람을 쓰는 기술 ❁
송강의 태극권 추수를 배워봅시다

송강은 죄인의 신분으로 어쩔 수 없이 양산에 올랐으나, 갖가지 교묘한 수단으로 양산의 일인자 자리에 올랐다. 또한 수많은 호걸들 가운데서 태극권 추수를 훌륭히 선보이며 결국은 자신의 야심을 완성시켰다. '대사'(大事)를 통해 '대도'(大道)를 이룬 인물이라고 할 만하다. 그렇다면 잠시 그에 대한 비판적인 입장은 접어두고, 오로지 '성공학'의 시선으로만 송강의 재능과 그의 성공철학에 대해 살펴보도록 하겠다.

명분을 잘 이용하면

일호백응(一呼百應 한 번 외치면 백 사람이 호응하다)이다.

송강이 산에 올라 봉기를 하며 그럴싸한 명분을 내건다. 모두 이유가 충분했고 증거가 확실하며 조금의 실수도 없었다. 선인들은 '정당한 명분이 있어야 출병할 수 있다'고 말했던가. 어떠한 일을 하기 위해서는 반드시 정당한 명분이 있어야만 비로소 '명정언순' 할 수 있고 떳떳할 수 있으며, 각기 다른 생각들을 통일시킬 수 있다.

　송강은 양산에 오른 그 순간부터 두목이 될 때까지 줄곧 스스로가 도적이라는 사실을 인정하지 않았다. 심지어는 자신과 그 영웅호걸들을 같은 부류로 귀속시키고 싶어하지도 않았다. 하지만 그가 양산에서 확고한 터전을 구축하기 위해서는 반드시 그곳의 형제들과 공통의 이념을 가져야만 했다. 그래서 산에 오른 뒤 관아의 암흑과 부패, 백성들의 모진 고난과 도탄을 구구절절하게 알리고 '체천행도'를 대대적으로 호언장담하니, 일순간에 양산의 호걸들과 공통의 언어가 생기게 되었다. 양산의 형제들은 하나둘씩 마음을 열어 그를 받아들이기 시작했고 기꺼이 그를 두목으로 모시게 되었다.

이인자의 철학을 철저히 파악하라

　송강은 이인자의 자리에서 올라온 자였다. '이인자'를 훌륭히 해내기란 결코 쉽지 않다. 너무 잘하면 안 된다. 공로가 주인보다 뛰어나면 숙청을 당할 위험이 있다. 너무 무능해서도 안 되는데, 아랫사람들에게 무시당하면 출세의 기회는 영원히 찾아오지 않는다. 만일 일인자의 자리에 안전하게 앉을 수 있다면 앉으면 된다. 그렇지만 첫 번째 자리에 앉을 수 없다면 두 번째 자리에도 앉지 말고 차라리 셋째나 넷째, 다섯째 자리에 앉아야 한다. 왜냐하면 이인자는 언제든지 일인자를 대신할 수 있어서 여러 사람들이 호시탐탐 노리고 있는 몹시 위험한 위치이기 때문이다. 진나라의 이사(李斯, 진나라 시황제 때의 명재상으로 말년에 모반의 혐의를 쓰고 처형당했다)도 승상의 일을 너무나 잘 해냈기 때문에 결국 죽음을 당한 게 아니었던가.

송강은 일찍이 "감히 황소(黃巢 – 중국 당나라 말기 때의 농민 반란의 수령, 황소의 난 일으킴)를 비웃는 자는 사내대장부가 아니다"라고 말한 적이 있다. 그가 양산의 일인자 자리에 오르고 싶지 않다고 말한다면 그것은 분명히 거짓말이다. 송강은 식견이 넓고 지모도 훌륭했다. 그러나 그 자리를 오랫동안 탐내왔다고 해서 아무런 공로도 세우지 못한 채 욕심만 낼 수는 없는 일이었다. 만약 그렇게 그 자리에 오른다면 어떻게 사람들의 신망을 얻을 수 있겠는가? 자리는 언젠가 빼앗아야 했지만 급히 서둘다 일을 그르칠 수는 없었다.

그래서 조개가 그에게 두목의 자리를 주려는 호의를 보였을 때, 송강은 사양하며 말했다.

"형님께서는 저보다 열 살이나 많으시니 응당 형님께서 자리에 계속 계셔야죠."

그가 거절하면서 던진 언사를 더 자세히 음미해보면 참으로 재미있다. 송강의 말에 담긴 뜻을 잘 살펴보면 그가 능력이 안 된다거나 위엄과 명망이 부족해서 혹은 조직에 온 지 얼마 안 되어 무례한 일을 할 수 없다는 등의 이유가 결코 아니다. 단지 나이가 어리다는 것이었다. 두목의 자리에 앉을 수 없는 이유가 단지 자신의 나이가 어리다는 것 때문이지 능력에 문제가 있다는 의미는 전혀 없다. 이는 그가 나중에 일인자의 자리에 앉기 위해 깔아둔 하나의 복선이었으리라.

송강은 참고 양보하였기 때문에 결국 순조롭게 양산의 이인자가 될 수 있었다. 더욱 중요한 것은 그가 데려간 형제들도 점점 세력을 다져갔다는 점이다.

태극권 추수를 교묘히 활용해 직장을 자유자재로 휘둘러라

송강의 양산 조직은 하나의 직장이라고 할 만한데, 이 안에서 송강의 교제수단은 그야말로 '식은 죽 먹기'였다. 나아가면 이득을 얻을 수 있고, 물러나도 손실은 없었다. 그리고 그는 '후이무형, 흑이무색'(厚而無形 黑而無色 낯가죽이 두꺼우면서도 형체가 없고 속마음이 시커면데도 색채가 없다)이라고 표현할 수 있을 만큼 처세학의 최고 경지를 펼쳐보였다.

강호의 사람들이 송강을 좋아하고 존경했던 까닭은 그가 충효를 다하고 정과 의리를 중시하며 영웅의 포부를 가졌기 때문이다. 그는 일단 호걸들을 만나기만 하면 의형제를 맺으려 했다. 이 역시 바로 그가 훗날 양산에서 많은 형제들을 모으고 두목으로 추대받게 되는 가장 중요한 이유 중 하나이다. 양산에서 의병을 일으키기 훨씬 전부터 이규와 두터운 친분을 맺었고, 조개를 몰래 풀어주고 했던 행동 등으로 미루어볼 때 그의 속내를 짐작하고도 남는다.

송강은 세간의 민심을 세밀하게 관찰하고 각종 처세방식을 몸에 익혔다. 그리하여 세간의 정세에 대해 자신만의 방식과 방법을 융통성 있게 운용할 수 있었고, 인격 또한 진선미의 완전한 경지에 도달하기에 이르렀다. 이렇게 되니 인간관계는 자연히 고기가 물을 만난 듯 순조로웠고, 형제들에게 버려져 위군자(僞君子 거동을 거짓으로 꾸미고 세상을 속여 군자인 척 하는 사람)로 타락할 일은 없게 되었다.

이렇게 훌륭한 태극권 재주를 보유한 그가 어찌 순탄하지 않을 수 있으며, 또 자신의 궁극적 숙원을 어찌 실현하지 못하였겠는가?

5

비상한 수단
주원장(朱元璋)

거지에서 **황제로**

朱元璋 ──── 주원장

　주원장(朱元璋), 안휘(安徽) 사람이다. 명(明)나라 개국황제이며 역사상 보기 드문 강한 황제였다. 주원장은 중국 역사상 유일한 거지 출신 황제이다. 그는 제왕이 되기 위한 어떠한 훈련도 받은 적이 없고 심지어는 인생 교육조차도 받아본 적 없는, 역대 제왕 중 가장 개성 있는 인물이다. 거지에서 하루아침에 일국의 제왕이 되다니 마치 신화나 전설을 듣는 것 같다.

　도대체 미천한 출신의 주원장은 어떻게 성공할 수 있었을까? 재능이 넘쳐흘렀던 것일까? 그건 아닌 것 같다. 그렇다면 그의 힘은 만(萬)사람에 견줄 만했던 걸까? 그건 더더욱 아니다. 그렇다면 그는 자신의 정치적 야심을 한 걸음씩 한 걸음씩 성취해나갈 수 있었던 걸까?

　주원장에 대해 조금이라도 들어본 적 있는 사람이라면 아마 알 것이다. 비록 거지 출신으로 군에 투신해서 겨우 일어섰지만, 그는 꾀가 참 많은 인물이었다. 그는 몰래 역량을 쌓아갔고 그것을 깊이 감춘 채 드러내지 않았다. 적당한 때를 기다리며 한 걸음 한 걸음 자신의 실력을 키웠고, 그때부터 그의 은밀한 야심은 점점 그 모습을 드러낸다.

　실력이 충분히 강대해졌다고 생각이 들었을 때, 주원장은 곧바로 강력해진 본인의 모습을 천하에 드러냈다. 사방으로 출정하여 천하를 다투었다. 결국 그는 각지의 할거세력을 일거에 소멸시켜버리고 삼백 년 왕조의 기틀을 다졌다.

목표가 있었고, 더욱이 수단이 좋았다

원(元)나라 말년 조정이 부패와 암흑으로 가득 찼을 당시, 각지의 영웅호걸들은 잇달아 봉기하기 시작했다. 모두가 머리에 붉은 두건을 두르고 '반원복송'(反元復宋)의 깃발을 들고 쟁탈하던 그때, 어릴 적 단지 작은 목동에 불과했던 주원장은 다른 강대한 군벌들과 싸워 하나하나 제압해 나갔다.

마지막에는 기적처럼 원나라를 전복시켰고 드디어 천자의 자리에 올라 명조의 개국황제가 되었다. 주원장의 성공은 마치 신화나 전설과도 같다.

이 전설과도 같은 사실을 단 한 마디로 표현할 수 있으니, 바로 '목표' 그리고 '성공'이다.

‖ 작은 수단으로 큰 효과를 내다 ‖

주원장은 어릴 때 지주 집에서 소를 치던 작은 꼬마였다. 근본도 없고 큰 뜻도 없고 단지 배만 부르면 그걸로 족하는 아이였다. 그런데 하필이면 이 아이가 난세(亂世)를 만나고 또 기근까지 겹쳐, 가족들은 모두 죽고 혼자만 남게 되었다. 하는 수 없이 중이 되었고 입에 풀칠만 하며 근근이 살아갈 뿐이었다. 그러나 중도 그리 쉽게 될 수 있는 것이 아니었다. 늙은 스님이건 어린 중이건 모두들 그를 무시했다. 실의에 빠진 가련한 주원장은 배불리 먹지도, 따뜻하게 입지도 못하면서 거의 굶어죽을 지경이었다.

어쩔 수 없던 그는 행각승(行脚僧)이 되기로 결심한다. 오로지 탁발만을 생계수단으로 삼아 풍찬노숙한 지 어느덧 수년째가 되었다. 죽을 날만 바라보던 주원장은 생각한다.

"설마 천하에 내가 살아갈 곳 하나 없단 말인가? 죽음도 두렵지 않거늘 사는 것을 두려워하겠는가?"

이렇게 생각한 그는 경건한 마음으로 점을 쳐보았다. 그런데 결과는 생각지도 못한 엄청난 길조였다.

수년간의 행각승 생활을 거치면서 그는 인간 세상의 온갖 고통을 맛보았고 각지의 영웅들이 봉기하는 모습도 지켜보았다. 그의 생각은 이러했다. "이렇게 무기력하게 구걸하면서 사느니 차라리 장렬하게 대업을 이뤄보는 것이 낫지 않겠는가!" 단호하게 바리때를 던져버리고 승복을 벗어버린 주원장은 곧장 그 길로 군대에 들어갔다. 그런데 마침 그가 투신하게 된 군대는 당시 명성이 자자하던 곽자흥(郭子興)의 부대였다.

군대에서의 생활은 주원장으로 하여금 출세의 희망을 발견하게 해주었다. 하지만 문·무 그 어느 것 하나 갖추지 못한 그가 두각을 나타내기란 아주 어려운 일이었기 때문에 그는 고심하고 심사숙고를 거듭하며 방법을 강구했다. 그리고는 한 가지 더없이 훌륭한 방법을 생각해냈다. 그는 매번 곽자흥의 부대가 출정할 때마다 항상 죽기 살기로 적을 죽였고 대단히 용맹스럽게 싸웠다. 얼마 지나지 않아 주원장은 분대장으로 뽑혔고, 이렇게 하다 보니 곽자흥과 가까워질 기회까지 생기게 되었다. 매일 열심히 노력하고 병사들도 세심하게 돌보는 그가 곽자흥의 눈에 드는 것은 당연했다.

이것은 주원장의 첫 번째 계획에 불과했다. 가장 먼저 통솔자 ―그의 주인― 의 환심을 사면 모든 것은 순조롭게 풀릴 것이다. "사람은 높은 곳에 올라가야 하고 새는 높은 가지를 찾아 쉰다"는 말은 분명 일리가 있었다. 주변에 대단한 인물 하나 없는 채로 하층 백성들 사이에 섞여 있으면 과연 어느 세월에 두각을 나타낸단 말인가! 주원장은 상류층 인물들과 관계를 맺기 시작한 뒤부터 점차 빠른 속도로 존재감을 드러내기 시작했고, 조금씩 그리고 아주 천천히 지도자의 위치로 올라갔다.

주인 곽자흥에게만 아첨하는 것으로는 부족했다. 주인마님의 환심도 사야 했다. 중국 속담 가운데 "베갯머리의 바람은 12급 태풍에 맞먹는다"라는 말도 있지 않은가! 주인마님이 주인어른 앞에서 그 베갯머리 바람을 불어주면 그 효과는 말을 안 해도 알 만했다. 주원장은 계획대로 곽자흥의 아내 장(張)씨에게 각별한 존경을 표하였다. 장씨가 병이 나 누워 있으면 직접 후한 선물을 사가지고 문병을 갔고, 틈만 나면 장씨 면전에서 자신이 얼마나 곽자흥을 존경하고 또 그에게 탄복하는지 따위를 늘어놓았다.

장(張)씨는 당연히 기뻐하며 이렇게 사리와 경우가 밝은 부하는 정말 얻기 힘들다고 생각했다. 그래서 곽자흥과 상의를 거친 뒤 자신의 양녀인 마(馬)씨를 주원장에게 시집보냈다. 반생을 유랑 생활한 보잘것없는 중이 아내를 얻었는데 그게 지도자의 딸이었으니, 주원장이 어찌 기뻐하지 않을 수 있었겠는가.

‖ 작은 수단으로 천하의 명사를 끌어 모으다 ‖

곽자흥과 이러한 관계를 맺은 후 주원장의 야심은 날이 갈수록 커져 갔고, 이미 작은 대장자리를 맡는 것으로는 만족할 수 없게 되었다. 그래서 그는 남몰래 자신의 세력을 키웠고, 출정을 나가게 된 어느 날 곽자흥의 손아귀에서 벗어나 분가하였다.

하지만 아무런 배경도 없는 탁발승 출신인 주원장 수하의 병사들은 다른 홍건군(紅巾軍)들과 비교해 터무니없이 부실했다. 다른 수많은 라이벌을 격파한 뒤 원나라를 전복하여 천하를 쟁취하려 했던 주원장은 이제 어떻게 하면 좋단 말인가? 그는 우선 능력 있고 충직한 부하들을 불러오기로 마음먹는다. 이때부터 천하의 호걸들을 모집하기 시작하였고, 우선 그의 고향친구 몇 명 — 훗날의 개국공신 서달(徐達), 탕화(湯和), 상우춘(常遇春) 등 - 을 자신의 휘하로 불러들였다. 이들 고향친구들은 능력이 비범했을 뿐 아니라 주원장에 대해 목숨을 걸고 충성을 다했다. 하지만 이들의 무공은 훌륭했지만 지모는 부족했다. 주원장은 천하를 얻기 위해서 반드시 책략에 능한 문신이 필요하다는 것을 잘 알고 있었고, 곧 이러한 책사를 찾는 일에 착수하였다.

당시 재능이 출중한 몇몇 명사들이 절동산(浙東山)에 은거하고 있다는 이야기를 전해들은 주원장은, 만일 이들이 자신을 보좌해준다면 대사를 이루는 것은 걱정하지 않아도 될 것 같았다. 이 네 명의 명사 가운데 유백온(劉伯溫)은 천하에 보기 드문 기이한 인재였다. 주원장은 우선 인편으로 선물을 보내 유백온에게 산에서 내려와달라고 청했다. 결과는 '싸늘한 거절'이었다. 허나 주원장은 실망하지 않고 유비의 삼고초려를 모방하여 다시 한번 편지를 보냈다. '천하 민초들의 일을 자신의 소임으로 삼겠다'는 주원장의 간절한 편지는 드디어 유백온의 호감을 샀고, 그제야 그는 흔쾌히 요청을 받아들여 주원장의 군영으로 오게 된다.

이 밖에도 당시 명망 높던 명사들이 하나둘 씩 주원장에게 투신한다. 용천(龍泉)의 장일(張溢), 여수(麗水)의 엽침(葉琛), 포강(浦江)의 송렴(宋濂) 등이 그들이다. 이들이 군으로 들어온 뒤 주원장은 그들에게 단지 이 한마디를 건넸다.

"나는 천하를 위해서 그대들을 욕보일 것이오."

이 말을 들은 책사들은 깊은 감명을 받았다. 주원장의 뜻은 이러했다.

'내가 그대들을 속세로 나오게 한 것은 그대들을 욕보인 것이오. 하지만 이는 나 자신을 위해서가 아니라 천하의 백성들을 위한 것이오.'

그들은 이 말을 통해 주원장이 세상을 비탄하고 백성을 불쌍히 여기는 마음을 가졌음을 느낄 수 있었고, 이는 그들을 감동시키기에 충분했다.

유백온이 감동을 받아 눈물 콧물 흘려가며 한 말만 봐도 알 수 있다.

"저는 정말 훌륭한 주인을 만났습니다. 앞으로 전력을 다해 주인님을 보좌하여 천하를 바로잡겠습니다." 주원장은 유백온의 이와 같은 결심을 보자 크게 안심했다.

주원장은 유백온이라는 핵심 기둥이 생기고 나니 앞으로의 모든 군사계획에 대해 한결 마음을 놓을 수 있었다. 그리고 그를 심복의 자리에 앉혀 적절하게 사용하였다. 한편 유백온도 주원장을 한동안 지켜본 후 자신이 충성을 다해야 하는 군주는 결코 평범한 다른 군벌들과 비교할 수 없는 인물이라는 확신이 생겼으며, 자신도 이 대사를 치르는 데 힘을 기울여야겠다고 생각했다.

유백온은 산에서 나와 주씨 정권을 위해 충직하게 일했고 적극적으로 책략을 만들어냈다. 그는 주원장을 위해 '우선 진우량(陣友諒)을 멸하고, 다음으로 장사성(張士誠)을 멸한 뒤 중원으로 북향하여 천하를 통일한다'는 전략방침을 정했다. 이것만 보더라도 주원장이 유백온의 보좌를 받은 것은 곧 '범이 날개를 얻은 격'이었음을 알 수 있으리라. 그는 유백온이 그를 위해 세운 전략과 전술을 거의 따랐다. 우선 유인책을 써 진우량의 군을 한차례 대패시켜 그 날카로운 기세를 꺾은 뒤, 파양호(鄱陽湖)에서 그 세력을 철저히 섬멸시켰다. 그리고 다음 해에는 유백온의 계략에 따라 장사성의 세력을 토벌하였다. 그리고 난 후 주원장은 부대를 북상시켜 원나라 수도였던 북경을 공략하였고, 그와 동시에 남쪽에서 자신은 왕위에 오를 준비를 했다.

유백온을 데려온 것은 주원장의 일생에서 가장 중요한 한 수를 둔 셈이었다. 주원장의 방식은 매우 총명했다. 그는 다른 군벌들처럼 인재를 데려올 때 가장 먼저 그들에게 후한 봉록을 주고 고관작위를 얹어주지 않았다. 그는 가장 먼저 자신의 위치를 수많은 백성의 역할에 두고 민초의 이름으로 인재들을 초빙한 뒤, '정(情)' 한 글자로 그들의 마음을 울렸다. 이는 평소 그 오만한 명사들의 이상과 꼭 들어맞는 바였다. 이로써 우리는 주원장의 독심술이 과연 예사롭지 않았음을 알 수 있다.

백전백승의 철의 부대를 만들어라

　주원장은 일개의 필부(匹夫)였다. 한 뼘 땅도, 아무런 의지할 곳도 없었다. 그러나 그의 부하 중에는 서달, 상우춘, 등유(鄧愈), 이문충(李文忠) 등과 같이 싸움을 잘하는 용맹스러운 장수들이 많았고, 심지어는 일개 사병들조차도 모두 그를 위해 용감히 피를 흘렸다. 그야말로 전투에 강한 백전백승의 부대였다. 그렇다면 도대체 이 부대는 어떻게 만들어진 것일까? 이것은 아주 간단했다. '엄하게 다스려라.' 주원장은 군을 다스리는 요령을 잘 알고 있었기에 거칠 것 없는 철의 부대를 만들어낼 수 있었다.

‖ **엄하게 다스려라** ‖

　맨 처음 주원장의 부대는 그야말로 오합지졸이어서 이들이 지휘에 복종하도록 만드는 것은 결코 쉬운 일이 아니었다. 그러나 이런 '옥석혼효'(玉石混淆 옥과 돌이 한데 섞여 있음)의 부대도 주원장의 지도로 점차 기율이 잡혀가고 싸움에도 강한 철의 부대가 되어갔다.

가장 먼저 부대의 확고부동한 기율을 세워야 했다. 당시 그의 세력은 그다지 크지 않은데다 식량도 부족하여, 먼저 그는 식량을 절약하라는 명령을 내렸다. 그 가운데 가장 중요한 조치는 바로 식량으로 술을 담그지 못하도록 하는 것이었다.

그런데 한 병사가 이를 위반하고 식량으로 술을 담갔는데, 이 자는 바로 주원장의 절친한 전우 호대해(胡大海)의 아들이었다. 군기를 어겼기에 주원장은 당연히 대로(大怒)했고, 그 호대해의 아들을 즉시 잡아들여 처형하려 하였다. 그때 군 감독관 왕해권(王海權)은 지금 그를 죽여서는 안 된다고 주원장을 설득했다. 왜냐하면 당시 호대해는 전방 절동(浙東)에서 전투 중이었는데 만약 그가 아들의 죽음을 알고 군사를 돌이켜 반란을 일으킨다면 그 결과는 감히 상상할 수도 없었다.

그러나 주원장은 결코 형제간의 정분 때문에 법 밖의 은혜를 베풀 사람이 아니었다. 그는 말했다.

"차라리 호대해로 하여금 나를 배반하게 할 수는 있어도, 우리 군의 규정은 절대 저버릴 수 없다. 그렇지 않고서야 어찌 군대 전체를 어떻게 통솔한단 말인가."

바로 이렇게 호된 조치와 확고한 결심이 있었기에 철의 기율을 다잡을 수 있었고, 그로써 철의 부대도 만들어낼 수 있었다. 호대해는 오래전부터 주원장을 따라 의병 봉기에 참가하여 수많은 전공을 세운 인물이었다. 그는 일찍이 자신은 지식인이 아니지만 세 가지만큼은 알고 있다는 말을 한 적이 있었는데, 그 세 가지는 '사람을 죽이지 말아야 한다', '부녀자를 강탈하지 말아야 한다', 그리고 '집을 태우지 말아야 한다'였다. 그가 군기를 매우 중시하는 사람임을 잘 알 수 있는 대목이다. 그는 주원장이 자신의 아들을 죽인 것은 부대의 기율을 더욱 강화하기 위한 것임을 알고 있었기에, 주원장을 배반하지도 않았을뿐더러 오히려 훗날 더욱 충성을 다하고 용감하게 싸웠다.

이처럼 주원장은 장병과의 관계에 있어서 엄한 기율을 세웠기에 그들을 통솔할 수 있는 철의 기율이 완성되었으며, 이로써 천하를 얻기 위한 기본 역량을 만들 수 있었다.

비록 주원장이 철의 부대를 만들고 천하의 수많은 조력군도 끌어모았지만, 과거에 홍건군이었던 주위의 군웅들 역시 황제의 자리에 앉는 영광을 맛보고 싶어 하기는 마찬가지였다. 게다가 그들은 힘으로 보나 점유하고 있는 세력 범위로 보나 모두 주원장보다 앞서가고 있었다. 주원장이 황제의 자리에 오르려면 반드시 먼저 이 할거세력들을 하나하나 해결하여 남방을 통일해야만 했다. 그래야 비로소 북으로 올라가 원나라를 전복시키고 새로운 왕조를 건립할 수 있었다. 하지만 말이 쉽지 얼마나 많은 어려움이 도사리고 있을지는 불을 보듯 뻔한 일이었다. 주원장은 과연 어떻게 손을 쓸 수 있단 말인가? 의심할 바 없이 전투력 증강이 그 첫 번째 요소였다.

‖ 인의의 부대는 백전백승이다 ‖

군을 엄히 다스린 것은 자고이래로 이름난 모든 장수들의 공통적 특징 가운데 하나였다. 엄한 기율이 없다면 부하들을 복종시킬 수 없으며 강성한 전투력을 갖추는 것은 불가능하다. 군기가 해이한 대오는 필연적으로 백성들을 교란시키는 결과만 낳고 민중들의 지지만 잃을 뿐이다.

주원장은 원나라 말년 기율이라고는 찾아볼 수 없는 극도로 부패한 군관들의 행태와 그들이 곳곳에서 백성들을 죽이고 약탈하는 갖은 못된 짓을 똑똑히 봐왔다. 때문에 그는 군을 다스리는 과정에서 각별히 조심할 수밖에 없었고 백성들을 위한 선행에 힘썼다.

당시 곽자흥이 호주(濠州)에서 의병을 일으키자 원나라 장수 철리목화(徹里木花 철리무화 ─몽골어의 음역)는 조정의 진압 명령을 받고 출정했다. 하지만 그 봉기군의 명성과 기세에 눌려 성 삼십 리 밖에서 주둔하고 있었다. 그는 감히 봉기군과 교전하지는 못하고 사병을 곳곳으로 파견하여 백성들을 교란시켰다. 성년 남자만 보면 다 잡아들여 머리에 붉은 두건을 씌운 뒤 포로로 잡혀온 홍건군으로 가장시켰는데, 그 전공을 허위 보고하여 상을 받기도 했다. 그 결과 성난 백성들은 여기저기서 반기를 들고 진짜 홍건군이 되었다. 이런 불인(不仁)의 군대가 저지른 행위들은 결국 주원장이 군을 다스리는 데 있어 귀중한 반면교사가 되었다.

주원장은 자신의 웅대한 계획을 실현하기 위해 군기를 특히 중시하였다. 진강(鎭江)을 공격하기 위해 출병했을 때, 그는 군기를 잡기 위해 일부러 서달을 대중 앞에서 모욕을 주는 이른바 '고육책'을 행했다. 엄격한 기강 확립을 위해 일벌백계의 방법을 쓴 것이다. 서달은 군사들을 통솔하기 시작한 이래로 시종일관 그 호령이 분명하고도 근엄하여 가는 곳마다 소란이 진압되었다. 그리고 매번 새로운 곳을 점령할 때마다 군령을 거듭 천명하여 불태우고 죽이며 약탈하는 행위를 엄하게 금하였다. 위반하면 바로 군법에 의해 처벌하였고 그 자들의 목을 베어 대중에게 보이곤 하였다.

　진우량을 섬멸시킨 전투에서 서달과 상우춘은 함께 매복공격을 감행해 만 명의 목을 베고 삼천 명을 생포하였다. 상우춘은 "이들은 우리의 원수이니 만일 죽이지 않는다면 후환을 남기게 되는 것이오"라고 말하며 포로들을 모조리 죽이려고 했다. 서달은 한편으로 상우춘의 난폭한 행위를 저지하고, 또 한편으로는 사람을 보내 주원장에게 이 사실을 고하였다. 그런데도 상우춘은 야밤에 절반이 넘는 포로들을 생매장해버렸다. 주원장은 이 사실을 듣고 크게 노하여 남은 포로들은 전부 석방하라는 명령을 내렸다. 이 일이 있은 후 주원장의 부대가 가는 곳마다 백성들은 길 양쪽에 늘어서서 그들을 환영했으며 곳곳에 칭송이 자자하였다.

　주원장은 스스로가 늘 '인의를 실천하는' 부대를 제창해 왔기 때문에, 만일 부하들이 전쟁 중에 사람을 죽이지 않고 그 지역 사회의 안정을 보존하면, 즉시 그를 칭찬하고 표창하였다. 그리하여 그 수하의 대장들은 주원장의 지시를 받들어 전투 중에도 함부로 사람을 죽이지 않고 행군 중에는 백성들을 보호하고 인의를 실천하였다.

　주원장이 백성들을 중요하게 여긴 까닭은 그 자신 역시 일반 백성 출신의 군관이었기 때문이다. 게다가 수하의 장군이나 사병들 대부분도 백성 출신이었기 때문에 감정상으로 백성들과의 거리가 매우 가까웠다. 다른 군벌들이 군사를 일으킬 때 자신은 고관장상 출신이라 백성들의 아픔을 느끼지 못하고 또 그들의 역량이 얼마나 되는지 인식도 못하는 고관들과는 사뭇 달랐다. 이 점에 있어서 주원장은 이미 '선천적' 우세를 점하고 있었다. 이에 더해 '후천적'인 통치까지 중시하였기 때문에 백성을 근본으로 하는 '인의(仁義) 부대'를 양성해낼 수 있었다.

담장을 높이 쌓고, 식량을 넉넉히 비축하며, 칭왕은 천천히 하라

주원장이 휘주(徽州)를 차지한 뒤 그 지역에 주승(朱升)이라고 하는 유명한 학자가 있다는 이야기를 전해 듣고 직접 그를 초빙하러 갔다. 주승은 주원장에게 세 마디의 행동강령을 바쳤으니, 이것이 바로 '담장을 높이 쌓고, 식량을 넉넉히 비축하고, 칭왕(稱王 왕으로 자처하다)은 천천히 하라'였다. 이 말을 마음속에 새긴 주원장은 그것을 자신의 잠언으로 삼아 한 발 한 발 천하를 점령해갔다. 도대체 이렇게 간단한 세 마디 말 속에 과연 어떤 풍부한 함의가 담겨있는 것일까?

‖ 담장을 높이 쌓아라 ‖

'담장을 높이 쌓아라'는 자신의 근거지를 공고히 해라, 다시 말하면 근거지를 잃어버리지 말라는 뜻이다.

서기 1355년, 주원장은 장강을 건널 준비를 하며 발전을 모색하고 있었다. 이때 늙은 유학자 도안(陶安)이 주원장을 찾아왔다. 주원장은 그에게 장강을 건넌 뒤의 책략에 대하여 가르침을 구했다. 도안은 주원장이 제세안민(濟世安民 세상을 구제하고 백성을 편안하게 함)의 큰 뜻을 품은 것을 찬양하며, 병사를 이끌고 할거하려는 다른 인물들은 가슴에 큰 뜻이 없고 단지 부녀자와 재물을 강탈할 줄만 아니, 주원장이야말로 반드시 천하를 평정할 것이라고 예언했다. 또 그는 장강을 건너 태평(太平 지금의 안휘성 당도현)을 점령한 뒤에는 재빨리 지세가 험준한 금릉(金陵 지금의 남경)을 차지하여 천하 평정의 근거지로 삼아야 한다고 건의했다. 주원장은 도안의 의견에 흡족해 했다.

주원장은 신속히 장강을 건넌 뒤, 화주(和州) 맞은편 기슭의 태평을 공략하고, 곧바로 다시 부대를 이끌고 집경(集慶=금릉)으로 향했다. 바로 도안이 말한 금릉으로 진격을 개시한 것이다.

이때 곽자흥이 병사했다. 그의 아들 곽천서(郭天敍)는 소명왕(小明王) 한림아(韓林兒)에 의해 도원수(都元帥 총사령관)로, 주원장은 부원수(副元帥 부사령관)로 봉해졌다. 하지만 사실상 실권은 모두 주원장이 잡고 있었다. 그런데 집경을 공격하다가 곽천서는 전사하고 말았다. 그 수하의 모든 군사들은 자연히 주원장의 손안에 들어왔고 그의 군력은 증강되었다.

서기 1356년, 원나라 수군은 채석기(采石磯)에서 주원장의 부대에 의해 몰살되고 집경성의 원군도 투항하여 주원장은 드디어 집경으로 입성하게 된다. 그는 집경을 응천부(應天府)로 개명하고 이때부터 비교적 안정되고 발전의 전도가 있는 근거지를 갖게 된다.

그러나 주원장은 여전히 자신의 세력이 아직도 부족하다고 느꼈다. 이 당시 각각 절동, 사천(四川), 호광(湖廣 호북성, 호남성, 광동성, 광서성)을 차지한 장사성, 진우량, 명옥진(明玉珍) 등은 이미 하나둘씩 칭왕을 하고 나섰지만, 주원장은 여전히 조용히 자신의 역량을 키워갔다. 단지 태평에 태평흥국익(太平興國翼) 원수부(元帥府 총사령부)를 세우고, 금릉에서는 스스로 오국공(吳國公)이라 칭했을 뿐이다.

당시 홍건군은 한림아를 황제로 옹립하여 '대송(大宋) 황제'로 칭하고, 연호를 용봉(龍鳳)으로 하는 정권을 세웠다. 주원장은 이 연호를 사용하여 군 안에서 자신의 영향력을 키우고자 했다. 그는 이 연호를 오랫동안 쓰게 되는데, 이 점은 그의 책사 유백온조차도 생각해내지 못한 것이었다. 주원장은 한림아가 자신의 방패가 되어줄 것이며 사람들이 전부 한림아를 향해 몰려올 것이라는 것을 잘 알고 있었다. 게다가 한림아가 세운 국호는 '대송'으로, 그는 송나라 휘종(徽宗)의 12세손이었기 때문에 엄청난 호소력을 갖고 있었다. 당시 한림아는 어명을 보내왔는데, 군의 도원수와 부원수를 임명한다는 내용이었다. 이것이 군영에 도착했을 때는 마침 곽자흥이 죽어 그의 아들 곽천서와 처남 장천우(張天佑)가 도원수와 부원수로 봉해졌다. 주원장 역시 부원수가 되었다. 그런데 집경을 공격하다가 곽천서와 장천우 모두 전사하였고, 당시 부원수이던 주원장은 아무런 장애물도 없이 원수가 되어 순조롭게 군을 접수하게 된다. 집경 땅을 손아귀에 넣은 그는 '담장을 높이 쌓는' 전략을 시행하여 그 근거지를 공고히 해나갔다.

‖ 식량을 넉넉히 비축하라 ‖

'식량을 넉넉히 비축하는 것'은 충분한 군수물자와 경제실력을 키우는 것이다. 주원장이 휘주를 지날 때 당중실(唐仲實)이라는 유학자가 그의 군영에 찾아왔다. 그는 주원장의 군대가 사람을 죽이지 않고 인의를 행하니 능히 대업을 이룰 수 있을 거라 했다. 그런데 한 가지 문제가 있으니 바로 주원장이 백성들에게 나눠줄 식량을 징수하는 부담이 너무 크다는 것이었다.

주원장은 식량 등의 물적 자원이 그의 정권과 군사 활동에 미치는 중요성을 누구보다 잘 알고 있었다. 그래서 군사일이 번망할 때조차도 그는 가는 곳마다 농업생산에 관심을 갖고 그곳의 농사와 양잠활동을 격려하곤 하였다. 그는 군사들에게 땅을 경작하고 파종하는 일을 안배하는 둔전(屯田 주둔병이 농경에 종사하거나 또는 농민을 모집하여 농경에 종사시키는 제도)을 실시하였다. 또 담당자를 임명하여 제방건설을 담당케 하고 수리사업을 일으켜 군량 공급을 보장하였다. 주원장은 일찍이 강무재(康茂才)를 도수영전사(都水营田使)에 임명하여 수리와 둔전을 맡겼는데, 1년 동안 상당히 많은 양의 식량을 거둘 수 있었고 3년이 지나자 저장할 수 있게 되었다.

동시에 그는 자신의 통치지역 내에서 염법(鹽法 소금의 밀매를 단속하기 위하여 제정한 형법)을 시행하였고 그렇게 거둔 세금으로 군사들의 급료를 충당했다. 소금뿐만 아니라 차를 팔기도 하였다. 또한 자신의 통치지역 내에서 대중통보전(大中通宝錢)이라는 화폐를 발행하였다. 상품을 유통하기 위해서는 반드시 화폐가 있어야 했고, 이렇게 하여 그는 경제 기반을 마련할 수 있었다. 이것이 바로 '식량을 넉넉히 비축하는 전략'이다. '식량을 넉넉히 비축하는 것'은 단지 식량에만 한정하는 것이 아니라 종합적인 경제 기반을 필요로 한다. 풍부한 밑천이 마련된 뒤에야 비로소 자신이 하고 싶은 일을 할 수 있는 힘이 생기는 법이다. 본전이 다 바닥날 때가 되어 하고 싶은 것을 하려다가는 아무것도 이룰 수가 없다.

‖ 칭왕을 늦추어라 ‖

'칭왕을 늦추는 것'은 재능을 감추고 드러내지 않는 일종의 책략이다. 너무 일찍 두각을 보이는 것은 곧 다른 이의 공격목표가 됨을 의미한다. 자신이 왕이 되고 싶다면 다른 사람도 마찬가지로 왕이 되고 싶은 법이다. 따라서 칭왕하겠다고 나서는 자는 바로 섬멸의 대상이 된다. 때가 아직 성숙되지 않았다면 자신의 야심을 드러내서는 안 된다.

주원장은 한림아의 '용봉' 연호를 사용하고는 있었으나 아직 칭왕은 하지 않고 있었다. 그런데 그 주위의 수많은 자들은 이미 왕을 자임하고 있었다. 장강 중류에서 진우량, 장사성, 방국진(方國珍), 명옥진 등이 연이어 칭왕하였지만 주원장만은 유일하게 칭왕하지 않았다. 이는 자신을 거센 바람과 높은 파도에 두지 않기 위함이었고, 적들에게 일찍 발견되어 공격당하지 않기 위함이었다.

주원장은 자신을 잘 보호하였다. 유복통(劉福通)이 일찍이 세 부대를 파견해 중원 북벌에 나섰는데, 하나는 산동(山東)으로, 다른 하나는 하북(河北)으로 전진하여 대도(大都 지금의 북경. 원나라의 수도) 이북을 공격하고 몽고(蒙古) 초원으로 들어가 상도(上都)의 궁전을 불태웠다. 마지막 부대는 섬서(陝西)와 사천 지역을 공격하였다. 그러나 결국 이 세 부대는 모두 패했다. 하지만 주원장은 여기에 참가하지 않고, 다른 이들이 북벌을 감행하는 동안 조용히 실력을 키워갔다.

원나라 말기, 조정의 신임을 받던 대장군 차칸티무르(察罕帖木兒 차한테무얼)라는 장수가 있었다. 그는 한때 세력이 매우 강대하여 제남(濟南)을 함락시킨 뒤 남하하려 하였다. 이에 대해 주원장은 상당히 애매모호한 태도를 취했다. 차칸티무르는 이를 이용해볼 수 있을 것 같다고 원나라에 보고하였다. 원나라는 몰래 바닷길을 통해 집경으로 사절을 파견하여 주원장에게 용포(龍袍 천자의 옷)와 어주(御酒 황제의 술)를 내려 그를 영록대부(榮祿大夫 당시 종2품의 벼슬)에 봉했다. 그리고 강서 등지의 행중서성(行中書省) 평장(平章)이라는 관직을 주었다. 누군가는 이를 보고 주원장이 어쩌면 원에 투항할지도 모른다고 의심하기도 했지만 주원장은 그렇게 어리석지 않았다. 그는 자기만의 계획이 있었다.

공교롭게도 원 황제의 선물과 조서가 도착한 지 얼마 지나지 않아 차칸티무르가 죽었고 이 일은 유야무야 되어버렸다. 그러나 주원장과 차칸티무르 간의 왕래는 사실상 원나라의 남방(南方) 진군(進軍) 압력을 누그러뜨려 주었다. 바로 이것이 주원장의 드러나지 않은 일종의 책략이었다. 차칸티무르가 죽은 뒤 그의 아들 쿠쿠티무르(擴廓帖木兒 쿼귀테무얼)도 여전히 강대한 군대를 보유하게 되었고 그 역시 주원장의 주요 라이벌 가운데 하나였다. 주원장은 쿠쿠티무르와도 역시 서신을 주고받으며 우정을 쌓아갔으니, 이것이 이른바 '통호'(通好 국가간의 우호관계)였다. 서신을 연이어 7차례 이상 주고받는 동안에도 실질적인 왕래는 오가지 않았다. 하지만 우리는 이를 통해 알 수 있다. 주원장은 복잡한 형국에서 적의 압력을 완화시킬 방법을 강구해낼 줄 알았으니, 일종의 '피실취허(避實就虛 적의 주력은 피하고 약한 곳을 골라서 치다)'의 책략을 채택한 것이다.

용맹하게 손을 써서 일격을 가해라

주원장은 칭왕을 늦추고 있었지만 군웅할거 상태에 놓여있는 많은 군주들은 앞다투어 황제를 자처하고 있었다. 강동(江東 양자강 동쪽지역)을 거점으로 한 한왕(漢王) – 훗날 무창(武昌)을 거점으로 하는 진우량 –, 중경(重慶)서 칭왕한 명옥진, 평강(平江) 소주(蘇州)에서 나라를 세운 장사성, 그밖에 방국진은 절동의 경원(慶遠)과 태주(台州), 온주(溫州)를 점령하였다. 주원장은 자신의 꿈을 실현하기 위해 반드시 이들 라이벌을 쳐내야 했고, 그것도 침착하고 정확하게, 또 잔인하게 제거해야 했다.

‖ 가장 강력한 라이벌을 격파하라 ‖

주원장의 당시 세력범위는 응천을 중심으로, 환남(皖南 양자강 이남지역)

의 휘주, 절동의 건덕(建德), 목주(鶩州), 제기(諸曁), 구주(衢州), 처주(處州)였고, 북쪽에는 장사성, 서쪽에는 진우량, 동남쪽에는 방국진, 남쪽에는 진우정(陣友定)이 자리하고 있었다. 칭왕한 이들 군웅에 맞서기 위해 유백온이 내놓은 전략은 우선 창끝을 진우량에게 겨누자는 것이었다. 그는 말했다.

"장사성은 가진 것이나 지키기에 급급한 자이니 염려할 필요가 없습니다. 하지만 진우량은 주군의 겨드랑이를 위협하고 있는데 그 명분이 옳지 않습니다. 지금 그는 양자강 상류를 점거하고 있고, 마음속에는 늘 주군을 멸하고자 하는 생각으로 가득하니 응당 이 자를 먼저 쳐야 합니다. 진우량만 처리하면 장사성은 고립되어 한 번 거사로 족할 것입니다. 그런 연후에 중원으로 북향하면 제업을 세울 수 있을 것입니다."

당시 진우량은 강서(江西) 호광(湖廣) 지역을 차지하였고, 그는 줄곧 동쪽으로 진군하여 주원장과의 한판 대결을 도모하고 있었다. 그는 동쪽으로 진군할 대군을 조직하였는데 수군과 육군을 다 갖추고 있었다. 성을 공격하려면 사다리가 필요하고, 성문을 뚫으려면 충차(沖車 예전에 성을 공격할 때 쓰던 수레)가 필요하니, 이른 바 '사다리와 충차면, 백도병진(百道幷進 백 갈래 길로 동시에 진격하다) 할 수 있다'였다. 진우량은 수백 척의 배를 만들었는데 큰 배는 그 높이가 수 장(丈)이나 되었다. 겉에는 철판으로 싸여있고 붉은 칠이 되어 있었으며 족히 3층 높이는 되었다. 반면 주원장의 배는 작은 배였으니 시작할 때만 해도 그는 진우량의 맞수가 될 수 없었다. 전투는 매우 격렬해서, 하루에 발생한 작은 전투만도 십여 차례는 되었다.

주원장은 작은 배를 이용한 날쌘 전법을 채택하였다. 그는 상대의 큰 배들이 진영에 한데 묶여있는 것을 발견하고는 동북풍이 불어올 때에 맞춰 화공을 퍼부었다. 불길이 커지자 진우량의 배들이 타들어 가기 시작했고, 심지어 진우량의 동생 진우인(陣友仁)까지 타죽었다. 진우인의 칭호는 '오왕'(五王)이었는데 매우 싸움을 잘했다. 그런 그가 죽자 군사들의 사기는 크게 꺾여버렸다.

진우량도 주원장의 상황을 잘 알고 있었다. 그는 주원장이 탄 배의 돛이 흰색인 것을 알아채고는 다음날 군사들에게 집중적으로 흰 돛대의 배를 공격하라고 지시하였다. 그러나 주원장 역시 이를 간파했다. 그는 모든 배의 돛대를 다 흰색으로 바꾸라 명령하고 이튿날 다시 공격에 나섰다. 아침 9시부터 오후 1시까지, 새벽부터 오후까지의 전투가 끝나자 진우량의 군사는 대패하였다.

진우량의 군은 패한 뒤 파양호로 도망쳤다. 유백온은 주원장에게 호수 입구를 막아 적의 도주를 막아야 한다고 했다. 호수 입구에서 가로막혀 수일 째 빠져나갈 수 없게 된 진우량의 군대는 지치고 양식은 다 떨어져가고 있었다. 이때 주원장은 진우량에게 서신을 써 심리전을 펼쳤다.

"그대는 본디 나의 맞수가 아니오. 과거 수차례 패했고 오늘 또 패했으니, 만일 이번에 요행으로 살아 돌아간다면 칭왕을 취소하고 진짜 주인이 나타나길 기다리시오."

진우량의 군대는 지치고 양식은 바닥나 있었다. 거기다 주원장의 이 서신까지 더해지니, 군대의 사기는 극도로 떨어졌고 혼란스러웠다. 이 와중에 갑자기 화살 하나가 날아오더니 진우량의 눈을 꿰뚫고 머리를 관통하였다. 그는 그 자리에서 즉사하고 말았다. 진우량의 군대는 이 전투에서 철저히 섬멸되었고, 다음 해 진우량의 아들 진리(陣理)는 주원장에게 항복하였다. 이 파양호 대전(大戰)의 승리는 주원장이 제업으로 가는 길에 놓여져 있던 가장 큰 장애물을 제거해주었다. 이 대전은 주원장의 생애에서 분수령이 된 전투로 남았으며, 이때부터 주원장은 최종 목표를 향해 힘차게 나아갔다.

강력한 황제가 되어라

주원장은 다른 농민 봉기군의 수령들과 그다지 큰 차이가 없었지만, 단 한 가지 면에서는 다른 사람들과 비교할 수 없는 우위를 점하고 있었다. 바로 그의 뼛속 깊이 박혀있는 강한 기개와 용맹이다. 그는 목표에 도달하지 않으면 절대 그만두는 법이 없었다. 커다란 골칫거리였던 진우량을 제거하고 난 뒤 주원장은 장사성을 공격하였고, 장사성은 전쟁에서 패하자 자결하였다. 이렇게 강동 지역이 평정되었다.

이때 주원장의 세력은 이미 강대해져 다른 이들과는 비교할 수 없을 정도였다. 그리하여 그는 황제 한림아를 응천으로 모셔오고자 하였으나, 한림아는 생각지도 못하게 물에 빠져 죽고 말았다. 거기에 음모가 숨겨있었는지는 주원장 자신만이 알 일이다. 주원장은 한림아에게 꽤 그럴싸한 장례를 치러주었다. 그러고 난 뒤 당당하게 연호를 고치고 종묘와 사직을 세웠으며, 궁궐을 건립하고 악률(樂率)을 정정하고 과거제도를 정비하였다.

서기 1368년, 주원장은 남경(南京)의 종산(鍾山) 기슭에 제단을 마련한 뒤 제천을 올려 황제의 자리에 오른다. 혈기왕성한 대명(大明) 황제의 탄생이며, 몹시 가난한 목동이자 의탁할 곳 하나 없던 행각승이 권력의 최정점에 오른 순간이었다.

주원장은 빈민 출신이었기 때문에 사회의 참모습에 대해 비교적 잘 알고 있었다. 그는 원나라가 멸망한 원인을 권력이 이동하지 않고, 군주는 신하들에게 농락당하며, 백성들의 상황도 살피지 못하고, 정책 또한 일관되지 않았던 것에서 찾았다. 그는 어떻게 하면 정치체제를 잘 수립하여 제신(諸臣)들의 전횡을 차단할 수 있을지 항상 고민하였다.

명대 이전에는 역대 왕조 대부분이 재상(宰相)이 정치를 보좌하는 제도를 사용해왔는데, 단지 재상권의 형식과 크기만 조금씩 다를 뿐이었다. 주원장은 제위에 오른 뒤 원대 이전의 제도에 대해 크게 불만을 갖고 몇 가지 중요한 정책제도를 자신이 직접 설계하였다. 즉 과거 정치제도에 대해 대담한 변혁과 창조를 꾀한 것이다.

주원장이 가장 관심을 갖고 있던 것은 중앙권력기구의 개혁이었다. 그는 호유용(胡惟庸)의 모반을 구실 삼아 중서성(中書省)을 폐지하였다. 또한 승상(丞相) 직위를 없애고 육부(六部)에 직권을 주고 정무를 분담시켜, 그것을 황제에게 직접 보고하도록 하였다. 이 개혁은 과연 주효하여 대신(大臣)들의 권력을 약화시키는 결과를 낳았다.

주원장은 후세의 자손들이 자신의 고심을 잘 이해하지 못할까 걱정되어 특별히 《조훈(祖訓)》이라는 책에, 멋대로 옛 제도를 고치지 말 것을 명문으로 규정하였다.

"후세의 자손들아, 황제가 되면 결코 승상을 설립하지 말지어다. 신하 가운데 설립하자고 감히 주청하는 자가 있거든, 문무군신들은 즉시 상주를 규탄하여 그 자를 능지처참할 것이며 삼족을 멸하도록 하라."

동시에 전국의 군사를 총괄하는 대도독부(大都督府)를 다섯 개로 나누어 전, 후, 좌, 우, 중의 오군도독부(五軍都督府)로 재정비하였다. 지방에는 도지휘사(都指揮使) 밑에 위(衛)·소(所)를 두어 부대를 배치하였지만 병력의 이동 권한은 없었다.

주원장이 개혁을 실시한 근본 목적은 군주의 권한을 더욱 강화하기 위함이었고, 그 주요 방법은 대신들의 권위를 분산시켜 약화시키는 것이었다. 그가 지방 행성(行省), 중서성 그리고 대도독에 대해 단행한 일련의 개혁들이 바로 이를 증명해준다. 주원장이 승상을 폐지한 것은 천년이 넘는 중앙정치제도 역사상 중대한 변혁이다. 승상을 폐지하고 육부로 하여금 정무에 관해 직접 황제에게 주청하고 결재 맡도록 한 것은 사실상 황제가 재상권(宰相權)을 겸임하겠다는 뜻이었다. 황제는 이로써 더욱 많은 정무를 처리하게 되었다.

기록에 의하면 주원장은 매일 200여 건의 상주문을 봐야했고 400여 건이 넘는 정사를 처리하였다고 하니 상당한 고생이었을 것이다. 이로써 알 수 있듯 '전제황권'은 주원장의 수중에서 전무후무한 힘을 얻었고, 그는 역사상 가장 큰 권력을 행사한 황제 중 한 명으로 기록되었다. 하지만 이렇게 고도로 집중된 황권 역시 부작용을 낳을 수밖에 없었다. 이 강력한 황권에 상응하는 견제기구가 없었기 때문에, 명대 중후기에 접어들어 황제들은 전횡을 행사하고 극도로 타락했으며, 심지어 수십 년 동안 상조(上朝 임금이 조정에서 업무를 봄)하지 않은 적도 있었다. 이는 당연히 후담(後談)이다.

그리고 주원장은 이러한 체제 개혁 과정에서 수많은 공신들의 병권을 박탈하였고, 심지어는 수십 년간 그를 따랐던 공신과 훌륭한 장수들에 대해서도 대대적인 살육을 자행했다. 역사책을 읽어본 사람이라면 모두들 이러한 인상을 받았을 것이다. 주원장의 개국 공적만큼이나 눈길을 끄는 것은 바로 그가 공신들을 무자비하게 살육한 사실이다.

《한서(漢書)》의 내용 중 한신(韓信)이 이런 말을 한 부분이 있다. "교활한 토끼가 죽고 나면 사냥개는 필요 없게 되어 삶아 먹히고, 높은 곳의 새가 잡히면 좋은 활은 감추어지고, 적국이 망하면 지모가 뛰어난 신하들은 죽는다."

이는 유방이 한나라를 건립한 뒤 성(姓)이 달랐던 제후왕(諸侯王)들을 제거하고, 수많은 공신들을 죽인 일을 빗댄 것이다. 그런데 이 점에 있어서는 주원장도 유방에 조금도 뒤지지 않았으니, 호유용이나 남옥(藍玉)의 역모 사건에 관련돼 처형된 자들이 어찌 만여 명뿐이었겠는가. 주원장은 반드시 죽이고 나야 마음이 편해졌으니, 심지어는 대명 제1등 공신이었던 서달마저 주원장에 의해 독살당하고 만다.

출신이 비천했던 한 행각승은 황제가 된 후 그 권세욕이 이처럼 강렬하였다. 황권에 대한 잠재위협을 조금도 용납하지 않아 대대적으로 죄상을 꾸며내어 공신을 살육하고 반드시 '제악무진'(除惡務盡 악을 제거하는 데 철저해야 한다) 하고 나서야 비로소 안심했다. 이 모든 것은 주원장의 강력한 황제로서의 일면을 보여준다. 정확히 말하면, 이는 주(朱)씨 천하의 안전을 확보하기 위함이었다.

사람을 쓰는 기술
주원장의 성장법을 배워봅시다

주원장의 성공 원인은 결국 무엇일까?

1. 역사의 조류에 순응하다

당시 사람들은 원나라를 전복시켜 다시 한번 잘 살아보고자 일어섰다. 그래서 천하는 큰 혼란에 빠졌고 모두가 원나라에 반기를 들었다. 주원장 역시 이 조류에 순응하여 봉기하였다. 그는 무고한 사람을 죽이지 않고 매사를 인과 의에 따라 시행하였으니, 이 모든 것은 당시의 조류에 순응한 결과였다.

2. 세 마디의 행동강령을 시행하다

'담장을 높이 쌓고, 식량을 넉넉히 비축하며, 칭왕은 천천히 하라.'

이 전략은 확실한 '후발제인'(後發制人, 한 발 뒤에 물러나 유리한 위치를 차지한 뒤 비로소 적을 제압하다)의 효과를 가져왔다. 한림아가 황제에 오르자 주원장은 기꺼이 그에게 칭신(稱臣, 신하를 자처하여 임금에게 복종함)하였으나, 사실은 뒤에서 조용히 역량을 축적하며 '후발제인'하기 위한 시간 벌기 작전이었다. 속담에 "모난 돌이 정 맞는다"는 말이 있다. 한림아가 바로 이런 '모난 돌'이었다. 지나치게 자신의 명성을 널리 떨쳤고 그것이 타인의 질투와 공격을 초래하였다. 그래서 주원장은 '후발제인'을 강조했던 것이다. 마지막에 웃는 자가 가장 아름다운 자라고 했던가. 과도하게 자신의 강점을 드러내는 것은 동시에 자신의 약점 또한 드러내는 것이다. '후발제인'은 결코 최후까지 기다렸다 터뜨리라는 의미가 아니다. 시세를 잘 살피고 기회를 엿보아 움직이라는 뜻이다.

여기서 말하는 '제인'(制人)은 다른 사람을 통제하고 제압하는 것이 아니라 훗날 자신을 발전시키는 것이다. 동시에 '후발제인'은 마지막에 가서 갑자기 자신을 드러내는 것이 아니라 사전에 미리 복선을 깔고 준비를 해나가는 것이다. 네 마디 말로 요약하면 이렇다. '첫 인상의 각인은 오래가는 법이니 숨은 능력을 쌓아가야 한다. 많이 쌓아두되 천천히 방출해야 하며, 한 발 물러서 있다 공격해야 한다.'

3. 참을 '인'(忍)을 제일(第一)로 하다

주원장은 감정을 억눌러 참고 견디며 드러내지 않는 것에 능했다. 때로는 울분을 참고 치욕도 참아내는 것이 필요하다. 재능은 드러내야만 남들이 알 수 있는 것이다. 하지만 '드러내는 것'과 '선전하는 것'은 다르다. 다른 사람의 주의를 끌기 위해 반드시 대대적 선전이 필요한 것은 아니다. 사람은 응당 남겨두는 것이 있어야지, 너무 일찍 자신을 드러내는 것은 자신의 약점 역시 남에게 보여주는 꼴이 된다. '잠룡물용'(潛龍勿用 물에 잠겨있는 용은 쓰지 않는다, 즉 큰 인물이 자신의 능력을 배양하며 조용히 때를 기다리는 것을 비유)은 역량의 축적을 의미한다. 잠재력은 발휘해야 할 것이지만, 또한 미래에 눈부시고 찬란하게 빛날 것을 대비하는 밑거름이기도 하다. 잠재력을 축적하고 있을 때는 남에게 가끔씩 섬광만 비춰주는 걸로 충분하다. 이렇게 해야 그들이 당신을 우습게보지 않을 것이다. 기다렸다 폭발할 때가 되면 그것은 곧 잠룡(潛龍)이 물에서 나오는 시기이며, 그때는 충분히 자신을 드러내야 한다. 그러면 모두가 당시의 행동을 이상히 여기지 않을 것이며, 오히려 당신을 매우 깊이 있고 원대한 계획을 가진 사람으로 바라볼 것이다. 왜냐하면 당신은 결코 꼭꼭 감춰두고 아무것도 드러내지 않은 것이 아니라, 계속 자신의 빛을 깜빡였기 때문이다. 단지 다른 사람들은 이런 작은 불티가 들판에 타 번지는 불길이 될 줄 몰랐던 것뿐이다.

4. 사람을 알아보는 안목

그는 천하의 현재(賢才)들을 끌어모아 사용하는 데 아주 능숙했다.

탕화, 서달, 상우춘 등은 싸움을 매우 잘하는 자들이었고, 유기(劉基=유백온), 주승과 같은 박식한 인물들 역시 그를 위해 몸 바쳐 일했다. 주원장 그 자신은 비록 아무런 능력이 없었다 치더라도 그의 곁에는 이러한 인재들이 있었기에 적을 물리치고 승리를 거둘 수 있었다.

사실 주원장은 영민한 머리와 식견을 가지고 있었다. 만일 그가 흐리멍덩한 자였다면 아마 군대를 이끌지 못했을 것이고 황제가 되는 것은 더더욱 불가능했을 것이다. 이 몇 가지 원인들이 뒷받침되었기에 주원장은 성공의 기본적 조건을 갖추게 되었다. 이렇게 주원장은 역사를 창조하였고, 역사는 주원장을 창조하였다.

5. 굳센 의지와 결단력을 지닌 매력적인 성격

유년시절의 힘든 생활은 그의 굳세고 강인한 성격을 만들어냈고, 행각승의 경험은 그의 시야를 넓히고 현실사회에 대한 이해를 심화시켰다. 곽자흥에게 투신했을 당시 그는 용감하고 기민했기 때문에 구부장(九夫長)의 지위로 올라갈 수 있었고, 곽자흥의 눈에까지 들자 그 지위는 날로 상승해갔다. 곽자흥의 수하로 있을 때, 한 번은 팽대(膨大)와 조군용(趙君用)이 전투에서 패해 호주(濠州)로 들어온 적이 있었다. 그들은 호주의 땅을 점령하려 들었고 호주에 원래 있던 자들까지 합세하자 대립은 갈수록 격화되었다. 권력다툼이 한창이던 어느 날 조군용은 곽자흥을 납치하여 가둬버렸다. 그러나 곽자흥의 부하, 심지어는 그의 아들조차도 자기 몸을 숨기는데 급급하여 어느 하나 곽자흥을 구하러 나서지 못했다.

이때 전방에 있다가 소식을 들은 주원장은 즉시 말을 몰고 돌아왔다. 그는 팽대와 조군용 사이의 대립을 이용하기로 마음먹었다. 그리고는 야심한 밤에 팽대를 찾아가 그들의 이해관계에 대해 설명하고 출병을 권유하였다. 결국 이렇게 해서 곽자흥은 빠져나올 수 있었다. 이때는 주원장이 입대한 지 불과 6개월 남짓밖에 안 된 시기였다. 이렇게 위험에 직면해서도 한 점 흐트러짐 없이 과감하고 기지 넘치는 그의 성격은 보통사람이 갖기 힘든 것이다. 훗날 부단히 성장해간 주원장은 곽자흥의 시기를 받아 점점 군에서 배척되어 갔고 심지어 어느 때는 하루에 세 끼 먹는 것도 힘에 겨울 지경이었다. 하지만 이는 빈곤하게 어린시절을 보낸 주원장에게는 아무것도 아니었다. 그는 인내심을 갖고 기회가 오기를 기다렸다.

얼마 지나지 않아 곽자흥은 적들의 압력에 못 이겨 주원장에게 도움을 요청했고, 곽자흥이 병사하자 주원장은 그의 군대를 장악하게 된다. 불과 3년 만에 주원장은 보통 병졸에서 10만 대군을 거느리는 대원수로 거듭난 것이다.

6. 인재를 잘 끌어모으다

주원장의 곁으로 모여든 문신과 무장들은 그가 천하를 얻는 데 혁혁한 공을 세웠다. 수하의 이선장(李善長), 서달, 탕화, 경군용(耿君用), 경병문(耿炳文), 곽흥(郭興), 곽영(郭英), 주덕흥(周德興) 등은 그와 동향 출신으로 모두 그에게 충성을 다하며 죽음을 무릅쓰는 자들이었다.

주원장은 늘 문무(文武)의 상호보완을 중시했고, 제업을 완성하는 것을 마치 큰 건물을 짓는 것에 비유하기도 하였다. 무신은 '도끼'와 같아 찍어내고 베어내는 역할을 하고, 문신은 '흑토와 백토'로서 무늬를 넣고 꾸미는 일을 하니, 둘 중 하나라도 소홀히 하면 성과를 내기 어려운 것이다. 이 때문에 그는 유학자들을 불러 모아 그들의 건의를 듣는 것을 매우 중요하게 여겼다.

도안과 풍승(馮勝)의 건의 하에 금릉을 공격하고 동서 곳곳을 정벌해 나갔으며 마침내 제왕의 자리에 오를 수 있었다. 휘주를 차지한 뒤에는 직접 주승을 방문해 '담장을 높이 쌓고, 식량을 넉넉히 비축하며, 칭왕은 천천히 하라'는 건의를 얻어냈고 그것을 확고하게 집행하였다. 다른 군웅들이 앞다투어 칭왕을 할 때도 때를 기다리고 실력을 보전하다가 결국 강대하게 발전할 수 있었다.

6

일심향불
당승(唐僧)

진불(眞佛)을 찾기 전에는 돌아가지 않았던 **고행자**

唐僧 ——————————— 당승

　　당승(唐僧), 자(字) 현장(玄奘), '서천취경'(西天取經 서역에 가서 불경을 구해오다)의 고승. 훗날 오승은(吳乘恩)의 소설 《서유기(西游記)》의 주인공이 되는 인물이다.

　　《서유기》 속에서 모든 사람들이 가장 답답하게 느끼는 인물은 바로 당승일 것이다. 그는 재미없고 따분하며 미련하고 멍청하다. 또 몸도 약해 바람 불면 쓰러질 것 같은 모습을 하고 있으며, 말에 오르고 내릴 때에는 남이 부축해주어야 한다. 배가 고프면 오공(悟空)을 찾고, 목마르면 팔계(八戒)를 부른다. 법력이 없는 것은 물론 호인과 악인을 구분할 줄도 모르며, 입만 열면 아미타불을 읊어댄다. 그야말로 세 제자의 '부담'이자 '짐'이다.

　　하지만 이 네 명의 사제가 진경(眞經 참불경)을 얻을 수 있었던 데는 가장 쓸모없어 보이는 당승의 역할이 가장 컸다. 다시 말해, 서천취경의 길은 당승이 없었다면 절대 불가능한 일이었다. 왜냐하면 당승은 다른 동행자들이 갖지 못한 능력을 갖고 있었기 때문이다. 바로 항심(恒心) 즉, 끈기였다.

　　손오공은 일이 뜻대로 되지 않으면 늘 화과산(花果山 손오공이 태어났다는 산)으로 돌아가 미후왕(美猴王 멋진 원숭이란 뜻으로 처음 손오공이 얻은 별칭)이 되고자 했고, 저팔계는 자나 깨나 고로장(高老庄) 마을을 잊지 못해 걸핏하면 돌아가겠다고 중얼거렸다. 사승(沙僧 사오정)은 비록 그들처럼 소란을 피우진 않았지만 머뭇거리고 낙심할 때가 종종 있었다. 그런데 당승만은 항상 서천취경을 하나의 확고한 신념으로 삼고 어떠한 상황에서도 포기하지 않았다.

성공의 핵심은 마지막 순간에 발휘하는 한 가닥의 끈기이다. 이 점에 있어서 당승은 '백절불굴'(百折不屈)의 투지를 지녔다고 할 수 있다. 그가 백절불굴의 정신으로 견지해 나갈 수 있었기 때문에 모두를 이끌고 최후의 순간에 미소 지을 수 있었던 것이다. 만일 당승이 아닌 다른 사람이었다면, 분명 요괴의 거처로 떨어질 것을 두려워하거나 아름다운 여아국(女兒國) 여왕을 모시고 평생을 함께 할 것 따위나 걱정했을 것이니, 진경을 구해오는 결실을 맺는 일은 단지 한바탕 꿈에 불과했을 것이다.

비바람도 막을 수 없었던 일심향불

당승은 일찍이 절에서 관음보살의 가르침을 얻은 이후 서천취경의 위대한 포부를 세웠다. 처음에는 오직 당승만이 홀로 길을 떠났다. 이세민(李世民)이 그에게 선물한 말 한 필과 약간의 은냥이 전부였다. 당승의 목적지는 서쪽의 천축국(天竺國 인도) 대뢰음사(大雷音寺)로, 출발지였던 장안(長安)과는 십만 팔천 리 떨어진 곳이다. 손오공의 근두운이면 쉽게 도착하겠지만, 수년간 걸은 적이 없었던 당승에게는 좀처럼 불가능한 일이었다.

하지만 소스님 당승은 의욕적이었다. 아예 하지를 말든가, 한 번 시작하면 반드시 해내든가! 결국 그는 마지막에 성공의 열매를 거두었다. 비바람도 막지 못한 일심향불의 신념과 끈기가 이룬 성과였다.

굳건한 의지 - 대도(大道)를 품고 서역으로

　당승은 길을 떠나기 시작한 그 순간부터 단 한 번도 돌아갈 것을 생각하지 않았다. 노상에서의 풍찬노숙(風餐露宿)으로 끼니를 잇기 어려워져도, 혹은 태양이 작열할 때나 비가 세차게 내릴 때도 절대 쉬어감이 없었다. 알다시피 당시에는 교통이 발달하지 않아 그가 걸어가는 길은 대부분이 아무도 걸은 적 없는 길이었다. 산을 만나면 길을 내고 강을 만나면 다리를 놓아야 했다. 그렇지 않으면 왔던 길을 돌아갈 수밖에 없었다. 하지만 인적요소는 이러한 자연요소보다 더 무서운 것이다. 산길이나 동굴 속에는 도적떼가 우글거렸고, 삼림 풀숲의 요괴와 악마는 이루 다 제거하지 못할 정도였다. 이 모든 것들은 당승이 직면한 난제였다. 설사 산 높고 물 깊고 파도가 거칠어도 혹은 천지가 황폐하고 요괴가 들끓어도, 당승은 일심으로 부처를 찾아 서쪽으로 갔고, 백절불굴의 정신으로 뒤도 돌아보지 않았다.

　혹자는 당승이 손오공 등 제자들에 의지하여 길을 간 것이니 사실상 어떤 고생도 하지 않았다고 말한다. 하지만 손오공이 비록 핵심역량이긴 했어도 결국 그들을 통솔한 것은 당승이다. 만일 당승이 없었다면 우유부단하고 의지박약했던 '돼지'와 '원숭이' 등은 아마 진즉 해산되었을 것이다. 당승도 본디 범태육신(凡胎肉身 평범한 사람의 몸)을 가진 사람인지라, 힘쓰고 마음 쏟는 것 외에도 보통사람을 뛰어넘는 자신감과 인내심, 섬세함, 결단력, 모진 마음, 야심, 거기다 자제력과 박력까지 필요했다. 심지어는 고독이나 대중들의 불이해(不理解), 비웃음까지 참아내야 했다. 이것이 얼마나 힘든 일이겠는가! 최근 중국에서 이런 말이 유행한 적 있다.

"네가 된다고 하면 되는 것이고, 안 된다고 해도 되는 것이다. 네가 안 된다고 하면 안 되는 것이고, 된다고 해도 안 되는 것이다. 이에 복종하지 않으면 안 된다."

당승이 바로 이런 사람이었다. 자신의 재능을 뽐내지 않기 때문에 얼핏 보기에는 어리석어 보이지만 다른 사람으로 하여금 복종하지 않으면 안 되게 하는 그런 사람이었다.

손오공 역시 고수였다. 그는 돌에서 태어났고, 남녀간의 사랑이나 가정 같은 것은 전혀 알지도 못했다. 그러나 그는 예리한 안목과 초인적 능력을 갖췄기 때문에 요괴들은 그 앞에서 옴짝달싹 못했다. 하지만 성질이 너무 급해서 억울함을 당하면 참지 못하고 늘 소리 지르며 때리고 죽이길 일삼았다. 또, 한 번 좌절하면 바로 근두운을 타고 화과산으로 가 대왕이 되겠다며 돌아가 버리곤 하였으니, 그 혼자서는 절대 불경을 구하고 부처가 될 수 없었다. 그래서 관음보살은 그에게 금고아(金箍兒 금고리)를 씌우고 당승에게는 긴고주(緊箍呪 머리에 쓴 고아를 조이게 하는 주문)를 알려준다. 즉 손오공의 마음이 산란해졌을 때 그 주문을 계속 외워주면 바로 뉘우치고 그만두게 하였다. 81난을 거치면서 손오공은 깨달았고, 마음이 편안하고 고요해지는 경지에 도달했다. 그리고 부처가 되었다. 하지만 그는 본성이 싸우는 것을 좋아해 이 방면에서 늘 자신을 억제하지 못했다. 그래서 그에게 '투전승불'(鬪戰勝佛 싸움에서 이긴 부처)이라는 칭호가 붙게 된다.

저팔계는 탐욕스러웠다. 먹을 것도 탐하고, 여색도 탐하고, 심지어는 게으름도 탐했다. 칠정팔욕(七情八欲)을 비롯한 갖가지 단점을 다 갖추고 있었다. 당승은 그에게 '팔계'라 이름 지어주고, 이것도 하지 말라, 저것도 하지 말라 늘 신신당부했다. 하지만 이 역시 소용없었다. 손오공이 사제들(당승, 저팔계, 사승)을 보호하기 위해 그들에게 몇 개의 테두리를 쳐주고 나오지 못하게 했는데도(그 테두리 안을 백골정이 공격하지 못함), 저팔계는 백골정(白骨精)을 보자 침을 흘렸고 백골정이 먹는 음식을 보고도 침을 흘려, 사부를 꼬드겨 밖으로 나오고 말았다. 늘 이렇게 화를 초래해 그들의 취경(取經) 대계(大計)를 그르칠 뻔한 적이 한두 번이 아니다. 팔계는 사부에게 훈계를 듣고 손오공의 여의봉에 맞아가며 어렵게 서역행을 완성했다. 그도 혜근(慧根 도를 낳는 바탕이 되는 지혜, 진리를 깨닫게 하는 힘)이 있는 자였기에 결국 성공의 결실을 맺었고 '정단사자'(淨壇使者)에 봉해졌다.

사오정은 본래 능력이 출중하지 않아 서역행에서 그다지 큰 도움이 되지는 않았다. 그저 말을 끌고 짐을 지고 갈 뿐, 요괴를 만났을 때도 몇 번 막아내지 못했으며 경전을 찾고 도를 구하는 것에 대해서도 잘 알지 못했다. 그런데 그는 말을 잘 듣고 시키는 대로 다하는 인물이었다. 또 부지런했고 충성스러웠으며 노고와 원망을 마다하지 않았다. 사부가 총애한 것이 바로 이런 점들이다. '대지약우'(大智若愚 큰 지혜는 어리석어 보인다)라는 말처럼, 당승과 사오정에게는 많은 공통점이 있었지만 사오정에게는 명확한 목표와 방향이 부족했다. 어쨌든, 이들을 한 마디로 표현하자면 손오공은 '급'(急)했고, 저팔계는 '탐'(貪)했으며, 사오정은 '맹목'(盲目)적이었다. 오직 당승만이 자제력이 있어 질풍노도에도 동요하지 않았다. 그리하여 그는 큰 뜻을 품고 서역으로 향했으며, 마침내 속세의 쾌락에서 해탈하여 구소(九霄 가장 높은 곳)에까지 오를 수 있었다.

‖ 백절불굴 – 아무리 험난한 길이라도 ‖

자고이래로 도보 원행(遠行)에 관해 우리를 오체투지할 정도로 탄복하게 만드는 두 가지 쾌거가 있었으니, 그 하나는 홍군(紅軍)의 만리장정(萬里長征)이고 다른 하나는 당승의 서천취경이다.

서역길에서 손오공은 걸핏하면 모든 것을 내팽개쳐 버렸고, 저팔계는 미녀만 보면 옴짝달싹하지를 않았으며, 사오정은 세 번 경책(警策)을 해야 한 마디를 할까 말까 할 정도였다. 오직 당승만이 감정적인 면에서건 사상적인 면에서건, 시야는 항상 새로운 지평선과 요원한 국가를 향해 있었고 용감하게 앞으로 나아갔다.

당승은 비록 문약(文弱)하고 어리석으며 고집이 셌지만, 그의 신념은 늘 견고하고 목표는 변함없었기 때문에 앞으로의 전진을 대표하는 인물이었다. 손오공은 현실적이었고 또 현실세계에 존재하는 뛰어난 싸움꾼이었다. 그는 선과 악의 재판관으로서 '화안금정'(火眼金睛)은 그에게 예리한 판단력을 주었다. 그가 있음으로 해서 당승의 취경에 대한 굳건한 신념에 튼튼한 안전망이 생긴 셈이었다. 사람들은 어쩌면 이렇게 생각할지도 모르겠다. 모든 서역행의 과정에서 가장 뛰어난 능력을 보인 자는 손오공이다. 그는 요괴를 붙잡아 항복시키고 비바람을 불러 일으켰다. 또 근두운을 타고 단숨에 십만 팔천 리를 날며 당승을 위해 온힘을 다하였다. 그들을 현실 사회의 인물들로 가정했을 때 손오공은 '직장에서 가장 우수할 것 같은 직원'으로 지명되는 영광을 누렸다. 한편 저팔계는 삼지창을 들고 온 사방에 정을 품고 다녔지만 '최고의 신랑감'에 선정되기도 했다.(중국의 한 포털 사이트에서 서유기에 나오는 4명의 남성 중에 신랑감 인기를 조사한 결과 저팔계가 압도적인 표차로 1등을 하였다.) 가장 충성스럽고 무던한 성격의 사오정은 사실 별 능력을 갖고 있지 않은 것 같다. 취경의 주인공이라는 당승은 사실상 보잘것없는 역할이다. 하루 종일 경전과 긴고주만 욀 뿐 시시비비도 가리지 못하는 것 같다.

그런데 의외일지 모르겠지만 당승이 겪었던 위험이 나머지 제자들보다 훨씬 많았던 것을 아는가? 당승은 그들의 구심점이었기 때문에 요괴들은 미친 듯이 당승을 잡아먹으려 했고 그들의 주요 공격대상은 당연히 당승이었다. 그들은 당승을 잡아먹기 위해 수단과 방법을 가리지 않았다. 당승도 이 점을 잘 알고 있었다. 하지만 당승의 취경에 대한 신념은 항상 그의 정신적 역량을 지탱해 주고 있었다.

그에게는 어떠한 능력도 없었다. 선악을 분별할 줄 몰랐고 고집불통이라 남의 충고도 잘 새겨듣지 않았으며 항상 유약해 보이는 모습이었다. 그러나 실제로 의지가 가장 굳센 자가 그였으니 어떤 좌절에 부딪혀도, ─예컨대 손오공이 벌컥 성내며 가버릴 때, 저팔계가 고로장으로 돌아가겠다고 징징거릴 때, 사오정이 말없이 풀 죽어 있을 때 등─ 그의 결심은 조금도 흔들림이 없었다. 한 마디로 말하면 당승의 심중에는 단 한 가지 전략적 목표, 즉 서천취경만이 있을 뿐이었고 또 이 목표를 위해 그는 백절불굴의 결심을 보였다. 이는 다른 세 제자들이 결코 가지지 못한 것이다.

신념을 고취시킨 것은 매우 가치 있는 작업이었다. 먹을 것이 모자라고 길도 위험한 상황에서 만약 그들에게 원대한 목표가 없고 확고한 신념이 없었다면, 서천취경의 이상을 실현하는 것은 불가능했을 것이다. 고난을 극복하기 위해 당승은 시시때때로 제자들을 깨우치고 격려하며 북돋아주었기에 그들은 마침내 일체의 고난과 장애를 극복하여 결실을 맺을 수 있었다. 당승의 정성스러운 교화는 그들의 두뇌를 무장시켰고 그들의 인식을 높여주었으며 결국 전 구성원의 인식의 일치를 가져왔다. 그로써 임무에 대한 성공의 사상적 기초를 다질 수 있었다.

생각해 보았는지 모르겠지만, 만일 당승의 강렬한 모험정신과 무엇도 두려워하지 않는 정신력이 없었다면 이토록 장렬했던 서천취경의 여정은 없었을 것이고, 손오공, 저팔계, 사오정 세 사람의 기세등등했던 요괴사냥 이야기도 없었을 것이다. 이 모든 것을 가능하게 한 것이 바로 나약함과 무능함의 상징이었던 당 현장이다. 《서유기》의 수많은 이야기들을 통해 우리는 당승이 낙관적이고 적극적이며 위험을 두려워하지 않는 인물임을 알 수 있다.

한마음 한뜻으로 천하를 감동시키다.

우리는 생활 속에서 이런 상황을 자주 목격할 수 있다. 누구라도 고난에 직면하게 되면 불굴의 투지를 발휘한다. 그러나 종종 달콤한 유혹 앞에서는 뻔히 알면서도 실패하며 가장 기본적인 원칙과 입장마저도 잃어버린다. 미녀와 금전을 앞에 두고 실족한 사람이 한둘이던가? 당승이 오로지 끈기만 있었다면 칭찬 받기에 조금은 부족한 인물일 것이다. 하지만 그는 미색과 금전의 유혹을 눈앞에 두고도 전혀 동요하지 않았으니 이것이야말로 사람을 탄복하게 만드는 능력임에 틀림없다.

‖ 절대 동요되지 않는 '자제력' ‖

혹자는 몸이 약해 바람 불면 쓰러질 것 같고, 하자는 대로 고분고분 순종하는 당승을 보고 '진짜 남자'가 아니라고 말한다. 눈앞의 수많은 미녀들이 제 발로 품에 안겨오는데도 아무런 동요가 없을 뿐 아니라 감히 눈길 한번 주지도 않았으니 마치 '여색을 좋아하는 풍류'가 전혀 없는 사람처럼 보인다. 하지만 이런 당승이야말로 진짜 남자가 아닐까. 성공을 위해서는 그 어떤 일에도 흔들림 없고 뜻이 변함없기 때문이다.

당승이 서천취경의 길에 들어선 뒤부터 서역길에는 수없이 많은 요괴들 외에 당승에게 관심을 보인 아름다운 여자들도 많았다. 여아국의 여왕, 반사동(盤絲洞)의 여자요괴, 상아(嫦娥)의 옥토끼, 그리고 사위국(舍衛國)의 공주 등 모두가 당승을 사모했던 여인들이다. 이 미녀들의 자색이 부족했던 것도 아니고 당승이 풍류를 몰랐던 것도 아니었지만 당승의 욕망을 조금이라도 움직였던 여인은 없었다. 품행에 대해 말하자면 그는 완전한 '성인군자'였으니, 이것으로 점수를 매기자면 분명 이성의 품에 안겨도 마음에 흐트러짐 하나 없었던 유하혜(柳下惠 중국 춘추시대 노나라 때의 현자, 성인군자로 이름남)에 필적할 것이다.

그들이 여아국에 머무를 당시, 그곳의 여왕은 예사롭지 않은 인물이었다. 타고난 용모와 천하를 호령하는 위엄을 지닌 인간계의 신선과도 같은 모습이었다. 외모면 외모 몸매면 몸매, 거기다 부드럽고 착한 성품에 권세까지 갖추었으니 그야말로 모든 남자들이 침 흘릴 만한 그런 여자였다. 그런 그녀는 오로지 곱상한 외모의 당승만을 사모하여 입만 열면 '어제(御弟 당 태종이 봉해준 칭호) 오라버니'였다. 심지어는 당승의 옷자락을 붙잡고 심중의 말을 하기도 했다.

"어제 오라버니, 저는 나라의 모든 것을 당신에게 드리겠어요. 또한, 당신을 남편으로 모셔 왕 자리에 앉히고 저는 왕후가 되겠어요."

그녀는 자신의 진심을 표현하였으니, 아마 어떤 고백도 이보다 솔직할 수는 없었다. 이 말의 속뜻은, 만일 당승이 자신을 아내로 맞이해 준다면 그를 기꺼이 황제의 자리에 앉혀주고 자신은 현모양처가 되어 함께 살자는 것일 게다. 사실 이것은 그야말로 최상급의 유혹이었다. 아마 보통사람이었다면 이렇게 커다란 유혹에 진즉 넘어갔을 것이다. 알다시피 국왕의 자리란 만인이 떠받드는 일국의 지존이니 다른 사람이었다면 생각해볼 것도 없었으리라. 게다가 절세의 미모를 갖춘 여인이 반려자가 된다는데 이보다 좋은 인생이 또 있단 말인가!

그런데 당승의 마음은 단 한번 움직일 조짐조차 보이지 않았다. 그가 걱정한 것은 오직 그곳을 순조롭게 빠져나가는 것뿐이었다. 그는 오공에게 물었다.

"오공아, 만일 저들이 우리를 놓아주지 않아 내가 억지로 결혼해야 하면 어찌한단 말이냐?"

그러자 손오공이 속삭였다. "사부님은 제가 하자는 대로 하십시오. 뒷일은 제가 알아서 처리하겠습니다." 당승은 그제야 마음을 놓고, 손에서는 끊임없이 염주를 돌리며 입으로는 쉴 새 없이 '아미타불'을 염불했다.

하지만 여아국 여왕의 당승을 향한 마음은 예사 것이 아니었다. 그녀가 한 걸음 다가갈 때마다 당승은 한 걸음 물러났고, 더 이상 갈 곳이 없게 되자 그제야 당승은 완곡한 말로 그녀의 호의를 거절했다. 오늘날 쓰는 말로 표현하자면 아마 '결신자율'(潔身自律 몸을 깨끗이 하고 자신을 잘 단속하다)쯤 되지 않을까. 먹고 마시는 것에 욕심내지 않으며, 뇌물을 받지 않고, 여색을 가까이 하지 않는 등의 행위는 보통사람들이 지켜내기 어려운 것들이다. 그러나 당승은 전혀 동요하지 않았다.

여아국의 국왕 역시 여자인지라 여성으로서의 자존심과 국왕으로서의 체면을 완전히 버리지는 못했을 것이다. 조정의 모든 여관(女官)들은 자신들의 국왕이 당나라 스님을 쫓아다니는 것을 이미 알고 있었고, 또 그 마음이 단순히 홀리기 위한 마음이 아닌 진심이라는 것도 알았다. 당승에게 거절당하자 그녀는 크게 상심하였는데, 사랑하는 사람에게서 마음을 다친 그녀의 눈빛은 사람의 마음을 찢어지게 만들 정도였다.

"내 마음은 이렇게 유정(有情)한데, 그는 기어코 가버리는구나"라고 부르짖던 그녀를 두고, 당승은 결국 말을 채찍질하여 서역길을 재촉했고, 남겨진 여인은 눈물이 그렁그렁한 채 오매불망 그리워하였다.

이처럼 당승이 보여준 행동은 누구나 할 수 있는 것이 아니다. 그는 미색 앞에서 탐욕을 부리지 않았고 요괴 앞에서 굴복하지 않는 진짜 사내대장부의 지혜와 용기, 풍모를 보여주었다. 이토록 훌륭한 당승의 자제력은 과연 무엇으로 가능했던 것일까? 관음보살의 가호 때문인가? 아니면 당태종 이세민의 간절한 바람 때문인가? 그도 아니면, 손오공의 변화무쌍한 법력 때문인가? 모두 아니다. 그것을 가능케 한 힘은 그의 일심향불의 진실함이었고, 인(仁)을 구하고자 했던 침착함과 목표를 향한 끊임없는 추구였다.

‖ **선을 행하니 선으로 보답 받다** ‖

당승의 서천취경에 대한 결심과 자제력은 당연히 우리로 하여금 탄복을 자아내지만, 결국에는 능력의 한계에 부딪쳤고 또 서역길에서 만난 크고 작은 요괴들에게 갖은 방해를 받았다. 그런데 석가모니와 관음보살이 다행히도 사전에 이미 당승을 위해 세 제자를 준비해 놓았으니, 이는 마치 한 기업의 총수가 한 계열사를 책임지고 있는 사장에게 업무능력이 뛰어난 몇 명의 직원들을 배치시켜 주는 것과 비슷했다. 이들 직원으로 하여금 전방의 업무를 개척하게 하고, 사장 당승은 조직의 총괄 업무를 맡았다.

그러나 능력이 가장 뛰어났던 제자 손오공이 앞에 나서서 길을 개척했지만, 갖은 우여곡절은 면하기 어려웠다. 게다가 각 길목마다 뛰어난 요술을 가진 요괴나 정령들이 있어 제압하기란 쉬운 일이 아니었다.

다행히도 당승은 서역행의 과정에서 귀인들의 도움을 많이 받는다. 하늘과 땅, 바다와 물속의 각종 크고 작은 신선들 대부분이 당승 사제들을 도왔다. 우선은 손오공의 인간관계가 폭 넓었기 때문이었는데, 동해 용왕이니, 토지신이니 모두가 그의 친구였다. 그리고 또 한 가지, 당승이 관음보살의 교화를 얻었기 때문에 신선들은 당승과 관음보살의 체면을 살려주려고 했다. 그래서 당승이 어느 곳을 가든지 그 지역의 신선들은 당승 사제에게 가장 도움이 필요할 때 나타나 도와주곤 했다. 그러다가 정말 위험하다 싶을 때에는 '수호신' 관음보살이 신속하게 나타나 대강 계략을 휘두르면, 그 강대해 보이던 요괴들도 하나하나 굴복할 뿐이었다.

하지만 이렇게 많은 신선들이 당승을 돕는 데 열심이었던 가장 중요한 이유는 뭐니뭐니해도 당승의 수행이 훌륭하고 좋은 인연을 넓게 맺었기 때문이며, 수행길에서는 늘 인의를 베풀고 선을 행하며 덕을 쌓았기 때문이다. 그는 자신과 아무런 상관없는 일이라 할지라도 항상 그들의 근심을 덜어주고 또 위험으로부터 구해주고 싶어 했다. 이런 그의 사상이 바로 불가에서 제창하는 '낙선호시'(樂善好施 선을 즐기고 베풂을 좋아하다)였다.

당승 사제가 오계국(烏鷄國)에 도착했을 때, 국왕이 당승의 꿈에 나타나 말하길, 자신은 이미 한 요괴에 의해 죽임을 당했고 지금 그 요괴가 가짜로 국왕 행세를 하고 있으니 당승이 방법을 강구하여 자신을 구해주었으면 하고 부탁했다. 사실 당승은 통관문첩만 있으면 다시 길을 떠날 수 있었으니 귀찮은 일은 피해갈 수도 있었다. 이미 겪은 고난만으로도 충분하지 않은가?

하지만 당승이 이렇게 억울한 일을 어찌 바라만 보고 있겠는가. 그는 손오공 등과 상의하였다. 손오공은 본디 호사가로, 당승과 제자들은 오계국의 국왕을 도와 그의 소원을 들어주기로 한다. 그들은 주도면밀하게 계획을 세웠다. 저팔계는 정룡왕(井龍王)에게로 가 국왕의 시체를 가지고 돌아왔고, 손오공은 천궁의 태상노군(太上老君)에게 달려가 구전환혼단(九轉還魂丹) 한 알을 받아온 뒤, 결국 국왕을 살려낼 수 있었다.

손오공이 진짜 국왕을 모시고 천궁으로 돌아와 가짜 국왕의 면전에서 그의 거짓을 폭로했을 때, 그들은 한 차례의 격렬한 전투를 치러야 했다. 그런데 그 교활한 요괴가 갑자기 당승의 모습으로 변해버려 손오공으로 하여금 진짜인지 가짜인지 분별하기 어렵게 만들었다. 이때 문수보살이 왔으니, 이는 손오공을 도와 요괴를 잡아주기 위함이었다. 그가 요술거울을 꺼내들자 그 요괴는 원래의 모습으로 변하였는데, 푸른 사자의 모습을 하고 있었다.

이러한 사건은 서행길에서 일일이 셀 수 없을 정도로 많았다. 사실 진경을 구하는 사람이 만일 끈기만 갖고 있었다고 한다면, 불법을 선양하고 중생을 제도시키기에는 역부족이었을 것이다. 하지만 당승은 서행길에서 자신의 자비로움을 맘껏 보여주어 사람들의 마음을 얻었고 신선들의 진실한 도움을 받았다.

아미타불은 나의 정신적 지주

당승은 서역행의 성공에 있어서 가장 관건이 되는 요소였다. 이는 그가 갖고 있던 확고한 신념을 응집시켜 일종의 정신으로 승화시켰고, 이로써 제자들을 감화시키고 통솔하여 모두가 함께 성과를 거두어냈다. 그의 올바른 신념이란 바로 붓다에 대한 공경과 불법에 대한 무한한 탐구정신이다.

‖ 우선 자신만의 정신적 지주를 찾아라 ‖

당승은 부유한 집안 출신이었으나 불행히도 고아로 전락하여 스님에게 맡겨졌다. 이때부터 그는 불가와 연을 맺고 바깥세상의 일에 귀를 기울이지 않았다. 오로지 한마음으로 미륵경을 읽었고, 스무 살쯤 되었을 때는 이미 덕성과 명망이 널리 알려진 대사(大師)급 스님이 되어 있었다. 그때 관음보살은 인간세계에 내려와 서천취경 갈 사람을 선발하고 있었는데, 마침 절에서 불법을 강습하고 있던 수려한 외모의 당승을 보고 그가 바로 자신이 찾고 있던 인물임을 확신하였다.

당승이 공부하던 불법은 소승불법이었다. 소승불법은 당시 당나라 특히, 장안에서 가장 높은 경지의 불법이었다. 하지만 관음보살은 이를 마음에 들어 하지 않았고 수많은 승려들에게 서천의 대승불법이야말로 불법의 가장 높은 경지라 알려준다. 당승은 대승불교에 대해 단 한 번도 들어본 적이 없어 곧 호기심이 발동했다. 당승과 각 사원의 고승, 주지스님, 심지어 당태종마저도 관음보살의 가르침을 받고 놀람과 외경심을 억누를 수 없었다.

이때 당승은 이미 온 마음이 서천 대뢰음사의 대승불법에 향해 있었다. 그는 자신이 직접 서천으로 가 진경을 구해오기로 마음먹는다. 황제의 간절한 바람을 짊어지고, 또 수많은 선배들의 가르침과 부탁을 받들어 그는 드디어 서역길에 올랐다.

일단 서역길에 오르자 당승의 마음은 서천 대뢰음사와 대승불법만을 생각했고 욕망 따위는 전혀 자리하지 않았다. 알다시피 그때 당승에게는 단지 바리때 하나와 말 한 필뿐 어느 것도 몸에 지닌 것이 없었다. 오로지 석가모니만을 마음에 품고, 그를 자신의 유일한 정신적 지주로 삼았다. 이렇게 의탁할 곳이 있게 되자 어떠한 고통과 어려움도 두려워하지 않게 되었다.

한번은 당승이 굴지국(屈志國 오늘날 신장 쿠쿠)에 도달했을 때 대설로 산이 막혀 두 달간을 머무르게 되었다. 그들 일행이 총령(蔥嶺 오늘날 신강 파미르고원) 북쪽의 준산(竣山)에 올랐을 때는 만년설로 인해 더 이상 가기가 어려웠고, 밤에는 눈 위에 누워 쉴 수밖에 없는 극한 상황이었다. 하지만 당승의 심중을 부처의 따뜻한 광명이 두루 비춰주고 있었기에 그는 조금도 춥다고 느끼지 않았다.

당승은 모든 지역을 지날 때마다 자신의 불법을 설파하고 또 그곳에서 배우려 애썼다. 박갈국(縛喝國 오늘날 아프가니스탄 북부지역)을 지날 때는 한 달 여를 머물며 불교경전을 공부했다. 후에 그는 여정을 이어가는 피로함 속에서도 여러 차례 한 곳에 머물며 경전을 읽고 그 지역의 대사들과 경서에 대해 토론하였다. 그들 일행이 종종 강도를 만나 옷과 재물 등을 전부를 빼앗겼을 때에도 제자들은 서럽게 울고불고 했지만, 그는 모두를 안심시키며 이렇게 말했다.

"인생에서 가장 중요한 것은 생명이니, 생명만 지켜냈다면 그깟 옷이나 재물을 잃는 게 뭐 그리 대수란 말이냐."

그렇게 제자들을 격려한 뒤 계속해서 서역길을 떠났다. 하루는 그들이 항하(恒河 인도 갠지스강)를 통과할 무렵, 그 지역 도적들은 체구가 크고 훤칠한 당승을 발견하고 천신의 제물로 적합하다고 여겨 그를 제단에 묶어놓고 죽이려 하였다. 현장은 조금도 두려워하지 않고 침착하게 불경을 읽었다. 다행히 그 순간 회오리바람이 일어나고 나뭇가지가 꺾여 나가자 폭도들은 이를 하늘이 자신들의 죄를 나무라는 것이라 여겨 황망히 당승을 풀어주고 사과하였다. 그제야 당승은 이 재난을 모면할 수 있었다.

난관이 하나하나 지나간 뒤, 당승은 드디어 마음의 성지였던 서천의 대뢰음사에 도착한다. 그곳에서 그는 각종 불교경전을 얻었고, 드디어 탐구의 목적을 달성하였다. 당승의 부처를 향한 마음과 정신은 그가 부단히 활동의 영역을 넓혀갈 수 있게 해주었고, 이로써 그는 인생의 고비들을 성큼성큼 넘어갈 수 있었다.

‖ 정신력으로 타인을 이끌어라 ‖

당승은 겁약하고 진부하며 어리바리했지만, 동시에 마음씨가 순결하여 부귀영화나 음주, 여색을 탐하지 않고 항상 취경의 대업만을 생각했다. 그도 때로는 화도 나고 우습기도 하고 괴롭기도 했다. 하지만 그는 서역 일행의 깃발이자 정신적 지주였다. 그가 있었기에 서천취경 대오는 비로소 성공의 열매를 거두고 진경을 찾아 돌아갈 수 있었다.

당승은 일행의 지도자로 관음보살이 지목한 자였다. 당승의 용왕매진(勇往邁進 거리낌 없이 용감하고 씩씩하게 나아감)의 정신력을 높게 산 것이다. 물론 손오공 등 세 제자 역시 관음보살의 교화를 받았지만 그들의 마음은 아직 완전히 석가모니에게로 향한 것이 아니었다.

만일 조금이라도 큰 좌절에 부딪히면 저팔계나 손오공, 그리고 사오정은 바로 동요를 일으켰다. 하지만 당승만은 낙심의 말, 절망의 말 한마디 꺼낸 적이 없었고 오히려 자신의 결심이 위축되지 않았음을 행동으로 증명하였다. 그러면 세 제자는 아무 말도 꺼낼 수가 없었다. 닭 한 마리

붙들어 매지도 못할 것 같은 사부도 저러할진대, 그들이 무슨 이유가 있어 중도에 그만두고 취경의 대업을 포기한단 말인가?

당승의 정신력이 제자들을 감화시킨 것이다. 당승은 그들의 리더로서, 평범한 지도자가 아니라 행동으로 증명해보이는 정신적 지주였다. 당초 그들 넷이서 화염산(火焰山) 기슭 아래 다다랐을 때, 누가 봐도 넘어가기는 불가능한 것처럼 보였다. 하지만 하필이면 이 길은 서천으로 가는 외길이었다. 만일 넘어가지 못하면 석가모니도 만나지 못하고 진경도 얻지 못하게 될 처지였다. 정말 곤란한 상황이 아닐 수 없었다.

이때 당승은 그 길을 넘어가기로 결심한다. 갈 수 있어도 가는 것이고, 갈 수 없어도 가는 것이었다. 이는 당승의 일심향불의 체현(體現 관념적인 것을 구체적인 행동이나 형태로 표현하거나 실현함)이었고, 이로써 세 제자들은 온 힘을 다해 사부를 도와 난관을 극복해냈다. 당승의 굳건한 결심이 빛을 발한 순간이다.

당승의 강한 응집력과 호소력을 부인하기는 쉽지 않다. 동방의 대당(大唐)에서 서인도에 이르는 끝없는 황사길과 높은 산, 험한 물을 지나면서, 그는 조금도 두려워하지 않았다. 닭 한 마리 잡지 못할 것 같은 그였지만 수많은 요괴들의 흉악한 몰골에 담담히 맞섰다. 그날 하루 요괴에게 잡아먹히지 않으면 다음날 계속해서 가는 그런 여정이었다. 이 와중에 당승은 손오공과 저팔계, 사오정을 이끌고 갖은 고난과 위험을 겪었다. 수많은 요괴들이 설치해놓은 장애물을 제거해가면서 네 사람은 드디어 서천에 도착해 진경을 구하였고, 성공의 열매를 맛보게 되었다.

단체의 정신적 힘을 빌리다

　당승을 비롯한 네 명의 사제는 갖은 고생을 겪고 온갖 요괴들을 제압해가면서 드디어 서천에서 진경을 구하고 성공을 거두었으니, 그들을 두고 '성공적인 업무팀'이라 말해도 과언이 아닐 것이다.
　당승은 그 지도력에 한계가 있었고, 더욱이 업무능력은 거의 '영'에 가깝다고 할 수 있을 정도였다. 하지만 그는 지도자의 위치에 있었기 때문에 어떻게 서천취경 대오를 잘 이끌 수 있는지가 그의 유일하고도 중요한 임무였다. 결론적으로 말하면 당승이 이끈 이 팀은 상당히 성공한 팀이었다. 정신적으로도 훌륭하였지만 서로 간의 협력 역시 완벽했다.

합리적인 대오를 만들어라

　당승은 일심향불의 마음과 뚜렷한 목표로 어떠한 장애가 가로막아도 서천취경을 향한 결심만큼은 시종 흔들리지 않았다.

　손오공은 업무능력이 가장 출중하고 과감한 언행과 행동력을 갖춘 자였다. 항상 최대한 빨리 목표와 임무를 완성하고 '위곡구전'(委曲求全 자신을 굽혀 일을 성사시키다) 하였고, 심지어는 지도자 당승이나 동료들과의 결렬도 마다하지 않았다.

　팔계는 업무능력은 그럭저럭 봐줄 만하여 웬만한 일은 능히 감당할 수 있었다. 먹을 것을 좋아하고 게으르며, 거기다 여색까지 밝히는 그였지만 언변이 좋아 늘 사부의 사랑을 받았다. 그는 큰 형님, 즉 손오공의 능력이 출중한 것을 알고 질투심을 느껴 틈만 나면 사부에게 오공을 벌주라고 꼬드기곤 했다. 하지만 사부가 정말 오공을 쫓아냈을 때에는 자기도 고로장으로 돌아가겠다고 으름장을 놓던 임기응변의 달인으로 대오 안에서 환영받는 인물이었다.

　사오정은 업무능력이 저팔계와 비슷했지만 충직하고 성실하며, 자신이 누구인지, 또 대오 내에서 자신의 위치가 어디인지를 잘 알았다. 또한 매사에 성실하고 흥분하지 않으며 떳떳지 못한 행동은 하지 않았다. 백마(당승의 말)는 사오정과 마찬가지로 항상 묵묵히 자기가 맡은 일에 전심전력을 다했다.

　이들이 지닌 장단점이 이렇게 분명한데 과연 어떻게 진경을 얻고 성공을 거둘 수 있었을까? 여기에는 몇 가지 이유가 있다.

1. 목표가 명확했다

이들의 목표는 진경을 구해오는 것으로, 서역길에 적지 않은 난관이 도사리고 있음을 알면서도 전혀 두려워하지 않고 일심향불하였다. 당승은 이 대오 안에서 구심점으로 자리하며 응집력을 발휘하였다. 비록 단점이 적지 않고 전문적인 지식도 부족했지만 지도자의 위치와 진경을 얻고자 하는 경건한 마음으로 대오가 계속 목표를 향해 전진할 수 있도록 힘썼다. 물론 그의 가치관에 위험을 주고 대오를 해산시키려는 자가 있으면, 그를 징벌함으로써 그 자신의 의지를 관철시켜 나갔다.

2. 이해관계가 일치했다

사제간에 비록 의견 차가 있기도 했지만 그들 모두는 알고 있었다. 서천에 도착해 진경을 얻어야만 비로소 모두가 성공하리라는 것을. 그래서 비록 생각이나 사유 방식이 달랐음에도 그들의 목표는 명확했고 이해관계가 일치했다. 무엇이 중요하고 무엇이 덜 중요한지를 충분히 인지하고 있었던 것이다.

3. 규칙이 확실했다

제도가 명확하고 등급이 분명하였으며 룰이 확실했다. 사부는 사부였다. 아무리 엄청난 능력을 갖고 있다 할지라도 그 제도와 규칙을 벗어날 수는 없었고, 조직의 안정성은 대오에 내분이 일어나지 않도록 해주었다. 비록 오공은 사부의 환심과 중용을 얻지 못했지만, 팔계는 감히 큰 형님의 위치를 가로채지는 못했다. 이로써 대오는 정상적으로 운영될 수 있었다.

4. 구조가 합리적이었다

이들 취경 대오는 인물 구조상으로 보면 매우 합리적이었다. 당승의 능력과 수준으로 봤을 때, 그는 딱 이 정도의 대오만 이끌 수 있는 사람이었다. 만약 사람이 더 많았다면 분명 사부 노릇을 하기 힘들었을 것이다. 손오공처럼 재주 있고 전문지식과 업무능력이 출중한 자도 너무 많으면 좋지 않은 법이다. 그렇지 않으면 당승은 그들을 관리하고 통제하지 못했을 것이고, 또 어쩌면 두 마리의 호랑이가 싸우는 바람에 내적소모가 커졌을 가능성도 있다. 팔계와 같은 자가 많아서는 더욱 곤란하다. 성공하는 일보다 실패하는 일이 많으니, 이런 인물이 많으면 사태는 오로지 '점입가경'이 될 뿐이다. 반면 사오정이나 백마와 같은 자들은 많아도 상관없을 듯하다. 어느 정도의 능력을 갖췄으면서도 묵묵히 맡은 일만 하기 때문이다.

5. 상급자들의 지지가 있었다

당승이 이 대오의 우두머리에 설 수 있었던 것은 각급 지도자들의 관심과 지지에 기반한 것이다. 이들 일행이 분열하고 와해될 위기에 처할 때마다 상급 지도자들은 매번 사람을 보내와 분쟁을 조정해주었다. 각급 지도자들은 이들의 시스템과 제도를 온 힘을 다해 보호해주었다. 당승이 사부였으므로 각 신선들이 사력을 다해 이들을 도와주는 것은 좁게 보면 당승을 보호하는 것처럼 보인다. 하지만 사실은 옥황상제의 궁궐제도와 여래(부처)의 불교제도를 지지하고 수호하는 것이었고, 그들 자신의 이익을 수호하는 것이었다.

위의 사실로부터 알 수 있듯이 당승의 서역길에서 네 명의 사제는 이런저런 결점을 갖고 있었다. 중요한 것은 그들의 목표가 명확하고 이해관계가 일치했다는 점, 게임의 룰이 확실하고 당승의 지도방법이 적절했다는 점, 그리고 인물 구조상 서로 다른 특징을 지닌 세 제자를 조화시켰다는 점이다.

내부관계를 조화롭게 하라

오로지 "자비로우신 관음보살님, 살려주세요"만을 외치던 당승은 능력이 이리도 출중한 제자들을 잘 통솔할 수 있었던 것일까? 손오공은 제쳐두더라도, 탐욕스러운 저팔계, 인상파 사오정, 당승이 타고 다니던 백마까지 어느 누구 하나 뛰어나지 않은 인물이 있었던가?

그러나 자세히 분석해 보면 알 수 있듯, 범재(凡才)가 인재(人才)와 영재(英才), 심지어는 천재(天才)를 지도하는 것이 바로 천고불변의 법칙이며, 게다가 그는 항시 자기만의 지도력을 갖추고 있었다.

물론, 첫 번째는 외부 환경이다. 대당(大唐)이건 서천이건 모두 당승을 신뢰하여 그에게 입경허가 자격을 내주었다. 하나의 독점기업을 경영하는 것과 마찬가지로 허가증을 주고 자금도 내어주고 손오공과 같은 인재를 경영함으로써 '모병의 깃발을 세우니, 자연히 군사가 몰려들' 게 된 셈이다. 둘째는 상급지도자가 당승에게 준 처분권이다. 이것은 바로 '긴고주'이다.

"오공이 네가 아무리 대단하다 해도, 나는 가볍게 네가 면벽하며 반성하게 만들 수 있고, 긴고주를 여든한 번 읊조릴 수도 있고, 또 네 서행의 자격을 박탈하여 화과산으로 돌려보낼 수도 있다."

하지만 손오공처럼 출중한 부하를 딱딱한 규정이나 규율 등으로 통제하는 것은 불가능한 일이었다. 당승이 오공을 제자로 받아들이고 얼마간의 조정 기간을 거친 뒤에 비로소 그의 지도력은 최고의 경지에 이르게 된다.

처음 오공을 만났을 때 당승은 매우 기뻐했다. 자신의 능력이 얼마나 보잘것없는지 당승은 알고 있었다. 게다가 서역길 도처에 요괴가 도사리고 있고 곳곳에 함정이 있음을 잘 알았다. 막 장안을 벗어나 몇 명의 작은 요괴들에게 붙잡혔을 때, 다행히 태백금성(太白金星 금성의 신인)이 그를 구해주었다. 아직 대당의 국토를 벗어나지도 않았는데 당승은 벌써 '초목개병'(草木皆兵 적을 너무 두려워한 나머지 초목이 모두 적군으로 보이다)하여, 지나가던 유(劉)씨 성의 사냥꾼을 보자마자 무릎을 꿇고 "살려주세요!"를 외쳤다고 한다.

이런 상황에서 오공의 출현은 보호가 필요했던 당승에게 마치 가뭄의 단비와 같았을 것이다. 특히 오공이 호랑이를 때려잡는 등 막강한 위력을 발휘하는 모습을 목격한 뒤에는 당승은 자발적으로 이 능력 있는 부하를 불러들였다. 이때 오공은 목숨을 살려준 데 감사하는 마음에서, 당승은 그의 능력에 대한 기대에서 두 사람의 밀월기가 시작되었다.

그러나 평범한 지도자와 출중한 부하 간의 밀월은 얼마 가지 못했다. 들어온 지 얼마 지나지 않아 오공은 당승의 잔소리와 무능력하고 나약한 모습에 싫증내기 시작했다. 자기처럼 천궁을 헤집어 놓던 '제천대성'(齊天大聖, 하늘에 비견되는 큰 성인)이 고작 이런 사람의 수하에 있는 것은 정말 억울한 일 아닌가. 오공이 그들을 강탈하려 했던 좀도둑들을 때려죽였을 때 당승은 그를 나무랐고, 이에 화가 난 오공은 곧바로 모든 것을 다 내팽개치고 날아가버렸다. 당승은 후회했지만, "됐다, 됐어! 내가 다시는 저런 제자를 두나 봐라" 하고 소리쳤다. 남해관음(南海觀音)은 오공의 정신을 개조하고 당승과 협력하여 오공을 속인 뒤 금고아를 씌웠다. 그제야 비로소 당승은 그를 통제할 수 있게 된다. 그러나 단지 이런 규율에 의거한 처분만 가지고는 오공을 목숨 걸고 충성하게 만들기란 쉽지 않았다.

팔계와 오정이 대오에 들어오자, 당승은 이 둘째 제자와 셋째 제자가 온 것이 어쩌면 이 첫째 제자인 오공을 견제할 수 있는 기회일지도 모른다고 생각했다. 물론 당승은 서역행의 지도자로서 무공이 결코 약하지만은 않은 이 두 제자를 기쁘게 받아들였다. 이렇게 되고 나니 인원도 많아졌고 업무능력도 강화되었으며, 또 제자들 간의 상호 견제도 가능해졌다. 이것이 바로 당승의 대오 관리의 첫 번째 임무였다.

한 집단 내에서 일인자와 이인자 사이에는 늘 충돌이 있게 마련이다. 둘째가 첫째에게 승복하지 않는 것은 모든 가정이 다 마찬가지이다. 둘째는 항상 이렇게 말한다. "고작 몇 년 일찍 태어난 것뿐이잖아?" 둘째가 된 팔계 역시 자연히 형님 오공의 지위에 불만을 품고 사부에게 달려가 고자질하기를 일삼았다. 그런데 일인자는 항상 자부심이 강하고 오만한지라 걸핏하면 지도자의 말에는 귀 기울이지 않았으니, 결국 이러한 고자질은 정확한 것이었다.

취경 대오의 대장과 부하들 사이의, 그리고 부하들 간의 마찰은 백골정을 만났을 때 드디어 폭발하였다. 오공이 아름다운 여인으로 변해 있던 백골정을 때리려고 할 때, 그 진상을 모르고 있던 당승은 당연히 불가의 자비심으로 이를 저지하였고, 백골정이 거짓으로 손오공에게 맞아 죽은 척하자 더는 참을 수 없던 당승이 결국 긴고주를 읊었다. 또 오공이 늙은이로 변해 있던 세 번째 백골정을 때려죽이자 당승은 아예 오공을 내쫓아 화과산으로 돌려보내 버렸다. 이때 당승이 이리도 단호했던 이유는 그가 팔계와 사오정 두 제자를 얻었으니 오공은 더 이상 중요하지 않다고 생각했기 때문이었다.

오공은 쫓겨나면서 말했다. "가요! 간다고요! 사부 곁에만 아무도 없게 되는 거죠 뭐." 당승은 분노했다. "너만 사람이냐? 오능(悟能=팔계)과 오정(悟淨)은 사람이 아니란 말이더냐?" 그 속뜻은 '네 놈 원숭이가 없으면 날 지켜줄 자가 없는 줄 아느냐?'이었을 것이다. 오공은 소리쳤다. "흐리멍덩한 미련퉁이에 중상모략하는 말만 듣고 저를 쫓아내려 하다니 이걸 가리켜 '조진궁장, 토사구팽'(鳥盡弓藏, 兎死狗烹 새를 다 잡으면 활은 치우고, 토끼를 잡으면 사냥개는 삶아 먹는다, 즉 성공한 뒤에 그것을 위해 애쓴 사람들을 버리다)이라고 하는 거로군요."

그때 당승이 썼던 폄서(貶書 제자를 문하에서 내쫓겠다는 파문장)를 보면 그가 얼마나 모진 마음을 먹었는지 알 수 있다.

"원숭아!(손오공이라 부르지 않았고, 제자라고는 더더욱 부르지 않았다) 이것으로써 증명한다. 다시는 너를 제자로 삼지 않을 것이다! 만일 너를 다시 본다면 나는 곧 아비지옥(阿鼻地獄 팔대지옥 중 가장 고통스럽다는 지옥)에 떨어질 것이다." 오공이 떠나가면서 마지막으로 당승에게 절을 하려고 했을 때, 당승의 태도는 여전히 강경했다.

"나는 좋은 스님이라 너 같은 악인의 예는 받지 않을 것이다."

당승은 결국 마음속의 한을 풀게 되었고 팔계 역시 오공을 내쫓고 자신의 등급이 올라가게 생겼으니 소원성취를 한 셈이었다. 그런데 얼마 지나지 않아 당승이 황포괴(黃袍怪)에게 붙잡혔다. 팔계는 사오정과 함께 온 힘을 다해 사부를 구하고자 하였으나 안타깝게도 능력 밖의 일이었다. '전투 예비대원'이었던 백마까지 나섰지만 여전히 역부족이었다. 의지가 굳건하지 못한 팔계가 포기하고 고로장으로 돌아가려고 할 때, 백마와 사오정은 '결자해지'를 강력 주장하며 팔계로 하여금 큰형님 오공을 불러오게 하였다.

문제가 발생할 때마다 나타나 도와주곤 했던 관음은 도대체 이때 어디로 간 것일까? 관음은 왜 사제간의 불화로 위기에 빠진 당승을 구해주지 않은 것일까? 관음은 당승과 손오공 두 사람에게 스스로 응어리를 풀 기회를 준 것이다. 손오공은 팔계의 '격장법'(激將法 상대방을 자극하여 분발하게 하는 방법)에 흥분하여 결국은 사부를 구하러 돌아온다. 당승이 오공에게 구출된 뒤 처음으로 한 말이 가관이다.

"현명한 제자여(이제 더는 원숭이가 아니었다), 네 덕분에, 네 덕분에 살았구나! 서둘러 서역에 도착한 뒤 바로 동토(東土)로 돌아가 너의 공로가 가장 컸다고 임금께 아뢸 것이다."

여러 차례의 부침을 겪은 오공도 이때서야 취경이 체제 내에서 최종적으로 허락된 유일한 길이라는 것을 인식하였고, 또 이 취경 대오의 최고

지도자인 사부의 마음도 확실히 이해하게 되었다. 그는 웃으며 대답했다.

"됐어요, 됐다고요. 그 놈의 긴고주만 읊지 않으면 그 마음을 받아들이겠다고요."

계속되는 서역행에서 팔계는 자신의 분수를 알고 더 이상 큰 형님의 자리를 감히 노리지 않게 된다. 하지만 고자질은 여전했다. 당승도 그 공로가 주인을 압도하는 오공에게 늘 불만이었지만 그래도 여전히 그에게 의존해야 했다. 당승은 인자함과 위엄을 병행하며 오공을 대했고 다시는 아무렇게나 긴고주를 읊조리지 않았다. 오공은 알게 되었다. 범재 밑에서 일을 한다는 것도 받아들이지 못할 일은 아니라는 것, 그리고 사실은 천하의 모든 일들이 다 이렇다는 것을. 그리하여 그들 취경 대오는 오랜 기간 안정적으로 유지될 수 있었다.

※ 사람을 쓰는 기술 ※
당삼장의 끈기를 배워봅시다

당승은 본디 대단한 능력을 가진 것도 아니요, 하루 종일 염주를 손에서 놓지 않고 '아미타불'이 입에서 떠난 적이 없었다. 다만 보통 사람을 능가하는 굳센 의지가 있을 뿐이었다. 그리고 결국 그는 성공하였다.

이토록 비범한 의지야말로 그를 성공하게 만든 최대의 자원이다. 여기서 다함께 당승의 성격 특성을 자세히 음미해보자.

1. 항심과 끈기

이것은 지도자 당승의 가장 큰 장점이면서 또한 제자들을 끌어들이는 데 가장 큰 공을 세운 성격적 특성이다. 당승은 태종 이세민으로부터 취경의 임무를 부여받은 뒤, 이십만 팔천 리의 노정이 얼마나 요원하고 고생스러울지 그는 이미 알고 있었다. 여기서 주목할 점은, 그에게는 굳건한 의지가 있어 어떠한 고난도 두려워하지 않았고 그 어떤 비바람도 이를 막을 수 없었다는 것이다. 게다가 당승은 경전에 대해 조금도 알지 못했음에도 불구하고 서역길 내내 경전을 손에서 놓지 않는 부단한 독학으로 자신의 수양을 높여나갔다.

2. 위험을 두려워하지 않다

당승은 길을 떠나자마자 야우정(野牛精 야생 소 요괴), 흑웅정(黑熊精 검은 곰 요괴), 노호정(老虎精 늙은 호랑이 요괴)의 위협에 직면했고, 첫 시작부터 호된 쓴맛을 보게 된다. 그러나 그는 괴로워하거나 낙담하지 않았으며 눈 하나 깜짝하지 않고 고개 한번 돌아보지 않았다. 그저 한 마리 말을 끌고 홀로 전진할 뿐이었다.

당승이 맞닥뜨린 가장 큰 위험은 그의 육신을 먹으면 불로장생할 수 있다는 소문이었다. 이 얼마나 큰 유혹인가. 온갖 지역의 요괴들 - 황풍괴(黃風怪) 황모초서(黃毛貂鼠 누런 털의 담비), 백골부인(白骨夫人) 백골정, 황포괴 규성(奎星), 금각대왕(金角大王), 지주정(蜘蛛精 거미요괴) 등등 - 모두가 그를 잡아먹기 위해 안달이었다. 수차례 목을 베일 뻔하고 몸은 솥에 들어갈 뻔했지만, 이때도 그가 생각한 것은 생사의 문제가 아니라 당태종의 정성스러운 가르침이었다. 그래서 속으로 천 번이고 만 번이고 기도했다.

"감히 하늘의 은혜를 저버려, 만일 서천에 도달하지 못하고 진경도 얻지 못하게 되면 곧 죽어서 지옥에 빠지리라."

자신에게 이득 될 것만 고려하고 힘든 일은 피해가며 쉬운 일만 골라

하는 영리한 사람들과 비교하면 당승이 조금은 바보 같다고 느껴질지도 모르겠다. 그러나 그는 '총명한' 바보였다.

3. 완벽함을 추구하다

완벽함을 추구하는 것은 당승이 문제를 우선적으로 고려할 때 중점을 두는 것이었다. 그의 좌우명은 '해야 할 가치가 있는 것은 최선을 다해서 해야 한다'였다. 손오공이 속도를 중시하는 것과는 달랐다.

당승이 중시하는 것은 질(質)과 정교함이었다. 이러한 지나침에 가까운 완벽 추구로 그의 사상은 깊이를 갖게 되었고, 또 그는 취경 대오의 영혼, 지혜, 그리고 정신적 고지가 될 수 있었다. 이것은 현실세계에도 적용된다. 만일 완벽형 인간이 없다면 인간사회는 매일매일 갈피를 잡을 수 없고, 바쁘고 분주한 속에서 영원히 진보할 수 없을 것이다.

당승과 같은 완벽형 인간은 긍정할 만한 성격적 장점을 매우 많이 갖고 있다. 하지만 만약 이를 적절히 이용하지 못하면 이런 성격상의 장점들은 곧 사람들이 꺼려하는 단점으로 바뀌게 된다.

예컨대, 완벽형 인간들은 이상을 위해서라면 자신을 희생시킬 수 있는 정신을 지닌 경우가 많다. 하지만 그들은 굳이 할 필요 없는 불필요한 희생에 대해서도 일종의 자학에 가까운 경향을 보이기도 한다. 완벽형 인간의 업무신조는 '급히 먹는 밥은 체한다' 정도 될 것이다. 이들은 하나의 문제에 대해 연구하고 계획을 세우고 세심하게 하나하나에 완벽을 기울이기를 좋아한다. 그러나 지나친 신중함은 우유부단이 되기도 하며, 자칫하면 승리의 기회도 놓치고 심지어는 본전도 잃는 상황으로 치달을 수 있다. 완벽형 일 처리에는 조리(條理)가 있지만, 너무 지나칠 정도로 조리와 순서를 강조하다 보면 관료주의의 병폐를 범하기 쉽다.

4. 사람을 알아보고 적재적소에 잘 쓰다

특수임무 집단이라 할 수 있는 취경 대오 안에서, 당승이 비록 명확한 분담체계를 추구한 것은 아니었지만, 그의 인재등용이 얼마나 적절했는지는 이미 충분히 드러나고도 남는다. 그들이 분담한 임무는 명확했다. 조금만 주의를 기울여보면 당승이 인재를 사용할 때 언제, 무엇을, 누가 처리할지 등을 확실히 나누었음을 발견하게 된다. 마치 노래 가사에서 말하는 것처럼 말이다. "당신은 짐을 메고, 나는 말을 끌고, 산 넘고 물을 건너네. 두 어깨에 하얗게 서리꽃이 내려앉았네…."

인재를 등용할 때 사람을 알아보는 것은 어렵다. 하지만 사람을 쓰는 것은 더 어렵다. 사람을 쓰는 비결은 '장점은 활용하고 단점은 버리'며, '바른 길로 인도하고 나쁜 것은 금하게 한다'는 데 있다. '장점은 떨쳐 일으키고 결점은 피해 가는 것'이 인재 등용의 상책(上策)이다. 모든 사람들의 재능과 성격은 저마다 다르고 누구나 장점을 가지고 있으므로, 그 장점만을 사용하면 이룰 수 없는 일이 없다. 여기서 중요한 것은 사람을 가장 적합한 위치에 앉히는 것이다.

그렇다면 결점은 어떻게 피해가야 하는가? 가장 근본적인 방법은 직접 인도하는 것인데, 그들로 하여금 더 높은 인생가치를 추구하도록 인도하고, 원대한 이상을 위해 분투할 수 있도록 인도해야 한다. 인재 등용에 있어서의 하책(下策)은 바로 '징벌'인데, 이는 그들로 하여금 직·간접적으로 제재의 쓴맛을 느끼게 하는 것이다. 사실 사람을 교육하고 쓸 때 어느 정도의 비판이나 처분을 가하는 것은 당연하다. 하지만 '과유불급'이라는 말처럼 징벌은 반드시 분별 있게 해야 한다. 만약 그렇지 않으면 상당한 부작용을 불러일으킨다.

여기서 우리가 주목할 것이 하나 있다. 당승이 제자들에게 아무리 잔소리를 늘어놓고 이거해라 저거해라 분부를 해댔어도, 그들은 결코 당승을 싫어하지 않았다. 오히려 취경의 핵심역량이었던 당승의 존재로 인해 손오공, 저팔계, 사오정은 서역행에서 겪은 천신만고와 온갖 좌절 속에서도 끝까지 버텨낼 수 있었다.

당승과 그 일행의 서역행 속에서 우리는 당승이 백절불굴의 인물임을 발견할 수 있다. 비록 표면적으로는 태도가 온화하고 거동이 우아한, 마치 유약한 서생의 모습을 하고 있지만 보통 사람을 능가하는 강인함이 뼛속 깊이 존재했고 목표를 달성하지 못하면 절대 쉬지 않는 사람이었다. 또한 그는 성공한 지도자였다. 성공한 사람의 배후에는 성공의 경험이 있기 마련이고, 성공한 지도자의 배경에는 성공의 책략이 있기 마련이다. 성공과 실패의 가운데서 생활하는 우리가 어찌 바람을 빌어 배를 몰지 않을 수 있겠는가.

7

힘을 빌려 성공한
여불위(呂不韋)

성공한 상인에서 뛰어난 정치가로

呂不韋 ——— 여불위

　여불위(呂不韋), 중국의 역사에서 가장 기이한 인물이다. 여불위는 성공한 상인이며 상업적으로 뛰어난 두뇌를 이용하여 이익을 어디에서 얻어 낼 수 있는지 알고 있었다. 그는 사재기라는 방법을 통해 각 나라에서 무역을 전개해 나갔고, 젊었을 때 이미 조나라에서 가장 부유한 사람이 되었다. 전국시대 상품경제가 그다지 발달하지 않은 상황에서 여불위는 기적과 같은 상업 정신을 보여주었다.

　이런 말이 전해져 내려온다. '무상무간, 무간무상'(無商無奸 無奸無商 상인의 정신이 없으면 간사하지 않고, 간사하지 않으면 상인이 될 수 없다) 장사를 하는 사람이 뛰어난 응변의 능력이 없으면 성공할 수 없다. 여불위가 상인으로 시작해서 정치의 길을 걸을 수 있었던 이유는 그가 뛰어난 응변의 능력을 지녔기 때문이다.

　여불위는 그 시대 상업계의 판도와 시국을 정확하게 파악하고 있었다. '기화가거'(奇貨可居 진귀한 물건을 잘 간직하여 나중에 이익을 남기고 판다는 뜻으로, 좋은 기회를 놓치지 말아야 함을 이르는 말.)와 같은 상업의 도리는 현대 상인들이 기준으로 삼는 말이다. 일반적으로 상인은 장사를 통해 돈을 버는 데에 그치지만, 여불위는 정치 방면에서도 두각을 나타냈다. 이는 그가 독특한 지혜와 안목을 가지고 있었기 때문이다.

여불위는 대담한 수법으로 진나라 왕손 이인(異人, 字는 子楚. 훗날 장양왕 莊襄王이 됨.)의 신임을 얻는다. 최후에는 이인의 힘을 빌리고 자신의 능력을 더하여 진나라의 정치계를 그가 완전히 장악하게 된다. 후대의 어떤 사람들은 여불위가 권력의 정점에 서기까지 동원한 수법들이 간계하다며 경시한다. 하지만 여불위가 성공할 수 있었던 진정한 이유는 바로 때를 기다릴 줄 아는 용의주도함과 물건이든 사람이든 그 값어치가 있을 때와 없을 때를 가려내어 적시에 활용할 줄 아는 능력이 뒷받침되었기 때문이다.

우선 사람에게 신임을 얻고, 자기 사람의 능력이 발현될 때까지 뒤에서 무한한 지원을 하고, 기량이 무르익기를 기다렸다가 적기에 다다르면 그 사람의 힘을 자기에게 당겨서 쓴 여불위. 이러한 능력은 바로 '차력발휘'(借力發揮, 힘을 빌려 자신의 능력을 발휘하다)라는 단어로 정리할 수 있다.

기화가거(奇貨可居) 실천론

여불위는 전진시대 가장 유명한 상인이자 정치가이다. 여불위로부터 생겨난 사자성어 '기화가거(奇貨可居)'는 상업을 하는 데 있어 가장 중요한 규칙이 되었다. 이것은 단순히 상업에서만 빛을 발하는 덕목이 아니었다.

여불위가 조나라 한단(邯鄲)에서 처음으로 진나라의 왕손 이인을 만났을 때, 이 사람과 관계를 맺어둔다면 언젠가 틀림없이 필요할 날이 올 것이라고 생각했다. 결국 자신의 돈을 모두 써가면서 이인을 도와 진나라 왕위를 이을 수 있게 하였고, 그 공로로 훗날 신하 중 가장 높은 지위까지 오르게 된다. 즉 '기화가거'에서 '물건을 사들이는 것'은 단순한 물건이 아니라 사람의 신임을 얻어 나중에 자신이 필요할 때 그를 이용한다는 의미까지 포함한다.

‖ 가장 가치 있는 상품을 찾아라 ‖

기원전 265년, 여불위는 조나라 수도 한단에 머무르고 있었다. 한단은 매우 번화한 지방이었다. 여불위는 주색에 빠진 방탕한 생활을 하고 있었으나 자신의 본래 목적인 돈벌이는 항상 염두에 두고 있었다. 그는 계속해서 유용한 상품을 찾고 있었고 적은 자본으로 큰 이익을 낼 수 있는 상품을 머지 않아 발견할 수 있었다.

당시 진나라 공자였던 이인(異人)은 조나라에 인질로 와 있었다. 전국시대 각 제후국 간에는 사람을 보내어 인질로 삼았기 때문이다. 대부분은 서로 연합하여 진나라에 대항하기 위한 것이었고 진나라 역시 여섯 나라와 인질을 교환했다. 이것이 바로 원교근공(遠交近攻 먼 나라와 친교를 맺고 가까운 나라를 공격하다) 정책이다.

이인이 인질로 보내진 데에는 그럴 만한 이유가 있었다. 그의 아버지 안국군(安國君)은 원래 태자가 아니었다. 기원전 267년, 원립(原立) 태자가 일찍 세상을 뜨자 안국군이 태자의 자리에 올라섰다. 하지만 안국군의 아버지였던 진나라의 소양왕(昭襄王)은 천수를 누렸고 안국군이 53세가 되던 해에 비로소 세상을 떠났다. 안국군에게는 20여 명의 아들이 있었는데 이인은 그중 한 명이었고 또한 맏이가 아니었기에 크게 사랑받지 못했다. 이인이 조나라에 있는 동안, 진나라와 조나라의 관계가 좋을 때면 이인 역시 귀빈 대접을 받았지만 양국의 관계가 긴장상태일 때에는 그 역시 포로의 신분으로 돌아갔다.

한단에 처음 도착한 여불위는 진나라의 귀족이 곤경에 처해 있다는 소식을 듣고 수소문 끝에 이인의 신분, 가족관계, 현재의 처지 등 그에 대한 모든 것들을 알아냈다. 후에 여불위가 곤란한 상황에 빠진 이인을 만났을 때는 오랜 시간 상인으로서의 경험을 바탕으로 이인의 가치를 알아보았다. 그는 무의식중에 자신도 모르게 "오랫동안 찾던 보물이 바로 여기 있었구나!"라고 소리쳤다.

오래지 않아 여불위는 다시 한 번 한단에 왔다. 그는 이인이 사는 곳을 방문하여 그와 진심을 터놓고 대화를 시작했다. 여불위는 이인이 부귀해질 수 있도록 돕겠다고 자신 있게 말했다.

이인은 그다지 믿음이 가지 않아 냉정한 말투로 여불위에게 말했다. "당신이 먼저 성공을 해야 믿을 수 있겠소." 여불위는 이인의 대답에 화를 내기는커녕 웃으면서 공자(이인을 가리킴)가 성공한 뒤에야 비로소 자신도 성공할 수 있다고 말했다. 이인은 여불위가 일반 사람들과는 다르다는 생각이 들어 비밀리에 이야기를 나눴고, 여불위는 이인에게 자신의 원대한 계획을 털어놓았다. 재정적인 지원을 통해 그 원대한 포부를 실현시킬 수 있을 것이라고 했다. 이인은 여불위의 계획을 모두 들은 뒤에 감격하여 말하기를, "만약 당신의 계획이 실현된다면 나는 진나라의 왕이 될 것이고 진나라는 당신과 나의 것이 될 것이오."

여불위는 매우 기뻐하며 자신의 신념을 하나씩 실현시켜나갔다. 여불위는 정치가로서의 두뇌가 확실히 있었다. 이인을 보자마자 마음속에서 계획이 떠올랐고, 자신이 상인의 길을 포기하고 정치계로 나아가는 데 가장 중요한 인물이 되어줄 것이라고 생각했다. 당시 여불위는 이인을 이용하여 가문을 일으켜보겠다는 생각뿐 아니라 정치계에서의 지위도 얻을 수 있겠다는 생각을 하고 자신의 계획에 착수하였다.

그는 이인이 진나라의 왕손이라는 것을 알고 있었기에 그의 가치가 매우 높다는 것을 알아챌 수 있었다. 신분이 높은 이인과 좋은 관계를 형성한다면 미래에 성공하지 못할 하등의 이유가 없다고 생각했다. 이것이 여불위가 주도적으로 이인을 만나려 했던 진정한 목적이다. 하지만 이인 역시 여불위가 아무런 이유 없이 자신을 도와줄 것이라고는 생각하지 않았다. 단지 서로 필요에 의해 도와주고 장래에 두 사람 모두 이익을 얻을 수 있겠다는 생각에 훗날을 기대하며 좋은 관계를 형성한 것이다.

서로 힘을 빌려줄 수 있는 사람을 찾아라

여불위는 상인 출신이었지만 일반 상인들과는 달랐다. 고대에는 농업을 중시하고 상업을 억압하였기에 상인의 사회적 지위는 높지 않았다. 여불위는 항상 자신의 운명을 바꾸기 위해 어떠한 방법을 쓸 것인가를 생각했고, 이인을 보는 순간 마음이 탁 트이며 자신의 운명을 바꿔줄 수 있을 만한 보물이라고 생각했다.

여불위는 이인을 통해 진나라의 형세를 자세히 분석하고 파악할 수 있었고, 그는 치밀한 준비와 연구, 분석을 통하여 계획을 실행시켜 나갔다. 기회가 닿으면 모든 힘을 기울여서 자신의 포부를 실현했다. 이인의 출현은 여불위에게 있어 더할 나위 없는 기회였다. 여불위가 이인과 나눈 대화에서 그가 내비친 야심의 한 단면을 볼 수 있지만 그가 은밀히 감춰두었던 큰 포부의 전부를 보여준 것은 아니다.

만약 여불위가 기회를 잡아 정치계로 진출하여 높은 벼슬자리에 올라 많은 녹봉을 받기만을 바란다고 생각했다면 여불위의 포부를 너무 작게 본 것이다. 여불위가 이인을 만날 때를 기점으로 보아도 이미 여불위의 재산은 평생을 쓰고 남을 정도로 충분했다. 여불위에게는 훨씬 큰 자신만의 포부가 있었다.

이인과 좋은 관계를 맺은 여불위에게 이제 남은 것은 어떻게 이인을 태자 자리에 올려놓느냐는 것이었다. 이 일이 쉽지 않다는 것은 여불위도 잘 알고 있었다. 지금의 태자에겐 이미 20명이 넘는 아들이 있었다. 게다가 이인은 맏이가 아닐 뿐 아니라 진나라에 오래 머무르지도 았았기에 안국군의 환심을 얻어 태자 자리에 오르기란 매우 어려운 일이었다.

여불위는 즉시 진나라로 가서 안국군 주변 인물들에게 거금의 뇌물을 먹여 이인을 다시 진나라로 돌아가게끔 했다. 그 다음 여불위가 목표로 삼은 사람은 진왕이 가장 총애하던 화양(華陽)부인이다. 여불위가 생각하기에 화양부인과 좋은 관계를 맺을 수 있다면 그가 세웠던 계획을 달성하는 데 큰 도움이 될 것 같았다.

여불위는 방법을 찾아 화양부인과 만남을 가졌고 그녀의 비위를 맞추어 환심을 산 뒤 요점을 말하기 시작했다. "지금 부인께서 왕의 신임을 받는 이유는 부인이 젊고 아름답기 때문입니다. 하지만 부인께서는 아들이 없으십니다. 만약 지금 어질고 효성스러운 아들을 선택하지 않으면 부인께서 나이가 드신 후에 총애를 잃어 쓸쓸한 궁전으로 보내지게 될 것입니다. 현재 이인은 매우 어질고 효성스러우며 자신이 왕위를 물려받을 수 없다는 것을 잘 알고 있습니다. 만약 부인께서 도와주셔서 이인이 천하의 대세를 반전시켜 황제 자리에 오를 수 있다면 당연히 부인의 은혜를 잊지 못할 것입니다. 그렇게 되면 부인께서도 아들이 생긴 셈이 되며 평생 부귀영화를 누릴 수 있을 것입니다."

화양부인은 여불위의 말이 일리가 있다고 생각하여 안국군을 설득하기 시작했다. 형세는 점점 이인에게 유리한 방향으로 전환되기 시작했다.

여기에서 여불위의 설법은 통쾌하기 그지없다. 장의나 소진과 같은 사람과 비교해도 손색이 없다. 화양부인은 이인을 도와 그를 황제의 자리에 올려놓기 위해 노력했으며, 이는 화양부인 자신에게도 늙은 뒤의 살 길을 마련하는 것이었고 여불위 입장에서도 포부를 달성하는 데 큰 도움이 되는 것이었다.

소양왕이 승하하자 안국군이 그 뒤를 이어 효문왕(孝文王)이 되었고, 이인은 결국 태자 자리에 오른다. 효문왕이 왕위를 계승하고 오래지 않아 세상을 떠나게 되자 비로소 이인이 왕위를 물려받게 된다. 그가 바로 장양왕(莊襄王)이다. 장양왕은 여불위의 은공에 감사해 하며 그에게 승상의 자리를 주고 문신후(文信侯)에 봉하였다. 게다가 그에게 하남(河南)성 낙양 일대의 20개 현을 주었고 10만의 식객을 딸려주었다. 장양왕이 죽은 뒤 태자가 왕위를 계승하였는데 그 태자가 바로 진시황(秦始皇)이다. 진시황은 여불위를 둘째 아버지라 불렀으며 이때부터 여불위는 천하를 호령하기 시작한다.

지출을 두려워하면 무엇도 얻을 수 없다

우리는 상인이라면 머리가 총명하고 세심하며 셈을 할 줄 알고, 간사한 계책을 잘 세울 줄 아는 사람이라고 생각한다. 상업의 목적은 큰 이윤을 남기는 것이다. 즉 큰 돈을 버는 것이다. 만약 간사하지 않거나 뛰어난 머리가 없다면 그것은 좋은 상인이 아니다.

여불위는 좋은 상인이다. 하지만 그는 뛰어난 두뇌를 이용하여 그의 야심을 정치 분야까지 뻗쳤으며 그 과정에서 돈으로 얻을 수 없는 가장 큰 이윤을 얻으려고 했다.

‖ 투자를 아끼지 않아야 수확을 거둘 수 있다 ‖

여불위는 당시 자신의 처를 선택하는 과정도 자신의 목적에 이용했다. 그가 선택한 처는 바로 아름다운 자태를 뽐내던 조희(趙姬, 한단희 邯鄲姬)였다. 여불위는 춤과 노래에 능한 한단희를 발견하자마자 그녀가 좋은 상품이 될 수 있을 것이라 생각했다. 그녀는 여불위에게 기쁨과 행복을 줄 수 있을 뿐 아니라 상업상의 가치도 충분했다.

당시 여불위는 조희가 임신했다는 사실을 알게 되자 대담한 계획을 생각해냈다. 그 계획은 바로 조희를 이인에게 바치려 한 것이다. 만약 조희가 남자아이를 임신하였다면 그 아이가 태어난 후에 진나라의 태자가 될 가능성이 충분했고, 태자가 된다면 미래에 진나라의 황제가 되는 것이었다. 이 계획은 그야말로 큰 계획이었다. 그는 조희를 이용하여 천하를 향해 도박을 걸었다.

여불위는 이인을 위해 연회를 베풀면서 향락에 젖은 분위기를 조성해 나갔다. 이인이 술에 취해 흥겨워 하는 모습을 본 여불위는 조희를 불러 이인을 접대하게 하였다. 이인은 몽롱한 상태에서 조희를 보자마자 그녀의 아름다운 자태에 반해버렸다. 술에 취한 이인은 여불위에게 조희를 줄 것을 요구하였고 여불위는 거짓으로 화난 체하며 망설였지만 나중에 스스로 이인에게 조희를 보내 그를 감격시켰다.

이인은 이미 여불위의 아이를 임신한 조희를 맞아들였고 몇 개월이 지나 조희는 남자아이를 낳았다. 이름을 정(政)이라 짓고 영정(嬴政)이라 불렀다. 그가 바로 훗날의 진시황이다. 즉 이인에 대한 여불위의 투자는 이인의 다음 세대에 진시황이라는 신분으로 되돌려 받게 된 것이다.

영정의 출생에 관해서는 역사상 많은 수수께끼로 남아 있다. 역사가들은 진시황의 생모였던 조희가 이인과 함께 생활하기 전 이미 여불위의 아이를 임신하고 있었기에 진시황은 여불위의 아들이라고 믿는다. 하지만 또 다른 역사가들은 임신 기간을 증거로 내세워 여불위의 아들일 가능성이 없다고 주장하며 진시황은 여불위의 사생아라고 말한다.

하지만 면밀하게 여불위와 진시황의 일생을 조사해보면 진시황이 여불위의 아들이 아니라는 주장에는 증거가 부족하다. 첫째로 영정과 여불위의 관계를 증명한 기록들은 한두 개에 그치는 것이 아니라 매우 많다. 둘째로 조희의 임신기간을 문제 삼는다 하더라도 그들이 혈연관계일 가능성을 무시할 수는 없다. 왜냐하면 여불위와 조희의 관계는 그녀가 이인과 결혼한 후에도 계속되었으며 이러한 관계는 영정이 왕위를 계승한 후에도 계속되었기 때문이다.

화제를 돌려 이인이 한단에서 머물던 시절을 돌이켜보자. 그 당시 이인은 이미 결혼하여 아이를 낳았고 한단에서의 생활에 안주하여 고향으로 돌아가는 것도 잊고 있었다. 하지만 상황이 변할 것을 누가 알았겠는가? 이 기간 동안 일어난 전쟁은 많은 변화를 가져왔다. 귀국하고 싶은 마음이 사라졌던 이인은 다시 진나라로 돌아가고 싶은 마음이 생겼다. 당시 진나라 군대는 한단을 공격하고 있었다. 백기(白起)는 군사를 거느리고 한단을 공격하였고 조나라의 점령이 머지않아 실현될 것처럼 보였다. 하지만 당시 백기가 극상당(克上堂)을 공격한 후 진왕의 공격명령을 기다리고 있을 때 진나라 내부에서 분란이 생겼다. 백기는 출병 명령을 늦게 접수하였고 그 때문에 한단을 점령할 기회를 잃어버리고 말았다.

성안에 갇힌 이인은 다행히도 재난을 면할 수 있었다. 여불위가 돈으로 매수한 사람들의 도움 아래 이인은 조나라를 빠져나올 수 있었고, 부인 조희와 아이는 한단에 남게 되었지만 호족들의 보호 덕분에 조왕에게 사로잡히지는 않았다.

‖ 큰 돈을 들여 '상품'을 잘 포장하라 ‖

화양부인은 여불위를 알게 된 후부터 그의 계획을 듣고 나자 위기감을 느꼈다. 결국 아들이 없었던 화양부인은 이인을 받아들여 수양아들로 삼고 안국군을 설득하여 이인에게 자리를 물려줄 것을 청했다. 안국군은 화양부인을 너무도 총애하였기에 부인의 제안을 받아들여 이인을 후계자로 지목했다. 이인의 지위가 변하자 인질이었던 그의 상황 또한 변할 수밖에 없었다.

여불위는 이인의 가치를 확인하고 즉시 자신을 위한 계획을 수립했다. 그리고 자신의 계획에 따라 행동을 실천하기 시작했다.

여불위는 상인의 안목으로 반드시 자본이 있어야 투자를 할 수 있고, 투자를 해야 감히 수확도 논할 수 있다는 것을 알았다. 진왕을 설득한 여불위는 조왕도 설득해야 할 필요성을 느꼈다. 조왕을 설득시키기 위해서는 당시 조왕 주위의 권력자들에게 뇌물을 주어야 하고 그러기 위해선 더 많은 자금이 필요했다.

그런데 여불위가 자신의 생각을 드러낸 후 생각지도 않은 안국군이 그를 지지하며 300금을 주었고 왕후는 그에게 200금을, 화양부인은 100금을 주었다. 게다가 이인에게 줄 옷상자까지 더해주면서 만약 일이 성공하면 여불위를 이인의 태부(太傅)로 삼겠다고 하였다.

여불위는 받은 것들을 가득 싣고 이인을 만난 후에 진나라에서의 상황을 말해주었다. 500금과 옷상자를 전부 꺼내어 이인에게 주려 했으나 그는 금을 여불위에게 주고 옷만 받았다. 후에 여불위는 이 돈을 요긴하게 사용한다.

눈 깜짝할 사이 3년이 흘렀지만, 이인을 중심으로 한 여불위의 계획은 아직 진전을 이루지 못했을뿐더러 약간의 위험성까지 안고 있었다. 진나라는 다시 한번 군사를 출병하여 조나라를 공격했으며 하루가 다르게 긴장도는 높아져갔다. 진 소왕은 한단을 어떻게 해서라도 점령하려 했다. 이런 상황이 지속된다면 조왕은 이인에게 그 죄를 물을 것이 분명했다. 조왕이 마음만 먹는다면 언제든지 이인을 죽일 수 있는 상황이었다. 만약 이인이 죽게 될 경우 자신이 주도면밀하게 계획했던 모든 것들, 부인마저 이인에게 바쳐가면서 쌓아온 모든 노력이 수포로 돌아가고 마는 것이었다. 그것은 여불위에게 크나큰 손실이 아닐 수 없었.

이인보다 더 좋은 상품은 내놓을 수도 교역할 수도 없었을뿐더러 그 외의 것은 단지 의미없는 물품에 지나지 않았고 이윤도 의미가 없었다. 이인이라는 상품을 아직 내놓지도 않았는데 시장은 이미 변하기 시작했다. 하지만 여불위는 똑똑한 상인이었다. 그는 자신의 상품이 변질되어 가치가 떨어져가는 것을 보고만 있을 사람이 아니었다. 그는 기회를 잡아 이 상품을 잘 처리했다. 가지고 있던 500금으로 성을 수비하는 병사들을 매수한 뒤 그들에게 자신의 가족들은 한단에서 사업을 하는 사람들이라고 설명하고, 현재 진나라가 조나라를 공격하려는 상황에서 자신들을 풀어주어 고향인 양적(陽翟)으로 돌아가게 해달라고 요청했다.

성을 지키던 병사들은 여불위의 신분을 조사한 후 건네준 돈을 받고 그의 요구를 받아들인다. 여불위는 즉시 조희 모자를 조희 어머니의 집에 숨어 있게 하고 이인을 자신의 하인으로 분장시켜 그날 밤 한단성을 빠져나왔다.

당시 두 사람이 함양(咸陽)에 도착했을 때 여불위가 이인에게 말하길, 화양부인은 초나라 사람이니 만약 이인이 초나라 옷을 입고 그녀를 만난다면 특별한 효과를 얻을 수 있을 것이라고 제안했다. 이인은 여불위를 완전히 신뢰하고 있었기에 바로 초나라 옷으로 갈아입었다.

여불위가 다시 꾸며준 이인의 옷차림을 보건대, 모자를 쓰고 표범가죽으로 만든 신발을 신고 가죽혁대를 찬 모습이 영락없는 초나라 사람 옷차림이었다. 이인은 안국군과 화양부인을 만났다. 화양부인은 이인을 보자마자 그의 옷차림에 대해 물었다. "아들은 조나라 한단에서 왔는데 어찌 초나라 의복을 입고 있는가?" 이인은 눈물을 흘리며 대답하길, "불효자인 이 아들이 조나라에서 날마다 진나라를 생각하고 고향을 생각하고 자애로운 어머니를 생각하고 화양부인을 생각했습니다."

화양부인도 눈물을 흘리며 말하길, "나는 초나라 사람이다. 네가 초나라 복장을 한 것만으로도 이미 나에게 효도를 다한 것이다. 내 아들이여." 화양부인의 이 한마디에 여불위는 드디어 자신이 상품을 제대로 팔았다는 것을 알았다. 여불위가 얻은 첫 번째 이윤은 진왕이 이인을 도와준 공로를 높이 사 그를 진나라 객경(客卿)으로 봉하고 그에게 1천 호의 식읍을 준 것이었다.

스스로의 힘으로 권력을 세워라

다른 사람에게 의지하는 것보다 자기 스스로에게 의지하는 것이 낫다. 여불위는 처음에 상인으로서 큰 이윤을 남겼고 정치판으로 들어가 정치를 시작하면서부터 권력은 그에게 있어 가장 관심이 가는 대상이 되었다. 권력을 장악해나가는 방식에서 그는 상인을 뛰어넘는 두뇌와 재치를 보여주었다.

‖ 권력에 의지하여 권력을 장악하고, 조력으로 일어나다 ‖

이인이 왕위를 이어받아 장양왕이 된 후, 여불위는 그 힘을 빌려 진나라의 정치무대에 들어서게 된다. 자신의 재능을 발휘하기 시작한 것이다.

장양왕은 여불위를 본상(本相) 문신후에 봉한다. 그리고 그에게 20개의 현과 식읍을 딸리게 하여 전 조정의 문무관들을 놀라게 한다. 왜냐하면 역사상 이처럼 높은 등급의 대우를 받은 자가 없었기 때문이다. 여불위는 속으로 이러한 대우는 단지 한단에서 자신이 장양왕에게 투자했던 시간들에 대한 대가일 뿐이라고 생각했다. 그때부터 진나라는 사실상 승상 겸 문신후인 여불위의 지배를 받게 된다. 왕은 단지 승상이 하려는 일을 전하는 통로에 불과했다. 이때부터 진나라는 여불위를 중심으로 하는 권력시대가 시작된다.

여불위가 정치를 시작한 후 행한 첫 번째 일은 대사면을 실시하고 공신들에게 포상을 내리며 백성들을 위해 작은 은덕을 베푼 것이다. 이 일로 인해 진나라 관원과 백성들은 여불위에 대해 좋은 인상을 갖게 된다.

이때 여불위에게 좋은 소식이 전해져왔다. 장양왕과 6년 동안 이별해 있던 한단의 조희와 그의 아들이 조나라에서 함양으로 돌아왔다는 것이다. 물론 이것 역시 여불위가 이미 계획했던 일이었다.

진나라로 돌아온 조희는 여전히 아름다웠다. 장양왕은 조희의 아름다운 모습을 보고 더욱 그녀를 아끼게 된다. 장양왕이 조희의 미모에 빠져 정치에 관심을 보이지 않자, 여불위는 독단적으로 진나라 조정을 지배하게 되었고 어떠한 방해 세력도 없었다. 여불위는 원래 계산에 능한 상인으로 어떤 상황에서도 기회를 잡아 가장 큰 이익을 얻어낼 수 있는 능력이 있었다. 동주(東周)를 없앤 것은 그가 집정한 후에 세운 가장 위대한 공적이다.

당시 남은 목숨을 겨우 부지해나가던 동주는 공지(鞏地)에서 각 제후국과 연합하여 진나라를 공격할 계획을 세우고 있었다. 원래 동주군(동주의 임금)을 없애는 것은 도의상 비판을 받을 만한 일이었다. 하지만 때마침 기회가 온 것이다. 동주군이 진나라를 칠 계획을 세우고 있다는 것은 여불위에게 공적을 쌓을 기회나 마찬가지였다. 여불위는 손쉽게 동주를 정복하고 그 영토를 진나라에 복속시켰다. 진나라 천하 통일의 마지막 장애물이 완전히 제거된 셈이었다.

여불위는 동주를 멸망시키고 나서 동주군을 죽이지 않고 양인취(陽人聚)로 보내 대가 끊어지지 않게 하는 등의 선행을 보여주었다. 그리하여 많은 문사들의 호감을 얻고 강(姜)씨 희(姬)씨성 제후국의 원한과 반감을 줄일 수 있었다. 그 뒤로 많은 선비들이 진나라에 의탁해왔고 통일을 이루기 위한 작업이 순조롭게 이루어져 갔다.

여불위가 권력을 장악한 지 일년이 되었을 때 진나라는 군사상으로나 정치적으로나 매우 활발한 양상을 띠고 있었다. 진나라 국경의 경계는 이미 위나라의 수도 대량(大梁)에 가까워질 만큼 넓어져 위나라는 큰 혼란에 빠졌다. 위나라는 조나라에 머물고 있던 신릉군(信陵君)을 위나라로 돌아오게 하였다. 그리고 그의 명성을 빌어 연합군을 조직한 뒤 진나라에 대항하여 그 군사를 크게 무찌른다. 이 전쟁으로 인해 여불위는 그 세력에 큰 타격을 받게 된다.

이 일은 여불위가 정치를 시작한 후 군사적으로 처음이자 마지막 겪은 실패였다. 이때부터 여불위는 전쟁을 할 때마다 훨씬 주의를 기울이게 된다. 실패하는 과정에서 여불위는 신릉군을 제거하지 않으면 진나라가 군사력을 이용하여 다른 나라를 정복하는 데 어려움에 부딪힐 것을 알게 되었다. 그는 오랜 시간 심사숙고하여 여기저기에 유언비어를 퍼뜨린다. 즉 이간질 작전을 사용하여 위나라 안록왕(安麓王)으로 하여금 신릉군을 제거하도록 한다. 결국 신릉군은 억울한 죄를 뒤집어쓰고 4년 후에 죽게 된다.

신릉군이 죽은 후 각 제후국은 뿔뿔이 흩어지게 되었고 그 세력도 점차 약해져 갔다. 여불위는 이 기회를 틈타 각 나라를 정복하고 진나라는 천하통일을 위한 새로운 국면을 세우게 된다.

자신을 위해 큰 나무를 양성하라

여불위가 득의양양하고 있을 때, 진나라 왕궁에서 장양왕이 세상을 떠났다는 소식이 전해진다. 여불위에게는 하나의 상품이었던 장양왕은 자신의 몸을 팔아 여불위에 의탁하였고, 심지어 생모였던 하태후(夏太后)를 쓸쓸한 궁전으로 보내고 화양부인을 모시는 등 많은 대가를 치렀지만 왕좌에 오른 지 3년 만에 세상을 뜨고 만다. 당시 그의 나이 35세였다. 하지만 이 불행한 소식은 여불위에게 있어서는 더할 나위 없이 좋은 소식이었다. 드디어 낡은 것이 가버리고 새것이 도래할 때가 온 것이다.

자신을 위한 큰 나무를 양성하기 위해서는 반드시 오래된 나무가 깊숙이 박아놓은 뿌리가 필요하다. 장양왕이 죽지 않으면 영정(훗날 시황제)이 어느 세월에 왕좌에 오를지 알 수 없는 일이었다. 여불위는 영정이 자신이 뿌려놓은 씨이기에, 영정이 왕위를 물려받는다면 자신은 '황제의 황제'가 될 수 있다고 생각했다.

　장양왕의 죽음에 대해선 의견이 분분하다. 어떤 이는 병에 걸려 죽었다 하고, 어떤 이는 여불위의 음모에 의해 살해되었다고 한다. 그의 사인이 어떠하던 간에 그의 죽음은 여불위의 지위에 또 다른 변화를 가져왔다. 장양왕이 죽자마자 여불위는 영정이 천자의 자리에 오르는 성대한 의식을 거행한다.

　영정이 천자의 자리에 오른 것은 겨우 13살 때였다. 영정은 아직 어린 아이에 불과했기 때문에 엄숙한 의식자리에서 승상인 여불위는 시종일관 영정의 옆에서 어떻게 행동해야 할지 지시를 내렸다. 영정이 왕위를 이어받은 후 여불위는 승상, 문신후 외에 새로운 특수 칭호를 받는다. 그것은 바로 중부(仲父 황제의 작은 아버지)이다. 13살의 영정이 그 칭호를 생각해냈을 리는 없었다. 이 모든 것은 바로 여불위가 생각해낸 제안이었다. 이때부터 여불위는 항상 장태궁(章台宮)에서 진왕의 옆에 머물며 조정의 모든 일을 처리했다. 영정이 즉위한 기원전 247년에서 246년까지 모든 진나라의 권력은 여불위의 손아귀에 있었다.

　진왕 즉위 초, 진나라는 동쪽 나라를 상대로 여러 전쟁을 일으켜 승리를 거둔다. 물론 이 전쟁의 주요 대상은 한나라, 위나라 등이었고 초나라와는 어떠한 전쟁도 일어나지 않았다.

　당시 초, 조, 위, 연, 한 다섯 나라는 연합하여 초나라 왕을 연합군의 합장으로 추천해 진나라를 공격한다. 하지만 이 공격은 진나라 군대의 강력한 반격을 받았고 양쪽 모두 큰 손실을 입는다. 게다가 여불위는 각 제후국을 공격하는 방식에 있어 두 가지의 책략을 나누어 사용하여 연합군을 붕괴시켜버렸다. 동시에 진나라의 초나라에 대한 원한을 불러일으켜 초왕의 원망이 춘신군(春申君)에게 향하도록 한다. 춘신군은 초왕의 비위를 맞추기 위해 수많은 미인들을 초왕에 제공하도록 하여 그를 육욕에 빠지게 만들었다.

하지만 초왕의 후궁 가운데 미녀는 많았지만 그때까지 자식이 없었다. 춘신군은 많은 미녀들을 황궁 안으로 들여보냈지만 후궁의 임신 소식이 들려오지 않자 속수무책으로 걱정하고 있었다.

그러던 어느 날 이원(李園)이란 자가 춘신군에게 면회를 신청하였고 그에게 자신의 여동생을 바친다. 얼마 지나지 않아 이원의 여동생은 임신을 하였고 너무 기뻤던 춘신군은 자신의 아이를 밴 이원의 여동생을 초왕에게 바친다. 일 년이 지난 후 이원의 여동생은 사내아이를 낳았고 갑자기 자식을 얻게 된 초왕은 그녀를 왕후에 봉하고 그 아들을 태자로 세우게 된다.

이때부터 초왕은 춘신군보다 이원을 훨씬 총애하게 된다. 이원은 춘신군을 통해 초나라에서 권력을 얻었지만 유일한 근심은 모든 사실을 알고 있는 춘신군이었다. 그래서 그는 춘신군을 암살할 계획을 세워 기회를 엿보다 초왕이 죽은 후 성공적으로 춘신군을 제거하고 초나라의 정치 권력을 장악하게 된다.

이원의 음모와 여불위의 계획은 마치 약속이나 한 듯 일치한다. 사실 이원은 여불위가 초나라에 보낸 스파이였다. 여불위는 상인의 안목에서 정치를 보는 안목에 이르기까지 남보다 뛰어났다. 또한 성공을 위해서 수단과 방법을 가리지 않고 그 성공을 위해 투자하였다.

현명하고 유능한 인재를 광범위하게 받아들여 견고한 지위와 좋은 명성을 얻다

여불위가 정권을 잡고 있을 무렵 진나라에 천하를 통일하기 위한 좋은 기회가 찾아왔고, 여불위는 자신의 정치적 재능을 발휘하기 위해서 객관적인 조건을 제공하였다. 국내에서 안정적인 발전을 유지하고 또 국외에서 전쟁의 승리를 거두기까지는 또 다른 중요한 요인이 있었다. 그것은 바로 여불위가 인재를 중시한다는 점이었다.

‖ 인재를 등용할 때는 현명함을 기준으로 삼아라 ‖

여불위가 비록 진나라 승상의 자리에 오르기까지는 오랜 시간이 걸렸지만, 그는 자기보다 현명하고 능력 있는 사람을 시기하지 않았고 원로

들을 충분히 존중하였다. 원로 중에 특출한 몽오(蒙鷔)란 자가 있었는데, 그는 여불위가 집권한 10여 년 동안 교만해하거나 공치사하지 않았다. 몽오는 묵묵히 진나라 군대를 이끌었으며 그의 군대는 기세가 위풍당당했다. 여불위는 오래된 신하에게 경계심을 갖지 않았고 원로에 대해서 어떠한 고정관념도 갖지 않았다. 이것 또한 여불위가 성공을 거둘 수 있었던 원인 중의 하나이다.

여불위는 사람을 등용하는 방법에 있어서 하나의 방법에 구애되지 않았다. 12살에 불과한 소년 감라(甘羅)를 등용했던 파격적인 일화를 한번 살펴보자.

하루는 여불위가 안 좋은 기색으로 집에 돌아왔다. 보아하니 매우 화가 난 상태였다. 감라가 여불위를 보고 다가와 말하길, "승상께서는 무슨 근심이 있으신지요? 저에게 알려주실 수 있으십니까?"

여불위는 마음이 매우 복잡한 상태였기에 감라를 보자마자 손을 휘저으며 말했다. "저리 가거라! 꼬마애가 뭘 안다고?" 그러자 감라가 소리 높여 말하길, "승상께서 문객을 받아들인 것은 승상의 근심을 덜어주고 위험에서 구해주기 위함이 아니었습니까? 지금 승상께서는 근심이 있는데 저에게 알려주지 않으시니 제가 돕고 싶지만 기회가 없습니다." 여불위는 감라의 자신감 있는 태도를 보고 생각을 바꾸어 말했다. "내가 장당(張唐)을 연나라에 보내어 승상이 되게 하려고 한다. 점괘도 좋게 나왔는데 그는 핑계를 대며 도리어 사퇴해버렸어."

감라가 이야기를 듣자마자 웃으며 말하길, "이 일은 아주 간단한 일입니다. 승상께서는 어찌 저를 보내어 그를 설득하려 하지 않으십니까?"

여불위가 그를 질책하며 말하길, "어린 아이가 말을 함부로 하는구나. 내가 설득하는데도 가지 않는데 네가 어찌 그를 설득할 수 있겠느냐?"

감라가 그 말을 듣고 말하길, "제가 듣기로 항탁(項橐)은 7살 때 공자의 존중을 받아 스승으로 존경을 받았습니다. 저는 지금 그보다 5살이나 많은데 왜 저를 시험해보시지 않습니까? 만약 제가 성공하지 못한다면 그때 저를 꾸중하셔도 늦지 않습니다."

여불위는 감라의 자신감 넘치는 모습을 보고 마음속으로 칭찬하지 않을 수 없었다. 그래서 생각을 바꾸어 말했다. "좋다. 그러면 네가 한번 가보거라. 일을 성공한다면 큰 상을 내리겠다."

감라는 장당의 집에 가서 그를 설득하는 데 성공하였고 그의 허락을 받아냈다. 후에 여불위는 다시 한번 감라를 단독으로 조나라에 보내, 조나라가 스스로 자원하여 영토를 진나라에 할양하도록 하였다. 이것이 바로 여불위의 인재등용 방법이었다.

진나라 이전에 각 제후국은 큰 힘을 들여 인재를 끌어모았다. 그중에 가장 유명한 사람이 바로 '사공자'(四公子 네 명의 공자)이다. 그들은 바로 제나라의 맹상군, 조나라의 평원군(平原君), 위나라의 신릉군, 초나라의 춘신군이었다. 하지만 여불위는 중국 역사상 첫 번째로 인재 등용에 있어 중요한 역할을 하였다. 대규모로 인재를 끌어모아 많은 정치가를 양성한 것이다.

여불위는 상국(相國)이 되자, 상국부 내부에 많은 화려한 방들을 건축하고 많은 요리사를 초빙하였다. 그리고는 수도와 각 도시의 벽에 공고물을 게시하여 각 방면의 인재들을 초대하였다. 여불위는 본래 진나라 사람이 아니었지만 진나라에서 상국이 되어 있었기에 많은 다른 나라의 인재들은 그 부분에 끌렸다. 게다가 여불위의 권력이 워낙 강했기에 식객을 양성하는 데 반대가 많지 않을 것이라 여겼다. 또한 진나라 군대는 계속해서 승리를 거듭하고 있었고 천하통일이 조만간 이루어질 거라 여겨 많은 생각 있는 인재들이 진나라로 왔다. 얼마 되지 않아 여불위의 문하에는 3천 명에 이르는 식객들이 모여들게 된다.

‖ 민중의 힘을 빌려 명성을 얻어라 ‖

여불위는 나라의 아버지로서 권력, 돈, 여자 이 모든 것을 갖고 있었다. 하지만 그는 여기에 만족하지 않고 자신의 명성을 후세에 전하고 싶어 했다.

공자가 유명한 것은 그가 지은 《춘추(春秋)》 때문이다. 손무(孫武)가 오나라의 대장이 될 수 있었던 것은 오나라 왕이 손무가 썼던 《손자병법(孫子兵法)》을 읽어보았기 때문이다. 여불위는 생각했다. 왜 자신은 책을 집필하여 후세에 명성을 떨치고 후대에 모범을 보일 수 없는지. 그리고 책을 집필하기 위해 구체적인 구상을 시작했다.

이와 동시에 여불위는 응집력 있는 문화사상을 통해서만 국민들을 통합할 수 있다는 사실을 자각했다. 각 제후국들은 오랜 기간 동안 사유방식과 행동습관이 다르게 유지되어 왔기에 그것을 진나라 사람의 행동양식으로 통일하기에는 적잖은 위험이 따랐다. 여섯 나라의 국민들을 위로하기 위해 여불위는 포용력이 강한 각종 철학사상과 학술체계를 세워 통일 이후의 정치, 문화, 사상에 관해 준비하기 시작한다. 진나라가 무력을 통해 여섯 나라를 병합하였기에 각 나라의 정신문화는 분리해서 통치하는 것이 필요했다.

여불위는 상인 출신이다. 따라서 노자(老子)와 공자와 같은 글을 쓸 수는 없었다. 하지만 그는 3천 명의 문객을 양성하고 있었다. 거기에는 온갖 종류의 사람이 다 있었고 각 사람마다 자신들의 생각이 있었다. 여불위는 바로 이 사람들의 의견을 총괄하여 책을 집필하기 시작했다.

그것이 바로 26권, 160편, 2천만 자에 이르는 걸작 《여씨춘추(呂氏春秋)》이다. 책이 완성되자 여불위는 자신이 집필한 책을 위해 광고를 하기 시작했다. 이것은 큰 성공을 이루기 위한 사전 작업이었다.

그는 《여씨춘추》를 널리 퍼뜨리기 위해 함양의 가장 번화한 도시에서 홍보를 시작하였는데, 그 수단이 재미있다. 만약 《여씨춘추》에 첨삭할 글자를 발견할 경우 한 자당 1천 금을 포상하기로 한 것이다. 이 1천 금을 얻기 위해 많은 사람들은 《여씨춘추》를 읽기 시작했고, 이 때문에 《여씨춘추》는 널리 전파될 수 있었다.

이 일은 여불위에게 있어 투자는 적으면서 효과는 빠르고 영향력은 크다는 세 가지의 선명한 특징을 보여주었다.

'일자천금(一字千金, 한 자당 1천 금을 포상한다)'으로 인해 《여씨춘추》는 단번에 성공을 거두었고 현재까지 전해져 내려오고 있다. 만약 여불위 문하에 3천 명 문객의 도움이 없었다면 여불위가 오늘날까지 영향을 미치기는 어려웠을 것이다.

이처럼 여불위는 중국 역사상 저명한 정치가이자 문학가이기도 하면서 가장 걸출한 선전가(과장하여 일부러 자신을 내세우는 사람을 지칭함)이자 경제인이었다.

❀ 사람을 쓰는 기술 ❀
여불위의 힘을 빌리는 능력을 배워봅시다

여불위가 상품을 파는 상인에서 천하를 호령하는 승상으로 성공할 수 있었던 것은 그의 탁월한 지혜와 고도의 기술 두 가지 덕분이다. 요컨대 그가 성공하는 데 있어서 가장 뛰어났던 수단은 화양부인이 아픈 틈을 타 신임을 얻은 것, 이인의 힘을 빌려 정치무대에 등장한 것, 문하의 3천 명의 식객을 통해 역사에 이름을 남긴 것이다. 여기에 그가 성공할 수 있었던 비결이 있다.

1. 사람을 경영하는 책략

상인은 경제활동에 종사하는 사람이다. 상인이 무엇을 경영하는가에 따라 그 층이 나누어지는데 가장 중요한 것은 사람을 경영하는 것이다. 즉, 자기 스스로를 경영하는 것, 남을 경영하는 것, 남이 자기를 경영하는 것이다. 여기에서 자기 스스로를 경영하는 것과 남을 경영하는 것은 남이 자기를 경영하는 것과 같은 맥락이다. 이 세 가지는 매우 밀접한 관계를 맺고 있다. 여불위는 상품을 경영하는 수준에서 사람을 경영하는 수준까지 모두 알고 있었으며, 진나라의 태자를 경영하여 중국 역사상의 첫 번째 황제인 진시황을 양성하였다. 진시황은 바로 그가 거둔 성공의 정점이다.

2. 정치적 투자

여불위는 이인의 신분을 알게 된 후 세상을 놀라게 할 만한 위험한 투자를 시작했다. 상품을 만드는 것과 마찬가지로 자기 스스로를 투자 방향에 모두 쏟아부었는데 이는 대단한 고민과 결단이 필요했다.

"큰 이익을 얻을 수 있다면 불법이라도 하고, 손해 보는 일이라면 아무도 나서지 않는다"라는 말이 있다. 여불위가 바로 이 이야기의 창시자이다. 달리 말하면 정치에 투자하는 것은 적은 자본을 투자하더라도 큰 이익을 낼 수 있다는 의미이기도 하다.

물론 투자에는 위험이 따른다. 그렇기에 '과연 투자를 할 수 있는가?'에 중점을 두어야 한다. 대담하게 투자하는 사람은 그 이익이 크고, 담이 작은 사람은 이익을 얻을 수 없다. '창업하는 데에는 용감한 것이 가장 좋고, 경영할 때에는 위험할수록, 돈을 버는 데에는 그 돈이 멀리서부터 와야 좋다.' 모험은 상인에게 있어 기본적인 것이다. 가장 크게 모험하는 상인이 가장 많은 돈을 벌게 된다. 모험을 감수하여 투자하는 것이 바로 상인이 발전하기 위한 도이다. 새롭게 다른 길을 찾아내고, 다른 사람이 생각하지 못한 길을 가는 것이 바로 큰 이익을 얻을 수 있는 지름길이다. 상업은 일종의 지혜의 대결이며, 고도의 상도에 의지하여야만 성공할 수 있다. 처음에는 손해를 보더라도 후에 더 큰 이익을 볼 수도 있다는 것을 알아야 한다. 감정적으로도 투자하여야 하며 작은 이익에는 크게 마음을 두지 않고 기다란 미끼를 풀어야 결국 대어를 낚을 수 있다.

3. 힘을 빌려 일어나다

여불위는 힘을 빌리는 데 능숙했다. 누구에게 힘을 빌려야 하는지 알았고 어떠한 방식으로 힘을 빌려야 하는 지도 알았다. 대만의 갑부 진영태(陣永泰)는 이렇게 말한 적이 있다.

"총명한 사람은 모두 다른 사람의 힘을 빌려 자신의 목표를 달성합니다." 상계의 거상 록펠러(Rockefeller)는 아들에게 보내는 편지에서 아들을 격려하면서 "내가 알고 있는 부자들 중에 자기 자신에만 의지하여 성공한 사람은 극소수이며, 매일 조금씩 돈을 모아 부자가 된 사람도 매우 적다. 대부분의 사람들은 먼저 돈을 빌려 사용하고 나중에 큰 돈을 번 사람들이다. 여기에 특별히 심오한 의미는 들어있지 않다. 1원의 돈을 이용한 사업은 100원의 돈을 사용하여 버는 돈과 비교할 수가 없다."

순자(荀子)가 말하길, "수레나 말을 빌리는 자는 발을 유리하게 하는 것은 아니나 천 리에 다다르며, 배와 노를 빌리는 자는 물에 능한 것이 아님에도 큰 강을 건너니, 군자는 나면서 남들과 다른 것이 아니라 사물을 잘 빌려 쓰는 것이다." 크게 성공한 사람들은 모두 힘을 빌리는 고수들이었다. 그들은 감히 빌릴 줄 알았고 빌리는 데 능숙했으며, 빌림으로써 새로운 세상을 만들어냈다.

4. 서로 힘을 빌리다

여불위는 이인이 야심을 품고 황제의 자리를 노리고 있음을 알고 그를 도와주었으며, 화양부인이 아들이 없는 현실을 잘 파악하여 그 가운데서 중재 역할을 할 수 있었다. 즉 그 두 사람 역시 현실에서 이득을 얻을 수 있었고 자신도 그 가운데에서 이익을 얻을 수 있어 모두가 이익이 되는 국면을 만들어냈다. 만약 서로 만족할 수 없다면 그러한 종류의 인간관계는 오래 유지되기 어렵다. '카네기 인간관계론'에서 가장 중요하게 언급된 부분이 바로 심리적인 인간관계에서 공적인 이익에 따르는 원칙이다. 이 원칙은 인간관계는 자신이 필요로 하는 것을 기초로 하여 이루어지며, 그 관계에 있어서 서로 필요한 부분을 만족시키는 과정이라고 설명하고 있다.

여불위는 이 원칙을 너무나 파악하고 있었다. 서로 계산을 통해 이익을 추구하는 치열한 궁정의 인간관계에서 솜씨 있게 일을 처리하여 최고의 정치무대에 올라섰다.

8

강온정책을 병행한
위소보(韋小寶)

무뢰한 부랑자에서 **집안을 일으키기까지**

韋小寶 ——— 위소보

　　위소보(韋小寶), 강소(江蘇)성 양주(揚州)사람이다. 청나라의 녹정공(鹿鼎公 직위 명칭) 김용(金庸)이 쓴 소설에서 장난꾸러기이자 무뢰한 부랑자로 그려졌다. 그는 시장의 최하층 계급으로 태어났다. 늘 소란을 피우고 떼를 쓰며, 혼란한 틈을 타 한몫해보려는 사람이었는데 놀랍게도 청나라 조정의 총애를 받게 된다.

　　천지회(天地會) 청목당(靑木堂)의 향주(香主) 및 신룡교(神龍敎)의 백룡사(白龍使) 등 중요한 직위를 거치며 일생을 풍족하게 보내고 그 기세 또한 드높았으며 후에는 수많은 미인들을 곁에 두고 구정(九鼎 높은 지위의 옷)까지 입게 된다. 이러한 '불세출의 인물'인 그는 절정에 이르는 고수의 모습을 통해 여러 사람들의 숭배를 받는다.

　　위소보는 사실 매우 우습기도 하고 호기가 있는 모습을 보여주기도 하지만, 확실히 게으르고 교활하며 특별한 학문적 재능이 없어 글자마저 제대로 알지 못하는 부랑자였다. 하지만 학식이 풍부한 대학자나 정인군자(正人君子 마음이 바르고 학식과 덕행이 높은 사람)라 불리는 자들마저 해내지 못했던 일을 모두 성공해낸다. 그가 성공할 수 있었던 것이 다만 운이 좋았기 때문만은 아니다. 오히려 그의 생존철학이 당시의 사회발전과 잘 들어맞았기 때문이다.

다른 고수들과 비교했을 때 위소보는 확실히 무능하다. 하지만 그는 EQ가 매우 높은 사람이었다. 옛 사람이 말하길, "소매가 길면 춤을 잘 추고 돈이 많으면 장사를 잘한다"고 했다. 위소보는 천하라는 무대에서 자신만의 독무대를 만들어 나간 인물이었다.

큰 능력은 없으나, 작은 수단으로 길을 열다

위소보는 기생집 출신이라 신분이 매우 낮았다. 하지만 강희(康熙) 황제와 진실한 벗이 될 수 있었으며, 금지옥엽의 공주와 결혼하였다. 그의 무공은 형편없었지만 오배(鰲拜), 서동(瑞棟), 풍석범(馮錫范) 등 시대의 고수들을 그의 수하에 두었고 명성 높은 천지회 청목당 향주의 자리에 올랐다. 글자를 많이 알지 못했지만《삼국지연의》에서 배운 몇 가지 계책으로 사아(沙俄 제정 러시아를 가리킴)의 군대를 혼비백산하게 만들었다. 큰 능력은 미약했지만 가장 예리한 비수를 이용하고 칼과 창이 들어가지 않는 옷을 입었으며 아무도 따라올 수 없는 도피술을 겸비하고 있었다. 모든 것은 순조로웠으며 이 모든 것이 가능했던 것은 모두 그의 뛰어난 두뇌에서 나온 작은 수단들 덕분이었다. 위소보가 쓰던 수단이 비록 그다지 훌륭한 것은 아니었지만 인의도덕을 강조했다. 실제로 나쁜 짓을 하던 사람들보다 훨씬 나았고, 목표를 달성하기 위해 수단과 방법을 가리지 않고 생명을 죽이던 사람들에 비하면 귀여운 면모도 있었다.

위소보의 수단은 매우 많았으며 또 다양했다. 하지만 그가 성공할 수 있었던 것은 어떠한 상황에서 어떠한 수단을 사용해야 하는지 잘 알고 있었기 때문이다.

‖ 목숨을 건지기 위해선 도망가는 것도 중요하다 ‖

위소보는 양주의 기생집에서 어린 시절을 보냈다. 울며 소란을 피울 줄만 알았지 다른 특별한 재능은 보여주지 못했다. 그래도 그는 입신출세를 위한 기회를 엿보고 있었다. 하지만 아무리 좋은 기회가 온다 하더라도 그 기회를 이용할 줄 모른다면 아무 의미도 없다. 위소보는 기회가 왔을 때 그 기회를 이용할 줄 알았고 한 발자국씩 자신의 성공을 향해 내딛었다.

위소보가 강호에서 성공한 경력을 본다면 그는 기본적으로 '하삼람(下三濫 최하층의 사람을 의미하며, 여기에서는 좋은 수단이 아니라 간사한 수단을 의미함)'의 수단으로 성공을 거두었다. 그가 대장부인 모십팔(茅十八)을 구하는 과정에서부터 시작하여 양주에서 북경으로 가는 길에, 또 강희제와 힘을 합쳐 오배를 생포하는 과정까지 위소보는 이 '하삼람'의 수단을 이용하여 승리를 거두었다.

위소보가 모십팔을 돕는 그 과정을 살펴보자.

당시 모십팔은 군관인 사송(史松)과 청나라 군사들에게 둘러싸여 위험한 상황에 빠져 있었다. 사송은 모십팔을 채찍으로 감아 움직일 수 없게 만든 다음 칼을 빼들어 그를 죽이려 했다. 모십팔은 눈을 감고 죽음을 기다렸는데 시간이 지나도 아무런 기척이 없었다. 의아해진 그가 눈을 떠보니 사송은 이미 죽은 상태였다.

상황는 이러했다. 당시 위소보는 나무 뒤에 숨어 있다가 사송이 모십팔을 죽이려 하는 것을 보고 급할 때 사용하려고 준비해 둔 석회를 꺼내어 사송에게 뿌려 사송의 눈을 멀게 하였다. 그리고는 긴 칼을 빼들어 사송을 죽여버린 것이다. 사송은 위소보의 간사한 수단에 의해 목숨을 잃게 되었고 모십팔은 생명을 구할 수 있었다.

두 사람은 계속 길을 가다가 한 주점에서 오삼계(吳三桂)의 관병과 맞닥뜨려 싸움이 벌어진다. 위소보는 싸움을 할 줄 몰랐기에 한 손에 칼을 들고 탁자 밑에 숨었다. 오삼계의 부하들이 모십팔을 둘러싸고 공격하려 할 때 위소보는 탁자 밑에서 칼을 꺼내어 관병들의 다리를 베었다. 결국 위에서는 모십팔이 관병들과 싸우고 아래에서는 위소보가 관병들에 타격을 주니 삽시간에 모두를 무찌를 수 있었다.

위소보가 모십팔과 겪은 두 번의 혈전은 모두 승리를 거두었지만 모십팔은 화가 나 있었다. 그는 위소보가 한 일이 비겁한 일이라며 질책하였다.

"당신은 석회를 눈에 뿌렸으며 숨어서 몰래 다리를 베었으니, 이는 강호상에서 가장 비열한 수단이오. 내 차라리 사송에게 죽임을 당했으면 당했지 당신처럼 비겁한 방법을 사용하진 않았을 것이오."

위소보는 그의 말을 듣고 나서야 강호에서 석회를 눈에 뿌리는 것이

저열한 방법이라는 것을 알았다. 자신은 무림에서 하지 말아야 할 방법을 사용했으며, 그로 인해 목숨을 구해주었는데도 불구하고 욕을 먹으니 분노가 치밀었다.

"칼로 사람을 죽이는 것이나 석회로 죽이는 것이나 무슨 차이가 있소? 만약 내가 그 방법을 사용하지 않았더라면 당신은 이미 죽었을 것이오. 당신도 허벅지에 상처를 입지 않았소? 그들이 칼로 당신의 허벅지를 베었고 나는 칼로 그들의 발을 베었소. 허벅지나 발이나 무슨 차이가 있단 말이오?"

위소보는 날카롭게 모십팔을 비판해 아무런 대답도 할 수 없게 만들었다. 사실 위소보의 수단은 좋지 않았지만 그렇다고 잘못된 수단도 아니었다. 생사가 걸린 상황에서 내가 죽이거나 죽임을 당하는 처지에 놓이게 된다면 다른 방법은 없는 것이다.

후에 다시 위급한 상황에 처했을 때 위소보는 다시 한번 석회를 이용한다. 강희제를 도와 무공이 뛰어난 오배를 굴복시킨 것이다. 그는 이러한 '하삼람'의 수단을 이용하여 위험에 빠진 많은 사람들을 구했으며 어떠한 수단을 쓰느냐에 크게 신경 쓰지 않았다.

‖ '가마를 들다' (상대를 치켜세우는 것을 비유하는 말) – 가장 효과적인 수단 ‖

위소보의 이러한 수단은 적에게만이 아니라 인심을 얻는 데에도 큰 효과를 보여준다.

한번은 위소보가 소액도(素額圖)와 함께 오배의 집을 조사하고 있었다. 조사 중에 많은 돈을 몰수하였는데 이 돈을 감추기 위해 작은 수단을 사용하였다. 위소보는 먼저 소액도의 입을 막기 위해 그와 마음을 합쳐 '통일전선(統一戰線)'을 형성하였다.

'통일전선', 이 개념은 모두가 아는 내용일 것이다. 즉 같이 힘을 합쳐 상대방을 공격해야 최후의 승리를 얻을 수 있다는 뜻이다. 그래서 자신과 같은 위치에 있는 사람들과 연합한 뒤 그다지 비용을 들이지 않고 상대를 치켜세운다. 만약 당신이 남을 치켜세운다면 그도 역시 당신을 치켜세울 것이다. 많은 사람이 같이 당신을 치켜세운다면 결과는 말할 필요도 없는 것이다. 위소보가 사용한 이 수단을 살펴보도록 하자.

소액도가 말했다. "이것은 황제의 큰 복이자 당신의 기지입니다."

위소보가 말하길, "오늘 위로부터 아래까지 모두 큰 공로를 세웠습니다. 만약 흠차대신(欽差大臣 황제의 명령으로 보내던 파견인)과 소 대인이 친히 현장에 나서 용기를 내어 싸우지 않았더라면 오늘 우리는 쉽게 승리할 수 없었을 것입니다."

흠차대신과 소액도는 크게 기뻐하며 감격에 어찌할 바를 몰랐다. 실은 방금 전의 조사과정에서 그 두 문관은 무력적인 마찰을 피해 멀리 숨어 있었다. 하지만 위소보가 그들을 치켜세움으로써 그들은 마음을 편히 가질 수 있었고, 위소보 또한 자신만의 공을 세웠다. 결국 위소보는 조정에서 상을 받았고 그 공로를 인정받았다.

위소보는 '남을 치켜세우는' 효과를 잘 알고 있었기에 큰 비용을 들이지 않고 흠차대신과 소액도를 치켜세워 그들을 기쁘게 하였다. 결국 흠차대신은 북경에 돌아간 후 황제 앞에서 위소보를 칭찬하여 원래의 공로보다 훨씬 더 큰 공로를 인정받았다.

위소보는 자신보다 지위가 높은 사람에게 아첨하는 방법을 알고 있었으며, 또한 자신과 같은 지위에 있는 사람을 치켜세우는 법도 알고 있었다. 일반적으로 전쟁이 벌어지면 양쪽 모두 해를 입기 마련이다. 그래서 결국 그 양편이 아닌 새로운 세력이 이득을 보는 경우가 허다하다. 당신이 남을 치켜세우려 한다면, 다른 사람에게도 당신을 치켜세울 수 있는 기회를 주어야 한다. 다른 사람이 당신을 치켜세워줄 때 당신은 이미 특별한 사람이 되는 것이다.

위소보가 처음 소계자(小桂子 위소보가 환관이었을 때의 이름) 신분으로 도박을 할 때, 처음에는 속임수를 최대한 쓰지 않아 다른 사람들이 자신의 진면목을 알아보지 못하게 하였다. 그는 사람들이 긴장을 늦추고 있을 때쯤 속임수를 써 큰 돈을 벌어들여 다른 사람들을 초조하게 만들었다. 하지만 그는 여기서 딴 돈을 다른 환관들에게 나누어 주면서 그들의 신임을 얻었을 뿐만 아니라, 그들이 자신의 말을 듣게끔 만들었다.

체면을 지나치게 중시하지 않고 열린 생각을 갖다

위소보가 사용했던 작은 수단들로는 어느 정도의 성공을 거둘 수 있었지만 크게 성공을 이루기에는 부족했다. 여기서 반드시 필요한 것이 지혜였다. 위소보는 비록 배우지 못한 사람이지만 강호에서 필요로 하는 많은 지혜를 갖고 있었다. 그것은 바로 '책임질 수 있는 것은 감당하고, 필요 없는 것은 놓아버린다'는 지혜였다.

‖ 필요 없는 것은 놓아버려라 - 절정에 이른 심리 소양 ‖

위소보가 다른 사람들에게 주는 인상은 낯이 두껍다는 것이다. 그렇다. 만약 그가 철면피가 아니었다면 어떻게 7명의 부인의 마음을 사로잡을 수 있었겠는가? 위소보는 자신의 마음에 든 여자는 절대로 놓치지 않았다. 하지만 그는 결코 강압적인 방법을 쓰지 않았다. 강압적으로 얻으려고 하면 오히려 아무것도 얻을 수 없다는 것을 그는 이미 터득하고 있었다. 그는 가장 관건이 되는 시기에 자신의 진면목을 보여주어 순조롭게 7명이나 되는 여자의 마음을 사로잡았다.

생활 중에 낯이 두껍다는 것은 일종의 성격 표현이지만 인간관계에서 낯이 두껍다는 것은 지혜가 될 수 있다. 중국인은 체면을 매우 중요하게 생각한다. 심지어 "사는 데 고생스럽더라도 어떻게 해서든지 체면만은 지키려 한다"라는 말이 있을 정도이다. 사람들 모두 이 도리를 잘 알고 있지만 이러한 종류의 허영을 버리느냐 버리지 않느냐는 완전히 별개의 문제이다.

철면피 위소보는 바로 이 방면에 생각이 열려 있는 사람이었다. 많은 사람들을 얽매어놓은 체면의 속박에서 그는 실속있게 벗어날 수 있었고 위기가 찾아올 때마다 이 체면을 벗어던지고 자신에게 닥친 위기를 극복해나갔다.

예를 들어, 위소보는 몽고의 한첩마(罕帖摩) 앞에서 매국노인 오삼계의 아들을 사칭하여 그의 신임을 얻었고, 또 귀(歸)씨 부인 앞에서 오삼계의 조카를 사칭하여 위험에서 벗어났다. 오삼계는 자신의 부귀영화를 위해 나라를 팔아먹어 당시 천하의 비난을 받던 인물이었다. 물론 오삼계가 비난을 받고 있는 상황에서 또 다시 그와의 관계를 끌어들인다는 것이 수치임을 잘 알고 있었다. 하지만 생사의 관문에서 그러한 체면은 크게 중요하지 않았다. 그는 스스로를 위안하며 말했다.

"나는 몽고의 한첩마 앞에서 오삼계의 아들이라고 사칭한 적도 있는데, 그의 조카가 되는 일이 뭐 대수로운가? 다음에는 오삼계의 아버지를 사칭해봐야겠구나."

아마 어떤 사람들은 위소보의 이러한 수단을 비난할 수도 있다. 사내 대장부로서 초라하게 죽음을 두려워하며 어찌 간사한 수단을 사용한단 말인가! 하지만 위소보의 이름보다 실익을 좇는 태도는 일을 추진하는 데 있어 어떠한 것에도 흔들리지 않았다.

위소보는 청목당의 사람들이 그를 부추겨 목왕부에 보복하고 싶어 하는 의도가 있다는 것을 간파하였고, 모두가 자신이 이 일을 맡아 책임지길 바란다는 것을 알았다. 그래서 그는 자신의 생각을 사람들 앞에서 말했다.

"형제들이여, 내 비록 향주이긴 하나 그냥 운이 좋아 오배를 죽인 것에 불과하고 능력도 뛰어나지 않으며 계책을 세울 줄도 모르오. 내가 보기에 현정도장(玄貞道長)이 이 일을 맡기에 적합하다고 생각하는데 어떻겠소?"

다른 사람으로 바꾸어 생각해보자. 만약 일반 사람들이라면 비록 심리적으로 두렵긴 하더라도 자신의 체면을 차리기 위해서라도 그 일을 맡는다고 했을 것이다. 하지만 위소보는 향주라는 지위의 체면을 전혀 생각하지 않았다. 솔직히 그들은 그에 대한 존경심은 없었다. 하지만 이런 종류의 동료애는 유연하게 생겨날 수 있다. 일을 하는 데 있어 좀 더 영리한 모습을 보여주면서 그는 자신의 열세를 좋은 방면으로 바꾸어 나갔다.

위소보는 자신을 꾸미지 않고 자신의 장단점을 솔직히 말하였다. 이러한 점은 인간관계에 있어서 효과가 매우 좋았다. 예를 들어, 목검성(沐

劍聲)의 사부에게 자신을 소개하며 말하길, "어릴 적에는 그저 평범했습니다. 영재도 아니고 기재(奇才)도 아니었습니다. 사실 약간 미련합니다." 그때 백사부가 그의 팔을 비틀자 그는 "제길"이라고 외쳤다. 향주라는 신분으로 이러한 말을 내뱉었다는 사실은 사람을 깜짝 놀라게 하였고, 백사부는 위소보를 매우 드물고 진귀한 인재라고 생각했다. 사람들은 이 사실의 진위를 논하기 전에 먼저 감탄한다. 왜냐하면 그들은 체면을 버리면서 그렇게 할 수 없기 때문이다.

이처럼 위소보의 소양은 다른 사람들과는 달랐다. 요새 말로 바꾸어 말하면 EQ가 높다고 할 수 있다. 그는 소현자(小玄子)와의 무공 시합에서 항상 졌지만 마음속으로는 스스로에게, '이기고 지는 것으로 영웅을 가릴 수 없다. 도박장에서는 내가 이기지 않는가?'라며 마음속에 담아 두지 않았다. 사실 그는 무공에 큰 뜻이 없었다. 그는 마음속에 훨씬 큰 계획을 세우고 있었다. 따라서 역경에 빠지면 그 혼란스런 감정에서 쉽게 빠져나올 수 있었다.

한번은 그가 해공공(海公公)에게 붙잡혀 곧 죽게 될 지경에 놓여 있었다. 그때 그는 스스로를 위안하며, "이런, 오랫동안 가마도 타보지 못했는데 오늘 효성스런 아들이 드디어 가마를 탈 수 있게 해주는구나. 정말 착한 아들이야."

결국 그는 해공공에게 발각되고 한 대를 맞아 상처를 입은 후 마음속으로 생각했다.

'내 모든 것이 다 밝혀졌구나. 해공공도 내가 가짜라는 것을 알아버렸으니 더 이상 궁중에 머물 수도 없는 신세군. 다만 아쉬운 것은 45만 냥

의 돈을 날리게 되는구나. 횡재로 그 많은 돈을 벌었는데 하루아침에 다 써버리다니.'

이처럼 그는 어려운 상황에 빠지면 갖가지 방법으로 스스로를 위안하였다. 실생활에서도 어려운 처지에 빠져있을 때 먼저 자신을 잘 타이르고 긍정적인 방향으로 생각하면 상황은 좋은 쪽으로 발전하기 마련이다.

위소보의 이러한 태도는 어떠한 어려움도 극복할 수 있게 해주었다. 게다가 급박한 상황에서도 일반 사람들에게는 없는 여유로운 지혜가 출중했기에 서로 반대 성향을 가진 청나라 궁정과 천지회의 중용을 얻을 수 있었다. 그는 이 둘 사이의 관계에서도 출중한 능력을 보여준다.

어떠한 규범에도 속박되지 않는 위소보는 자신이 마음먹은 대로 일을 행하였고, 또 언제든 그 방법을 바꿀 수 있었기에 대부분의 일을 성공으로 이끌었다. 그는 스스로 많은 일들을 성공시켰는데 백성들에게 도움이 되는 일들뿐만 아니라 강호의 많은 대장부들을 위험한 상황에서 구출해 내기도 한다. 만주의 제일용사 오배를 제거한 일, 오삼계의 반란을 평정하는 데 참가한 일, 외부 침략자들을 무찌른 일 등, 그가 해낸 일은 수없이 많았다.

만약 근엄하고 유교적 가치관을 엄수하는 사람들이라면 이 중 어느 것 하나 제대로 성공하지 못했을 것이다. 그들에게 뛰어난 무공과 잘 조직된 단체가 있었지만 그래도 성공여부는 확실치 않다. 이처럼 신축자재한 자신의 성격에 따라 다양한 수단으로 일을 처리했던 위소보는 확실히 그들보다 성공의 가능성이 높았다.

책임질 수 있는 것은 감당하라

위소보는 음모가 끊이지 않는 황궁과 강호에서 솜씨 있게 일을 처리했다. 그에게는 유연성 있는 태도와 작은 수단도 꺼리지 않는 처세 외에도 또 다른 방법이 있었다. 그것은 바로 아첨과 허풍의 능력이다. 그는 언제 어느 상황에서 능력을 발휘해야 할지를 명확하게 알고 있었다. 가장 대표적인 일화는 그가 서장(西藏 티베트)의 상결(桑結) 대라마(大喇嘛)와 몽고 갈이단(葛爾丹) 왕자 앞에서 엉터리로 허풍을 떤 사건이다. 그는 이 두 사람을 원수지간에서 형제사이로 만들어 강희제를 위해 큰 공로를 쌓았다. 이 일화의 대략은 다음과 같다.

위소보가 흠차대신으로 양주에 도착했을 때 몰래 쌍아(双兒)를 데리고 여춘원(麗春院)으로 갔다. 하지만 그곳에서 서장의 상결 대라마와 몽고의 갈이단 왕자를 만났다. 과거 위소보는 구난(九難)과 함께 계략을 써서 20명이 넘는 서장 라마를 죽인 적이 있었다. 그들은 모두 상결 대라마의 형제들이었기에 상결은 당연히 그에 대한 원한이 컸다. 또한 위소보와 갈이단 왕자 사이에도 적지 않은 갈등이 있었다. 위소보는 도망가려야 갈 수도 없는 처지에다 구원을 요청하기는 더욱 어려운 상황이었다. 이때 위소보는 바로 아첨과 허풍 떠는 능력을 발휘한다.

위소보는 먼저 상결 대라마를 대영웅이라고 칭찬한다. 하지만 어떻게 칭찬할 것인가? 상대가 그 칭찬에 공감이 가도록 하려면 타당한 이유가 있어야 한다. 위소보는 상결이 오랫동안의 경험과 수련을 통해 모두의 존경을 받는 무학(武學)의 대가라 칭찬하며, 이전에 위소보가 화시분이라는 독으로 상결을 공격했을 때 자신의 손가락을 잘라 목숨을 건진 사실을 들어 그를 진정한 영웅이라고 치켜세운다. 이 모든 과장은 어느 정도의 사실에 근거를 둔 것이었기에 상결은 점점 기분이 좋아졌고 결국 만면에 웃음을 띠게 된다. 대라마의 불성이 어느 정도인지는 알 수 없지만 그의 인성에는 약점이 있었다. 그 약점이 바로 위소보가 그를 공략할 여지를 남겨준 것이다.

대라마를 공략한 위소보는 몽고의 왕자 갈이단을 치켜세우기 시작했다. "당신의 무공은 소림사의 주지스님인 방장(方丈)보다도 높습니다." 사실 소림사의 무공은 갈이단보다 훨씬 강했다. 여기에서 위소보는 대라마를 공략한 방식과는 다르게 갈이단을 공략한다. 왜냐하면 그는 이미 갈이단 왕자가 그 지위를 제외하고는 다른 어떠한 방면에도 상결을 따라갈 수 없다는 것을 알고 있었다. 갈이단 왕자는 지위가 높기에 체면을 중요시했다. 위소보는 그의 체면을 중시하는 심리를 이용하여 그를 공략한 것이다.

그렇다면 어떻게 하여 두 사람의 관계를 개선시켜 오삼계와 대립하게 만들었을까? 위소보에게는 그들의 마음을 변화시킬 만한 계책이 있었다. 그것은 바로 진원원(陣圓圓)이었다. 그는 진원원이 얼마나 아름다운지에 대해 허풍을 떨기 시작했다. 먼저 곤명(昆明)에서 그녀를 보기 위해 사람들이 몰려들다가 수천 명이 죽었고, 곤명의 스님은 진원원을 보고 난 뒤 환속했다고 허풍을 떨었다. 또한 오삼계의 사위이자 대장군인 마보(馬寶)는 진원원을 어루만졌다가 오삼계에게 40대를 맞았으며, 그 후 오삼계는 누구든 다시 한번 그런 일을 하면 손을 잘라버린다고 했다고 허풍을 떨었다. 위소보가 이렇게 자신 있게 얘기할 수 있던 것은 오삼계는 한번 화가 나면 얼굴이 빨개진다는 것을 알고 있었기 때문이다. 이야기를 마친 위소보는 다시 본 문제로 돌아가 강희제와 오삼계가 전쟁을 시작한 것은 진원원 때문이라고 하면서 두 사람의 경계심을 낮추었다.

대라마와 갈이단은 위소보의 말을 듣고 마음이 쏠려 자연스럽게 그 사실을 믿게 되었으며, 강희제와 오삼계의 전쟁에 끼어들어봐야 득 될 것이 하나도 없다는 생각을 하게 되었다. 결국 위소보는 온갖 감언이설로 두 사람을 설득시켜서 오삼계를 돕지 않겠다는 대답을 들었고 위소보와 그들은 의형제 관계를 맺었다.

위소보는 위험한 상황에서 빠져나왔을 뿐 아니라 강희제를 위한 공로도 쌓게 되었다. 이 일은 위소보가 두 가지 일을 한꺼번에 이루어낸 걸작이라 할 수 있으며 그 위력 또한 대단했다.

위소보의 과장과 허풍떠는 능력은 실로 대단했다. 살아가는 동안 자신만의 능력은 분명히 필요하다. 위소보는 자신만의 장점을 잘 살려 위세 등등하게 천하로 걸어 나왔고 위험을 벗어나 안전한 상태에 안착했다. 그 뒤로 모든 일은 순조롭게 진행되었다.

두려울 것 없는 담력과 식견

머리가 뛰어나고 긍정적인 마음가짐을 가진 자는 강호에서 생활하기에 충분하다. 하지만 자신의 명성을 떨치고 공적을 세우기에는 부족하다. 재능이 특출 나려면 남을 능가하는 담력과 식견이 있어야 하며 대담하고도 세심한 면모를 두루 갖추어야 한다. 기예가 뛰어난 사람은 담력이 크고, 유명한 호걸들은 강한 무공으로 인해 두려움이 없다. 하지만 무공이 약한 위소보는 선천적인 큰 담력과 후천적으로 배운 식견을 통해 천하를 다스려 나갔다.

‖ 담력이 클수록 기회가 많다 ‖

위소보는 총명할 뿐만 아니라 담력이 매우 컸다. 위소보가 용감하게 나서 영웅 모십팔을 구하고 사송을 죽였을 때 겨우 13살에 불과했다. 물론 그 당시 두려운 마음도 있었지만 그 일이 있은 후에 담력은 점점 더 커져갔다. 가짜로 환관 소귀자를 연기하면서 황상과 무술을 겨루고, 건녕(建寧) 공주를 때리고, 태후와 싸우는 등 위소보가 행한 많은 일들은 다른 사람들이 감히 생각할 수도 없는 것이었다. 하지만 무지(無知)는 곧 무외(無畏 두려움이 없다)를 의미한다. 위소보는 바로 이런 인물이었다. 결국 그는 자신의 담력을 이용하여 남다르게 뛰어난 인생을 만들어갔다.

위소보의 담력은 과연 얼마나 컸을까?

그는 모십팔을 만나자마자 친구가 된다. 그리고 만주의 제일 용사인 오배를 보기 위해 모십팔을 따라 북경(北京)으로 간다. 하지만 누가 알았겠는가? 오배는 사람을 죽일 때에도 눈 한번 깜짝 안 하는 무시무시한 자였다는 것을. 일반 사람들은 그의 이름만 들어도 무서움에 떨었지만 위소보는 천성적으로 두려움을 모르는 성격이라 이 오배라는 사람을 직접 보고 싶어 했다.

북경성에 막 도착했을 때 천성적으로 말썽 일으키기를 좋아하는 위소보는 무공이 강한 환관 해대부(海大富)에게 사로잡혀 황궁에 끌려 들어간다. 당시 해대부는 중병에 걸려 소귀자가 바쁘게 뛰어다니며 약을 준비하고 있었다. 위소보는 해대부를 죽이지 않는다면 자신도 살 길이 없다고 여기고 몰래 해대부의 약에 독약을 타 넣었다.

해대부가 약에 중독되어 쓰러졌고 그로 인해 눈이 멀게 되었다. 그때 위소보는 큰 담력을 발휘해 소귀자까지 죽였다. 하지만 해대부는 위소보가 쉽게 도망가지 못하게 하였다. 해대부는 자신의 눈을 멀게 한 위소보를 죽이지 않고 오히려 그를 이용하기로 결정한다. 즉 위소보로 하여금 소귀자의 역할을 하도록 하여 태후궁전에 들어가 경전을 훔쳐 오게 한다. 해대부가 그를 죽이지 않은 이유는 위소보의 총명함과 담력을 높이 사 자신의 계획을 실현하는 데 이용할 수 있겠다는 생각이 들어서였다. 이렇게 위소보는 황궁에서의 생활을 하기 시작한다.

어떠한 배경도 없는 부랑자에 불과했던 위소보가 이처럼 황궁에서 생활할 수 있게 된 것은 바로 그의 큰 담력 때문이었다. 그 덕분에 결국에는 황제와 황후 같은 인물들을 만날 기회도 생겼고 이후에 녹정공이라는 벼슬까지 얻을 수 있었다. 담력과 식견이 없는 사람은 좋은 기회가 오더라도 그 기회를 잡지 못한다. 비록 실패는 하지 않겠지만 성공의 기회는 사라져버린다.

여기 또 하나의 일화가 있다. 이 일화를 통해 다시 한번 위소보의 담력을 확인할 수 있다. 오배는 만주 제일의 용사로 권력이 강했기 때문에 아직 나이가 어린 강희황제를 무시했다. 자기 마음대로 행동했으며 심지어 황제도 공경하지 않았다. 이러한 태도에 강희제는 매우 화가 나 있었고 눈엣 가시였던 오배를 제거하기로 결심한다.

하루는 오배가 고명대신(顧命大臣 임금의 유언으로 나라의 뒷일을 부탁받은 대신)을 살해하여 강희황제에 대항하였고 이 일로 인해 어린 황제는 체면을 완전히 잃게 되었다. 이때 위소보가 등장한다. 그는 성난 목소리로 오배가 황제를 위협한 것을 질책하면서 죽여야 마땅하고 그 집은 몰수해야 한다고 주장했다. 생각지 못한 위소보의 이 호통은 효과가 있었다. 오배는 놀라서 바로 두 손을 모아 공경을 표했고 황제는 곤경에서 벗어나게 된다. 그야말로 일거양득이 아닐 수 없었다.

‖ 호랑이 굴에 들어가라 ‖

위소보는 13살부터 강호에 뛰어들었다. 많은 곳들을 돌아보았고 거의 모든 곳에서 여러 가지 위험한 상황에 빠지게 된다. 하지만 매번 그는 위험을 도리어 수확으로 바꾸는 재간을 보여준다. 나이가 어리다는 사실은 담력이 크고 식견이 높은 위소보에게 아무런 문제도 되지 않았다.

그가 했던 많은 일들은 단독으로 행한 일이거나, 설사 도와주는 사람이 있었다고 해도 그 수가 매우 적었다. 이것을 통해 위소보는 많은 경험을 쌓고 또 많은 것을 얻게 된다. 대가가 있어야 수확도 있는 법이다.

강호의 많은 사람들은 8부로 된 《사십이장경(四十二章經)》을 얻기 위해 쟁탈전을 벌이고 있었다. 최후에 그 경서를 손에 넣은 자는 공교롭게도 위소보였다. 기적이라고 말하지 않을 수가 없다. 물론 어느 정도의 운도 따랐지만 더 중요한 원인은 위소보가 담력 있게 그 경서를 얻기 위해 노력했기 때문이다. 호랑이 굴에 들어가야지만 호랑이 새끼를 잡을 수 있다.

하루는 해대부가 위소보에게 황후궁에 몰래 들어가 경서를 훔쳐오도록 했을 때, 우연한 기회에 해대부와 태후의 대화를 듣게 된 위소보는 순치(順治) 황제와 관련된 비밀을 알게 된다. 태후는 위소보를 없애려다가 도리어 해대부와의 싸움에서 중상을 입어 위소부를 피해 다른 곳으로 도망간 뒤 서동(瑞棟) 총관에게 위소보를 잡아오라고 명령한다.

위소보는 얻을 것이 아무것도 없다는 생각에 황궁을 도망쳐 나온다. 하지만 그는 바로 떠나지 않고 원래 머물던 곳으로 돌아가 사태의 진전을 살펴본다. 서동은 위소보를 잡아들이라는 태후의 지시를 받게 되는

데, 무공으로 보면 위소보는 서동에 비할 바가 아니었다. 허나 위소보가 얼마나 총명하던가! 결국 서동은 위소보에게 죽임을 당하고 만다. 그리고 위소보는 서동이 가지고 있던 《사십이장경》 두 권을 얻게 된다. 만약 위소보가 처음부터 두려워하여 황궁에서 도망쳐버렸다면 이러한 수확은 없었을 것이다.

이 일로 위소보는 또 다른 수확을 얻었다. 강희제가 위소보에게 내린 명이 바로 그것이었다. 오태산(五台山)에 가서 순치(順治)황제의 소식을 알아오라는 명을 받들고 그는 길을 떠났는데 오태산으로 가는 길은 매우 험한 여정이었다. 위소보는 길을 가는 도중 장노삼(章老三)의 습격을 받았으며, 신룡교의 사람들에게 목검병(沐劍屛)과 방이(方怡) 두 명의 미녀를 빼앗겼다. 다행히 길에서 새롭게 알게 된 쌍아가 자신을 구해주었기에 도망칠 수 있었다. 쌍아는 위소보와 함께 동행하였고 중간에 서장 라마들을 만나 또 한번의 싸움을 벌였다. 쌍아의 무공이 워낙 뛰어나 무사할 수 있었지만 만약 그가 아니었다면 위소보는 이미 저 세상 사람이 되었을 것이다.

위소보는 어렵게 영구사(靈柩寺)를 찾았지만 순치황제는 보이지 않고 오히려 서장 라마들의 공격만 받아 혼란에 빠지게 된다. 하지만 위소보는 어려움과 후퇴를 모르는 사람이었다. 순치황제를 만나지 않고 하산한다면 이는 강희제의 지시를 어기게 되는 것이고, 또 그의 성격상 하산할 수도 없었다. 천신만고 끝에 소림사의 도움을 받아 순치황제를 결국 만나게 되고 강희제가 내린 임무를 완성하게 된다.

오태산에 갔다 오면서 위소보는 많은 수확을 얻었다. 쌍아와 같이 지혜롭고 무공도 뛰어난 여자를 만나게 되었고, 순치황제에게서《사십이장경》한 권도 얻게 된다. 그 후로도《사십이장경》을 얻는 과정에서 위소보의 담력은 큰 힘을 발휘했고 결국 책 전부를 자신의 손 안에 넣게 된다.

위소보는 모험가이며 도전을 좋아했다. 위험한 순간일수록 더 큰 기지를 발휘했고 계속해서 앞으로 전진해 나갔다.

말썽을 일으켜 자신의 재능을 표현하라

성공은 어떤 의미에서 많은 사람의 구심점이 되는 것이고 다른 사람들을 끌어모으며 또한 스스로에게는 재능을 발휘할 기회를 주는 것이다. 어떠한 방식으로 목적을 달성했느냐에 관해 묻는다면 위소보가 사용한 방법은 바로 말썽을 일으키는 것이었다.

‖ 말썽을 일으켜 사람들의 초점을 모으라 ‖

위소보는 무공과 학식에 관심이 없었다. 그는 늘 말썽 일으키기를 좋아했다. 매번 말썽을 일으킬 때마다 자신의 이름을 드높일 수 있었기 때문이다. 이 점으로 봤을 때 위소보는 말썽을 일으키는 방법을 이용하여 기회를 잡아 자신을 표현했고 성공할 수 있는 초석을 세우게 된다.

위소보가 말썽을 일으킨 방법은 다양하다. 한 번 일으킬 때마다 멋진 수법을 보여주었으며 그에게 있어서는 일종의 유익한 단련이었다.

위소보와 모십팔이 북경성에 도착한 후, 모십팔은 천자 수하의 사람들이 두려워 행동거지가 매우 신중하였다. 하루는 두 사람이 식사를 하는 중에 여러 사람이 술집 심부름꾼을 괴롭히는 모습을 목격하게 된다. 천성적으로 말썽일으키기를 좋아하는 위소보는 바로 한 가지 방법을 생각해냈다. 그는 용기를 발휘해보고 싶은 마음뿐 아니라 구경거리도 만들고, 덩달아 모십팔의 무공이 어떠한지 볼 수도 있는 좋은 기회라 생각했다. 그야말로 '일거삼득'이었다.

위소보는 갑자기 일어나 괴롭히는 사람들을 꾸짖으며 모십팔은 너희들을 모두 이길 만한 무공이 있다고 소리쳤다. 위소보의 말에 그들은 바로 모십팔을 향해 공격해왔지만 모십팔은 예상대로 그들을 모두 무찔렀다. 그런데 지친 모양을 하고 있던 늙은 환관 해대부가 예상치 못하게 위소보와 모십팔을 잡아들였다. 해대부의 무공이 그만큼 대단한지는 위소보도 예상하지 못했던 것이다.

비록 이 말썽이 위험하기도 하고 그다지 성공하지 못해 황궁에 잡혀 들어갔지만, 위소보는 황제가 머무는 곳을 볼 수 있다는 생각에 후회하지 않았다. 게다가 위소보는 몇 차례의 위험한 고비를 넘기고 이후 황상의 심복까지 되었으니 이 얼마나 행운인가!

위소보는 황궁에서도 말썽을 일으키는 역할을 하였다. 한번은 먹을 것을 훔쳐 먹고 있던 위소보가 무공을 훈련하는 방에서 소황제(강희)를 보게 되었다. 소황제의 얼굴을 몰랐던 그는 소황제를 도둑으로 몰아 넘어뜨렸다. 그것도 온 힘을 다해 넘어뜨렸다. 만약 다른 사람이었다면 자신의 가짜 신분이 탄로 날까 두려워 일찌감치 숨었을 것이다. 하지만 그는 말썽을 일으켰고, 그 담력은 실로 일반 사람과는 달랐다. 소황제는 여태껏 이처럼 담력이 큰 자를 본 적이 없었다. 그래서 위소보가 다른 환관들이랑은 다르다는 생각을 하게 되었고 마음속으로 그를 흠모하게 된다.

위소보가 처음 건녕공주를 보았을 때, 천성적으로 난폭했던 건녕공주에게 맞아 머리에 피가 났다. 만약 다른 환관이었다면 엎드려 벌벌 떨며 살려달라고 빌었을 것이다. 하지만 위소보는 달랐다. 그는 눈에는 눈, 이에는 이라는 생각으로 상대가 금지옥엽의 공주라는 것을 알면서도 망설임 없이 말썽을 일으킨다. 뜻하지 않았지만 이러한 돌발행동 덕분에 위소보는 건녕공주의 호감을 얻게 되었다.

위소보의 말썽은 보통 사람들과 달리, 어떠한 목적을 위해서가 아니라 천성적으로 말썽을 일으켰다. 생각이 들면 바로 행동에 옮기고 매번 위험을 겪을 때마다 새로운 경험을 쌓아 나갔다. 이러한 그의 '말썽 일으키기'는 우리로 하여금 박수를 치게끔 만든다.

‖ 말썽을 일으켜 자아를 표현하라 ‖

위소보는 평생 동안 말썽 일으키는 것을 좋아했다. 하지만 그가 일으킨 모든 말썽이 다 성공의 빛깔을 띠고 있었던 건 아니다.

위소보와 아가(阿珂), 그리고 여승 구난(九難)이 아기(阿琪)를 찾으러 가는 도중에 불행하게도 여섯 명의 서장 라마와 마주쳤다. 그들은 여승의 목숨을 빼앗으려 하였고 아가는 놀라서 혼비백산하고 있었다. 이때 마음속으로 아가를 애모하고 있던 위소보는 자신의 능력을 아가에게 보여주어 그녀의 환심을 사고자 하였다.

비록 무공에 소질이 없던 위소보였지만, 그가 가지고 있던 보검의 힘으로 그는 라마를 물리친다. 위소보와 아가는 부상당한 여승을 부축하여 길을 가던 중 정성공(鄭成功)의 손자 정극상(鄭克塽)과 그의 수행비서들을 만나 그들과 함께 길을 재촉하게 되었다.

하지만 얼마 지나지 않아 그들은 또 여덟 명의 라마와 마주치게 된다. 이미 중상을 입은 여승은 싸울 기력이 없었고 정극상과 그의 수행비서들은 아무 재주도 없는 사람들이었다. 결국 라마에 의해 죽게 되고 위소보와 아가 두 사람만이 남았다. 위소보의 무공도 형편없었지만 젊고 아름다운 아가의 무공 역시 라마들의 상대가 되지 않았다. 이때 위소보는 또 한번 마음속으로 아가 앞에서 자신의 재능을 표현하고 싶었다.

그는 오배에게서 훔친 갑옷과 보검, 해대부에게서 얻어온 화시분으로 라마들과 싸우기 시작했다. 먼저 위소보는 어리고 키도 작았기에 라마들에게 말로 싸우자는 제안을 했다. 결과적으로 위소보는 하삼람의 수단을 이용해 그들을 혼란케 했고 그 새를 틈타 몇 명을 죽이고 화시분을 뿌려 나머지 네 명까지 모두 죽였다.

이 경험에서 위소보는 자신의 대담성을 충분히 발휘했으며, 자신이 좋아하는 사람 앞에서 마음을 표현할 수도 있었다. 특히 아가의 마음속에 있던 정극상 앞에서 자신의 능력을 표현할 수 있어서 더욱 기뻤다.

정극상은 정성공의 손자였다. 명문집안 출신에 태도가 항상 당당하여 아가는 정극상을 깊이 흠모하였다. 아가의 눈에 위소보는 그저 부랑자에 불과했기에 그를 좋아하지 않았다. 위소보는 아가의 마음을 얻기 위해 많은 노력을 기울였지만 아무 소용이 없었다. 그래서 결국 정극상을 이용하여 아가의 마음을 얻기로 결심한다.

어느 주점에서 위소보는 황제를 보호하는 총관 다륭(多隆)을 우연히 만났다. 그는 다륭에게 정극상의 잘못을 고의로 들추어내도록 했다. 다륭은 일반 군관으로 가장하여 정극상을 찾아가 기녀를 상대하고 돈을 내지 않았으니 관에 같이 가줘야겠다고 말했다. 정극상은 당황하여 어찌할 바를 몰랐고 아가는 원망과 사랑의 마음이 교차하였다. 어떻게 해야 할지 모르는 상황에서 정극상은 위소보를 찾아가 도움을 청했고 위소보는 그를 도와준다.

하지만 아가는 여전히 정극상을 마음에 두고 있었다. 위소보는 다른 방법을 사용해야겠다고 생각하고 친구인 오립신(五立身)을 만나 계획을 알려주었다. 오립신은 그길로 정극상을 찾아가 그를 욕하면서 자신의 여동생을 강간했으니 여동생을 부인으로 맞이하라고 강요했다. 그러지 않으면 다리를 절단내 버리겠다고 위협했다. 정극상은 생각할수록 화가 났으나 대체 누가 이런 누명을 씌우는지 알 수가 없었다. 결국 아가의 정극상에 대한 의심은 나날이 커져가게 되었다.

그 당시 아가는 별다른 방법이 없어 다시 한번 위소보에게 도움을 청했다. 결국 위소보는 정극상을 곤경에서 빠져나오게 도와주고 정극상은 그 은혜에 깊이 감사해 했다.

이 모든 것들이 위소보의 '말썽을 일으키는' 계책에서 나온 것이다. 위소보는 다른 사람들의 존경도 얻었으며 자신이 좋아하던 여자의 호감마저 얻게 되었다.

위소보는 계속해서 성공을 이루며 탄탄대로를 걸었다. 점차 많은 사람들이 위소보라는 이름을 알아갔으며 시간이 지날수록 그것은 존경으로 바뀌어갔다.

❈ 사람을 쓰는 기술 ❈
위소보가 집안을 일으켜 성공할 수 있었던 비법을 배워봅시다

　수학자 화라경(華羅庚) 선생은 '무협소설은 성인들의 동화'라고 말한 적이 있다. 이 말은 무협소설에 대한 객관적 평가였다. 만약 모든 무협소설이 김용의 《녹정기(鹿鼎記)》와 같다면 이렇게도 말할 수 있을 것이다. "무협소설은 성인들의 사회적 지침서이다." 《녹정기》는 의심이 필요 없는 무협소설의 걸작이다. 그 안에는 사회 각 방면의 모습이 잘 드러나 있으며 사교, 인간관계, 전쟁 등 많은 것을 서술하고 있다. 《녹정기》의 위소보를 보면서 독자들은 웃음을 터뜨릴 것이다. 하지만 그 웃음 뒤에서 우리는 시정의 무뢰한이자 건달이었던 그가 어떻게 성공할 수 있었는지를 발견할 수 있다. 그에게는 일반 사람들이 갖고 있지 않은 특별한 능력이 있었다. 우리는 그의 비범한 능력을 얼마나 습득할 수 있을까?

1. 목표를 위해 저돌적으로 나아가다

　위소보가 사용했던 많은 수단들은 모두 그의 목표를 달성하기 위한 것이었다. '흑묘백묘'(黑猫白猫)란 말처럼 쥐를 잡기만 한다면 흑이든 백이든 좋은 고양이가 되는 것이다. 그는 강희제가 자신에게 부여한 임무를 사명을 다해 완수해내고 천지회에서의 온갖 어려움을 극복해낸다. 심지어 어떤 수단과 방법을 쓸 때 조금도 어색해하지 않는다. 이는 바로 목표를 제일 우선으로 두는 그의 마음가짐에서 비롯된 것이다. 원리는 사실 매우 간단하다. 다만 일반의 사람들은 감히 할 엄두를 내지 못하는 것뿐이다. 예를 들어 천지회의 총타주(總舵主 직위 이름)인 진근남(陣近南) 등은 전통도덕과 강호상의 규범에 얽매여 일을 할 때 항상 머뭇거렸다. 그렇게 시간을 지체하다 보면 일의 효율이 떨어지는 것은 당연했다.

2. 지위가 높은 사람 앞에서 우스운 꼴을 보이다

큰 인물이나 상급자 앞에서 떨면서 기를 펴지 못할 이유가 없다. 만약 그러한 사람들 앞에서 긴장한다면 그들은 당신을 우습게 볼 것이다. 이것이 바로 '제만물'(齊万物 어떤 것도 두려워하지 않는다)의 관념이다. 위소보는 비록 시정 부랑자 출신이었지만 어떤 사람을 만나도 두려워하거나 긴장하지 않았다. 예를 들어, 황제, 대신, 강호상의 대협객, 각 파의 두목을 만날 때도 그는 자신만만했다.

대부분의 사람들은 천성적으로 자기보다 지위가 높은 사람 앞에서 두려움을 갖게 된다. 지위가 높은 사람과의 만남을 원하지 않든, 감히 만나지 못하는 것이든, 만약 두려움의 마음을 갖고 만나게 된다면 그들에게 조소를 당할 우려가 있다. 이것은 일종의 심리적 장애이다.

간단하게 말해 이것은 일종의 성장과정에서의 두려움이다. 또한 이것은 심리 동력학 이론의 한 가설이기도 하다. 즉, 인간은 실패를 두려워하면서도 성공 또한 두려워한다는 것이다. 그것은 자신이 위대해지는 것에 대한 두려움을 반영하는 일종의 정서상태이다. 이러한 심리상태는 우리가 충분히 할 수 있는 것도 잘 할 수 없게 만들며 심지어 타고난 잠재력도 발휘하지 못하게 만들 수도 있다.

3. 담력과 식견이 남을 능가하고, 담력이 크면서도 마음은 세심하다

이 점은 의심할 여지가 없다. 만약 담력과 식견이 없다면 성공과는 점점 멀어지게 될 것이다. 성공은 담력과 식견이 있는 사람에게만 찾아온다. 담력이 작은 쥐는 영원히 어두운 곳에서 생활할 것이며 태양의 찬란함을 보지 못할 것이다. 알리바바가 외친 '열려라 참깨'와 같이 기적을 바라며 주문만 외친다고 해서 산은 결코 열리지 않는다.

담력과 식견은 일종의 능력이며 일종의 모험정신이다. 어떤 사람들에게는 이러한 모험정신이 부족하다. 한 철학자가 말한 적이 있다. "모험정신은 가장 귀중한 자원이다. 사람은 반드시 모험정신이 있어야 한다." 하지만 중국의 선인들이 남긴 말 중에는 이런 것이 있다. '부모가 살아계시면 멀리 갈 필요 없다', '과유불급', '중용', 이러한 말들이 바로 모험정신의 부족에서 나온 철학이다. 이 때문에 많은 중국인들은 가난한 처지에 놓여 있으면서도, 호기롭게 새로운 땅을 개척하던 미국 서부사람들의 저돌적인 모험정신은 받들지 않는다. 미국 현대 심리학자의 아버지, 윌리엄 제임스(William James)는 이렇게 말했다. "우리는 항상 모험정신을 갖고 있어야 한다. 그것이야말로 승리를 얻을 수 있는 유일한 비결이다." 즉, 사람의 모험정신은 희망과 자아를 실현시켜 줄 수 있는 일종의 역량이다.

4. 다양한 임기응변과 과감한 행동

이것은 위소보의 가장 특출한 능력이었다. 시세를 잘 판단하고 과감하게 행동하는 것은 개인의 성격과도 많은 연관이 있다. 그래서 더욱 배우기 어려운 부분이다. 죽어서라도 체면을 지키겠다는 많은 영웅호걸들은 걸핏하면 강호의 규범이 어떻다느니 하면서 죽음을 두려워하지 않는다고 말한다. 하지만 우리는 상대의 성향에 따라 그 사람을 대하는 방식이 달라지고 사용하는 수단이 달라지는 임기응변의 수법을 익혀야 한다. 특히 나쁜 짓을 일삼는 악인들을 대할 때에는 더욱 그러하다.

5. 정의를 받들고 친구와 넓게 교제하다

위소보가 일생 동안 사귄 친구는 무수히 많다. 게다가 의리를 내세워 그들에게 돈을 나눠주기도 했다. 그는 비록 돈을 좋아하고 죽음을 두려워하지 않았지만, 정의를 다른 어떤 것보다도 중요하게 생각했다. 그리하여 그는 무수히 많은 사람들의 신임을 얻게 되고 궁중에서는 환관에서 고명대신의 자리까지, 시정의 부랑자에서 영웅호걸까지 올라갈 수 있게 된다. 매순간 중요한 시기마다 친구들은 그를 도와주었다. 이것은 심지어 적의 탄복을 살 정도였다. 친구가 많다는 것은 그만큼 많은 길이 있다는 것을 의미하고, 원수가 많다는 것은 벽이 많다는 것을 뜻한다.

천하를 다스리는 데 있어서 이 원리는 정확하게 들어맞는다. 많은 사람들이 함께 노를 저어 큰 배를 끌고 나가는 과정을 생각해볼 때, 배가 물살을 가르며 바다 위를 질주하는 성공을 맛보기까지 그것은 무수히 많은 사람들의 노력과 도움이 있었기에 가능한 일이다. 혼자 힘써서 쉽게 성공을 거두었다는 말은 들어본 적이 없다. 물론 사람을 이용하려는 얕은 목적만으로 친구관계를 맺는 것은 좋지 않다.

하지만 도움이 필요할 때 친구관계를 활용하는 것은 매우 의미 깊다. 일의 성패를 좌우하는 중요한 시점에서 친구들은 많은 도움이 되기 때문이다. 지혜로운 수법과 착실한 계획으로도 성공할 수 없던 일이 때로는 친구들의 진실한 도움 속에서 이루어지곤 한다.

6. 사람의 마음을 잘 헤아려 신임을 얻는다

이 원리는 직장세계에서 가장 중요한 원칙이다. 위소보는 동료들의 존경을 받았을 뿐 아니라 상급자의 신임도 얻었다. 이는 그가 인심을 세심하게 헤아려보고, 그 분위기에 영합하는 데 능숙하여 신임을 얻었기 때문이다.

상대방의 말과 안색을 살펴보고 그 의중을 헤아리는 것은 인간관계에 있어서 기본적인 기술이다. 만약 그 기술이 없다면 바람의 방향을 잡지 못한 채 흘러가는 배 위에 있는 것과 같다. 직관은 물론 민감하지만 상대방의 속임에 빠질 가능성이 있기에 어떻게 추리하고 판단하여 그 의중을 헤아릴 수 있는지 이해하여만 한다.

말은 한 사람의 품격을 나타내고, 표정과 눈빛은 그 사람의 속마음을 알 수 있게 해준다. 옷차림과 앉아 있는 자세, 손짓 등은 무의식중에 자신을 드러낸다. 상대방과의 대화를 통해서는 그 사람의 지위, 성격, 속마음, 감정 등을 모두 알 수 있다. 따라서 말 속에 숨은 뜻을 찾는 것이 관건이다.

한 사람의 안색을 보는 것은 마치 구름을 보고 날씨를 말하는 것과 같다. 하지만 모든 사람이 기쁨과 분노를 얼굴색에 드러내는 것은 아니다. 오히려 겉으로는 웃고 있지만 속으로는 울고 있는 경우도 있다. 그렇기 때문에 우리는 겉으로 드러난 안색만이 아닌 그 속에 감추어져 있는 진정한 뜻을 찾기 위해 노력해야 한다. 만약 그럴 수 있다면 우리의 앞날에는 성공의 길만 열릴 것이다.

# 9

도처에서 수원(水源)을 얻은
두월생(杜月笙)

처세술의 절묘한 경지에 이른 **상해의 거두**

杜月笙 ——— 두월생

　　두월생(杜月笙), 혼란스러운 사회에서 가세를 번창시킨 인물, 구사회의 상해에서 유명했던 거두이다.

　　구사회(舊社會 보통 1949년 이전의 중국 사회를 지칭함)의 상해, 그 소란스러운 시대에 십리양장(十里洋場 상해를 가리키는 말. 19세기 후반 8개국이 중국을 침략하는 근거지로 삼았던 개항 도시의 외국인 거주지 '조계'가 많았기 때문에 이러한 명칭이 붙여짐)에서 수많은 병사를 거느린 군벌들도 해내지 못한 일을, 한낱 과일장수로 시작한 두월생이 점차 세력을 얻어 상계, 정계에서 큰 성공을 거두었다. 아울러 장개석 등 당시 정권을 잡은 인물들로부터 인정을 받았다.

　　두월생은 혼란스런 사회에서 성공한 인물이다. 이러한 성공을 거두기 위해서는 자본이 필요하다. 그렇다면 두월생의 자본은 무엇이었을까? 두월생과 같이 과일을 팔던 사람은 수도 없이 많은데 왜 하필이면 두월생만 성공을 거둘 수 있었을까?

　　아마도 어떤 사람들은 이렇게 말할 것이다. 인간관계의 처세술에 있어 두월생과 다른 사람들과의 차이가 그렇게 큰가? 그렇다. 바로 처세술의 차이이다.

　　두월생은 그 처세술 방면에 많은 노력을 기울였다. 그의 처세술은 매우 뛰어났으며 절묘했다. 인간관계에서 그가 보여준 탁월한 처세능력이야말로 두월생의 성공을 보장한 자본과 능력이었다.

용의 몸을 빌려 날아오르는 잠자리야말로
높은 하늘 끝까지 날아갈 수 있다

구사회의 상해는 여러 종류의 사람들이 뒤섞여 있는 곳이었다. 그래서 상해의 별칭을 두고 '모험가의 낙원'이라고도 했다. 상해에서 성공을 거두기 위해서는 충분한 야심과 그 야심을 뒷받침해 줄 만한 방법과 지혜가 필요했다.

하지만 이러한 요소들만으로는 충분치 않다. 큰 나무에 기대어 타고 올라가야 하는 원리를 잘 알고 있어야만 한다.

이 원리는 매우 간단하다.

잠자리가 날아오른다고 높은 하늘까지 날아오를 수는 없다. 하지만 용을 타고 올라가는 잠자리라면 얘기가 달라진다. 두월생은 이 원리를 누구보다도 잘 알고 있었다.

‖ 권세 있는 사람에게 기대어 힘을 얻어라 ‖

두월생은 본래 고아였다. 그래서 특별히 의지할 만한 곳이 없었다. 상해의 거리에서 매일 노름판을 전전하며 생활하였고, 그러한 생활로 겨우 입에 풀칠 정도만 할 수 있었다. 14살이 되던 해 두월생은 과일가게에 취직하게 되지만 매일 부랑자들과 어울리며 빈둥거렸고, 또한 노름하던 습관을 버리지 못해 오래지 않아 과일가게에서 쫓겨나고 또 다른 과일가게를 찾아 점원노릇이나 하며 세월을 보냈다.

이렇듯 두월생은 사회 하층에서 벗어나지 못했지만 언젠가 출세할 것이라는 꿈은 항상 갖고 있었다.

두월생은 꾀가 많은 인물이다. 단순히 작은 가게의 점원으로 만족할 인물이 절대 아니었다. 더욱이 부랑자들과 같은 하류 인생을 보내긴 더욱 싫었다. 그가 상해에서 자신의 입지를 세우기 위한 유일한 방법은 의지할 산을 찾는 것이었다. 그래서 그는 청방(青幇)파의 두목인 진세창(陳世昌)의 밑으로 들어갔으며, 진세창 역시 두월생의 영리함과 기민함을 높이 평가하였다.

진세창과 관계 있는 사람을 통해 두월생은 황금영(黃金榮) 공관에 들어갈 기회를 얻게 된다. 당시에 황금영은 상해 법조계(法租界 중화인민공화국 성립 이전 외국 조계의 경찰서 중 하나. 여기서 법조계란 프랑스 조계를 가리킨다)에서 승진을 거듭해 조계 내의 유일한 화교 경찰장이었다.

황금영은 두월생을 보자마자 그의 능력을 높이 평가하고 패기 있는 모습에 반해 자신의 공관에 머물게 하였고 그때부터 두월생은 황금영의 수행비서가 되었다. 두월생은 안목이 깊고 인간관계에서 생기는 문제를 잘 처리할 줄 알았다.

황금영은 매일 아침 취보(聚寶) 찻집에 들러 아침 차를 마시는 것으로 유명했는데 차를 마시면서 각종 소송문제를 처리하였다. 두월생은 매일 아침 그의 외투와 가죽가방을 들고 황금영을 수행했다. 그의 이러한 모습에 황금영은 두월생에 대한 호감이 점점 깊어갔다.

두월생의 영리함은 그 누구도 뒤따를 자가 없었다. 그는 사방으로 관찰하고 주의 깊게 들었으며 냉정하게 모든 것을 분석하였다. 위로는 황금영부터 아래로는 하인들까지 모든 사람의 생활습관, 성격 등을 세심하게 관찰하여 기억하고 있다가 인간관계의 참고 기준으로 삼았다. 이러한 영리함과 세심함으로 그는 드디어 출세할 길을 찾게 된다.

당시 황금영의 부인은 임규생(林桂生)이었다. 그녀는 비록 평범한 외모에 아담한 체구를 가지고 있었지만 총명하고 능력 있는 여자였다. 그래서 황금영을 옆에서 보필하는 참모 역할까지 하고 있었다. 두월생은 이를 눈치 채고 계획을 세워 임규생의 환심을 살 기회를 찾았다.

기회는 머지않아 찾아왔다. 임규생이 큰 병에 걸린 것이다. 황금영 공관 내에서는 늙은 여주인이 병이 들면 기력 좋은 젊은 남자들을 불러다가 보호하게 해야 한다는 미신이 있었다. 그 이유는 젊은 남자들에게는 양기가 풍부하기 때문에 요괴의 기운을 억누를 수 있다고 생각했기 때문이다.

하지만 병자를 보호한다는 것은 쉬운 일이 아니었다. 밤낮으로 보호해야 하고 다른 일은 아무것도 할 수 없었기 때문에 아무도 그 일을 원치 않았다. 이때 두월생은 스스로 자청하고 나서 전심전력으로 보호하기 시작했다. 임규생 부인 곁을 떠나지 않고 항시 간호하였으며 부인이 원하는 것은 무엇이든 들어주었다. 임규생 부인은 두월생의 간호에 감동을 받았다.

병이 완쾌된 후에 임규생은 황금영 앞에서 두월생을 자주 칭찬하는 등 그를 다른 시각으로 보기 시작했다. 두월생 또한 몇 번의 기회를 통해 황금영과 임규생의 칭찬을 받았으며 결국 임규생의 심복으로까지 발전했다. 가장 큰 수확은 황금영이 하던 비밀업무에 참여할 기회를 얻은 것이다. 그 당시 황금영이 하던 비밀업무란 바로 아편을 빼앗는 일이었다.

위의 이야기에서 알 수 있듯이 두월생은 빠른 속도로 황금영 수하에서 수완가로 발전하였다. 이 모든 것이 가능했던 이유는 두월생이 어떠한 방식으로 행동해야 자신의 상급자로부터 환심을 살 수 있는가에 능숙했기 때문이다. 게다가 일 처리에 있어서도 예리했고 그 방법 또한 교묘했다.

하지만 여기에서 가장 중점적으로 살펴보아야 할 것은, 두월생은 황금영의 신임을 얻었을 뿐만 아니라 황금영의 부인에게까지 신임을 얻었다는 점이다.

다른 사람들은 온갖 계책을 세워 권력의 힘을 빌려 성공하려 하지만 두월생은 그것으로 그치지 않고 하나의 권력을 빌려 또 다른 권력의 힘까지 얻는 방법을 터득하고 있었다. 이것이야말로 두월생이 가지고 있었던 진정한 능력이라 할 수 있다.

‖ 자신의 주인을 위해 앞장서는 것은
곧 자기 자신을 위해 길을 여는 것이다 ‖

당시 아편을 팔던 세력 중에 가장 유명했던 세력은 조주방(潮州帮) 세력이었다. 조주방 세력은 영조계(英租界 영국의 조계 경찰서)와 법조계(法租界 프랑스의 조계 경찰서)를 이용하여 아편 밀수에 참가하였다. 그들이 외국의 조계를 이용했던 것은 외국인 관할지역이기 때문에 상해 본 세력권의 역량이 이곳까지 미치지 못했기 때문이다. 조주방 세력은 조계를 이용하여 아편을 다량으로 암거래 했고 모든 것을 은밀하게 진행하였다. 하지만 상해의 본 세력들은 온갖 방법을 사용하여 그 거래에 대한 정보를 입수하고, 교묘한 수단으로 중간에서 아편을 강탈하였다.

그 당시 상해에서 아편을 강탈하던 인물 중에 가장 유명했던 여덟 사람이 있다. 이들은 '대팔고당(大八股堂)'이라고 불렸다. 대팔고당이란 명칭을 얻은 뒤 거액의 재물을 얻게 되자 이들은 더 이상 노름을 통해 돈을 벌고 싶어 하지 않았다. 이들이 선택한 것은 타당하고 믿을 만한 방법을 통해 위험을 무릅쓰지 않고 재물을 모으는 방법이었다.

그리하여 그들의 두목들인 심행산(深杏山), 계운청(季云靑), 양재전(楊再田) 등과 같은 사람들은 상해의 밀매, 밀수업자를 잡아들이는 기구에 자발적으로 봉사하기 시작하였고 그들의 수중에 있는 재물을 통해 머지않아 이 기구의 핵심 부서에서 일할 수 있게 되었다. 또한 높은 직위를 얻게 되었으며 점점 그 핵심부서의 권력을 장악하기 시작했다.

'대팔고당'은 수로, 육로의 모든 루트와 영조계의 아편 암거래를 수

사할 수 있는 권력을 얻은 뒤 공공연히 아편을 구입하여 팔았다. 심지어는 암거래를 하기도 했다. 또한 아편 거상들에게서 보호비 명목으로 많은 돈을 받았다. 조주방 세력 역시 스스로 자원하여 이 세력을 도왔고 이때부터 수사기관에 군사 무장력이 생겼으며 그들의 아편 거래 또한 합법화되었다.

당시 아편 사업은 대부분 영조계에서 이루어졌다. '대팔고당'과 아편 상인들은 법조계의 황금영을 그다지 문제 삼지 않았다. 그들의 눈에 법조계는 차지하고 있는 면적도 크지 않고 역량도 부족했기에 특별한 문제를 일으키지 않을 것이라 생각했다. 그래서 '대팔고당'의 두목인 영조계의 심행산은 사람을 보내 황금영에게 간단히 영조계의 아편사업에 대한 이야기를 전했다.

하지만 그 누가 알았겠는가? 황금영과 두월생은 그 이야기를 듣자마자 일언지하에 영조계의 요구를 거절했다. 심행산은 화가 머리끝까지 치솟아 군대와 경찰의 힘을 이용하여 무력으로 법조계의 아편 거래 루트를 끊어버렸다. 이런 조치에 황금영 또한 매우 화가 났지만 달리 뾰족한 방법이 없었다. 하지만 두월생은 오랜 장고 끝에 계책을 생각해냈다. 그는 황금영과 임규생에게 아편을 강탈하자는 주장을 제안했고 두 사람은 두월생의 의견에 적극 동참했다.

두월생은 한번 한다고 말한 것은 반드시 행동으로 옮기는 사람이었다. 즉시 목숨을 내걸고 악행을 저지를 만한 건달들을 끌어모았다. 오래 지나지 않아 아편을 강탈할 만한 부대가 결성되었다. 나중에 이 부대의 이름은 '소팔고당(小八股堂)'이라 불린다.

첫 번째 강탈로 아편을 실은 배를 손에 넣을 수 있었다. 이 배의 값어치는 몇 십만 은양(銀洋 당시 일 원짜리 은화)에 달했다. 이 아편 강탈을 통해 그들은 '대팔고당'의 아편운송에 빈틈이 있다는 것을 알게 되었고 계속해서 주도면밀하게 아편을 강탈하기 시작했다. 많은 돈이 황금영과 두월생에게 흘러들어가기 시작했고, 1925년 그들은 또 다른 건달 두목인 장소림(張嘯林)과 연합관계를 맺는다.

그 후 그들은 조계와 군벌당국의 비호 하에 아편을 거래하는 주요 세력으로 인정받아 삼흠(三鑫)회사를 설립하였다. 얼마 후 영국이 상해의 조계에서 아편사업을 금지하자 삼흠회사는 이 기회를 틈타 법조계의 아편사업을 독점하였다. 이로 인해 삼흥회사는 큰 돈을 벌어들이게 되었고 두월생은 삼흠회사의 주요 책임자가 되었다. 또한 두월생은 같은 해 법조계상회 총연합회 주석 겸 세금을 내는 화교회 감찰의 자리를 맡게 되었다.

그의 세력은 날이 갈수록 커져갔으며 사회적 지위 또한 황금영, 장소림과 동등해졌다. 이들 세 사람은 그 당시 상해에서 가장 명성을 날리던 거물급 인사가 되었다.

인생에서는 세 가지 면(面)에 최선을 다해야 한다

두월생은 일생 동안 자신이 했던 행동의 기본 원리를 한마디로 정리하였다.

"인생에서 가장 먹기 어려운 세 가지 면은 인면(人面, 인간관계에 있어서 지켜야 할 도리), 장면(場面, 어떠한 장소에 있더라도 잊지 말아야 할 도리), 정면(情面, 인간관계에 있어서 감정 교류의 면모)이다.

이 세 가지 면을 잘 다스리면 인생의 길은 순탄할 것이다. 실질적으로 두월생은 이 세 가지 면에 있어서 최선을 다하였고, 이는 두월생으로 하여금 마음에 맞는 사람을 얻게 하였다. 또한 그의 성공을 뒷받침해 준 기본적인 인생의 원칙이다.

‖ 인간관계에 있어서 최선을 다하라 ‖

상해에는 이런 말이 전해지고 있었다. 황금영은 돈을 탐하고, 장소림은 싸움을 잘하며, 두월생은 인간관계에 능하다. 황금영과 장소림에 비교해보면 두월생은 흑과 백 양 세력을 조정하고 화해하는 능력에 뛰어났다. 그는 아편을 구입해서 팔고 도박장을 여는 등 마음대로 징수한 돈을 정당하지 않은 방법으로 사용하기도 하였고 사회 각 계층의 사람들을 농락하기도 하였다. 정치요원, 문인, 아편쟁이에서 민간의 비밀결사에 이르기까지 그에게 농락당하지 않은 사람이 없었다.

당시 전국 각지의 군벌과 정치요원들의 세력 다수가 상해에 있었다. 상해는 특별한 분위기가 형성되었으며, 많은 정치가와 정객들이 국사에 대한 의견을 내세웠고 정계와 군사의 비밀교역이 진행되었다. 정보의 수집과 교환, 군인의 급료와 지급품, 자금조달 및 병기 구입, 아편의 운송 판매 등 많은 일들이 이 모험가들의 낙원인 상해에서 이루어졌다. 관직에서 물러난 정객군벌들 역시 상해를 피난처로 삼았다. 각 지방에서의 물품이 반입, 반출되고 요상한 성격의 관광이 이루어지는 등 상해는 인간사의 천태만상을 갖추고 있었다. 이러한 상황 속에서 정보력에 앞서고 수완이 민첩하지 않으면 복잡한 일들을 제대로 처리할 수가 없었다. 때문에 상해의 유력인사와 친교를 맺고 있으면 일하기가 더욱 편리했다.

두월생은 그들의 이러한 요구를 잘 관찰하고 있었다. 온갖 방법을 통해 그들과 친교를 맺고 좋은 관계를 형성해 나갔다. 두월생은 많은 대표

자들을 매개로 하여 정치와 군사의 높은 계층 사람들과 친분을 쌓았고, 전국 각지의 정치요원, 군벌 모두 두월생과 밀접하고 두터운 관계를 형성하게 되었다. 이에 따라 두월생이란 이름은 점점 더 영향력을 발휘하기 시작했다.

각지에서 상해로 파견되어 온 대표들은 대부분 상급자와 깊은 관계를 맺고 있었기 때문에 그들의 임무 또한 특수했다. 또한 경제적으로 풍족했기 때문에 마음껏 돈을 쓸 수 있었고 그 돈을 결산하는 과정에서도 특별한 문제가 없었다. 그 대표들은 상해의 유명인사 두월생 앞에서 대범한 모습을 보여주기 위해 힘썼고, 두월생 또한 황포강의 거두로서 통 큰 모습을 보여주었다. 그들을 접대하는 과정에서 매번 사치스러울 정도로 많은 돈을 써서 사람들을 놀라게 했으며, 이는 훗날에 '해파작풍(海派作風 상해식 기풍)'이란 일종의 기풍을 형성하게 하였다. 두월생은 이른바 이 기풍의 창시자인 것이다.

두월생은 기껏해야 상해의 유명인사이자 건달에 불과했지만, 그와 그의 친구들에게 경사스러운 일이 있을 때면 총통, 집권세력, 내각총리, 군사장관, 성장, 호군사, 진수사 등 전국의 군정장관들은 그들을 축하해 주기 위해 특별히 사람을 파견하였고 선물도 보내왔다. 이것은 국가의 원로이거나 억만장자라고 해서 받을 수 있는 대접이 아니었다. 중국의 역사 이래 가장 혼란스러운 정치국면 속에서 두월생이 비천한 신분으로 시작해 이렇게 많은 영광을 누릴 수 있었던 것은 비록 신분은 낮았지만 인간관계에 있어서 그의 능력이 뛰어났기 때문이다. 이는 중국의 고금을 막론하고 찾아보기 힘든 기적과 같은 일이었다.

그 당시 북양군벌의 총통이었던 려원홍(黎元洪)은 직위에서 물러난 뒤 북경을 벗어나 부득이 상해에 피난해 있었다. 두월생이 얼마나 똑똑한 인물인가? 그는 기회를 놓치지 않았다. 두월생은 두미로(杜美路) 26번지에 아름다운 양옥 한 채를 사들였다. 사람들을 고용하여 새롭게 집수리를 한 뒤 이 집을 정계에서 물러난 려원홍에게 제공하였다.

려원홍이 상해에 도착하자 황금영, 두월생, 장소림은 환영하며 그를 맞이하였다. 그날 법조계에서 주최한 화려한 연회에서 그들은 려원홍을 풍성하게 대접하였고 려원홍은 두월생에게 술을 권하였다. 그가 두월생에게 술을 권하며 경의를 표한 이유는 두월생이 황금영의 핵심인물이기 때문이었다. 그날 이후로 려원홍의 안전은 두월생이 책임졌다. 두월생은 직접 자신의 '소팔고당(小八股堂)'을 이끌고 철저하게 려원홍을 보호했다.

이때 두월생 수하에 있던 고가당(顧嘉棠), 고흠보(高鑫寶), 엽작산(曄焯山), 예경영(芮慶榮), 후천근(侯泉根), 황가풍(黃家豊), 양계당(楊啓棠), 묘지생(妙志生) 이 여덟 명은 분투를 다하여 두월생을 따랐다. 이들은 두월생과 함께 성공하여 돈과 권력을 잡게 되었지만 학식은 그다지 뛰어나지 않은 사람들이었다.

하지만 그들은 두월생에게서 돈 버는 방법과 함께 친구를 넓게 사귀는 인간관계의 방법을 배웠다. '소팔고당' 모두 많은 사람들을 거느리고 있었으며 모두 상해와 근처 외곽지역에 살았다. 두월생이 그들에게 도움을 청하면 바로 큰 세력을 형성하여 그를 도와주었기에, 이번에도 려원홍을 보호할 수 있었다.

두월생이 상해에서 려원홍을 극진히 대접하자 려원홍의 비서실장은 특별히 글을 써서 두월생에게 주었다.

春申門下三千客
小杜城南五尺天
춘신문하삼천객(춘신의 문하에는 삼천 명의 제자가 있다)
소두성남오척천(두월생의 아래에는 다섯 척의 하늘이 있다)

두월생은 이 글을 특별히 좋아하여 조각으로 새겨 객실의 양 기둥에 걸어두었다. 두월생은 그 수하에 있는 사람들로부터 '당대춘신군'(當代 春申君 당대의 춘신으로 두월생을 비유하는 말)이란 칭호를 얻었고 광범위하게 인간관계를 형성하여 대학자 장태염(章太炎)과도 교류했으며, 유명한 변호사 진연규(秦聯奎) 또한 그의 손님이었다. 이처럼 두월생은 인면(人面), 장면(場面), 정면(情面)을 무엇보다도 중요하게 여겼으며 인간관계에서 이것을 잘 이용한 고수였다.

상해에서 조직의 대부와도 같던 두월생은 죽기 직전까지 이 말을 강조했다.

"인생에서 가장 먹기 어려운 세 가지 면은 인면(人面), 장면(場面), 정면(情面)이다."

실제로 두월생이 집안을 일으킨 것은 인면 때문이었으며 출세한 후에는 장면과 정면을 특별히 중요하게 생각하였다.

‖ 의리를 통해 인면(人面)과 정면(情面)을 잡아라 ‖

두월생은 비록 흑과 백 둘의 사이를 잘 조절했지만, 독한 마음을 품고 악랄한 행동을 한 적도 있다. 하지만 그는 의리를 상당히 중시하는 대장부였다. 의리가 없는 사람은 능력이 뛰어나도 결국에는 성공하지 못하고 만다. 의리가 없으면 다른 사람들의 인정을 받기 힘들기 때문이다.

두월생이 황금영의 수하에서 일할 때 동료들의 존경을 받았던 이유는 그가 무엇보다 의리를 중요하게 생각하고 동료들을 대할 때 진심을 터놓고 대하였으며 또한 다른 동료들에 비해 출중한 능력을 겸비했기 때문이다.

당시에 상해에는 이런 말이 유행하였다.

"일이 생기면 두월생을 찾아가라!"

어느 해 봄, 절강(浙江)성에서 수재가 발생했다. 조계의 전 국무총리 손보기(孫寶琦)는 이를 타개하기 위해 '구조향친진재회'(救助鄕親賑灾會 이재민을 구출하기 위해 만든 재단)를 설립했다. 하지만 설립 이후 적자가 계속되었고, 온 힘을 다해 노력했지만 거두어들인 돈은 매우 적었다.

구조향친진재회는 설립 당시 매우 기세가 드높았지만 점점 그 기세가 사그라들었고 결국 소리 소문 없이 사라질 위험에 처하게 되었다. 손보기는 이러한 현실을 참을 수가 없어 화를 삭이며 하루하루를 보내고 있었다. 그런데 어떤 사람이 손보기에게 건의했다.

"두월생을 한번 찾아가 보시오. 두월생은 의리 있는 사람이라서 만약 당신이 직접 나선다면 반드시 도와줄 것이오."

손보기는 과연 두월생이 돈을 빌려줄까 반신반의하였다. 하지만 두월생을 한번 믿어보기로 하고 20냥의 아편을 들고 두월생을 찾아갔다. 당시는 아편이 부족했기 때문에 20냥의 아편은 꽤 많은 돈의 가치를 의미했다. 두월생과 그는 전혀 안면이 없었지만 두월생은 손보기가 유명한 사람이라는 것은 알고 있었다. 간단한 인사를 나눈 뒤 손보기가 민중의 복리를 위해 힘쓰는 사람이라는 것을 알게 된 두월생은 만 원짜리 수표를 발행해 그에게 주었다. 또한 그가 가지고 온 20냥의 아편 역시 되돌려 보냈다. 이 일로 손보기는 두월생의 얘기가 나오면 어느 곳에서나 엄지손가락을 들어올리며 최고의 인물이라고 치켜세웠다.

당시 유명한 환계(皖系 북양군벌의 일파) 인물인 서수쟁(徐樹錚)이 외국에서 상해로 돌아왔다. 하지만 서수쟁은 직계(直系) 군벌로부터 목숨을 위협받는 위험한 처지에 놓여 있었다. 서수쟁은 두월생이 자신을 보호해 줄 수 있을 것이라는 희망을 갖고 친구를 통해 두월생에게 부탁해 왔다. 이 일은 매우 위험한 것이었다. 두월생과 황금영, 장소림은 비밀회의를 열었지만 황금영과 장소림은 서수쟁을 보호하는 것에 찬성하지 않았.

황금영은 "서수쟁이 있는 곳은 영국 지역이기에 법조계의 세력으로 그를 보호한다고 해도 그를 완전히 보호할 수는 없을 것이오"라며 반대했고, 장소림은 당시 봉계(奉系) 군벌과의 관계가 친밀했기 때문에 더욱 격렬하게 반대했다. "환계는 이미 유명무실에 불과하오. 아무런 실력도 없는 환계를 위해 위험을 무릅쓰는 것은 나는 무즈건 반대요."

그러나 두월생의 생각은 달랐다. 그는 서수쟁을 도와야 한다고 주장하며 다음과 같은 이유를 들었다. "환계의 인사들과 오랜 기간 좋은 관계를 유지해왔기 때문에 어려움이 있을 때 그들을 도와주는 것은 당연하며, 그들을 도와준다면 입지는 더욱 공고해질 것이오. 또한 인정상으로 볼 때도 당연히 도와주어야 하오. 비록 서수쟁이 영조계에 머물지라도 우리가 그를 보호해준다면 우리의 체면을 세울 수 있는 좋은 기회가 될 것이오."

두월생은 말을 끝마친 후에 장소림을 보며 말했다. "금상첨화의 좋은 기회이며 다른 사람이 급할 때 도움을 주는 것은 반드시 지켜야 할 의리이자 도리이오."

결국 황금영, 두월생, 장소림은 서수쟁을 보호하기 위해 영조계의 남양로(南洋路)에 가서 교대로 서수쟁을 보호하였다. 서수쟁이 상해를 떠나 북경에 가기까지 두월생은 최선을 다해서 그를 보호했고, 이 일로 인해 환계와 봉계의 군벌들은 두월생을 인정하기 시작했으며 그의 세력은 점점 더 넓혀갈 수 있었다.

그에게 도움을 청한 사람들은 사회의 유명인사 뿐만 아니었다. 심지어 일반 사람들도 그의 명성을 듣고 도움을 청해왔다.

조계 맞은 편 어느 골목에 왕씨 성을 가진 사람이 살았다. 집안이 본래 가난했는데 엎친 데 덮친 격으로 대대로 물려온 유산까지 도둑맞았다. 왕씨는 급한 마음에 문득 두월생을 찾아가볼 생각을 했지만 그가 도와줄지에 대해선 의문이었다. 여러 인맥을 통해 두월생을 만나 사정을 이야기했다. 두월생은 그의 말을 듣고 미소를 지으며 방법을 찾아보겠다고 대답했다.

다음 날 아침, 왕씨는 장을 보러 문을 나서는 순간 두루마기 종이를 발견했다. 종이를 펴보니 전당표와 돈이 들어있었다. 왕씨는 왜 전당표가 있는지 어리둥절했지만 일단 전당포로 달려갔다. 전당포에서 그는 잃어버렸던 유산을 찾을 수 있었다. 이때부터 민중들은 두월생을 세상을 구하는 주인이라고 생각했다.

황금영의 수하에서 나온 두월생은 인간관계를 특히 중요하게 여겼으며 인면(人面)에도, 정면(情面)에 있어서도 모두 탁월했다. 특히 장면(場面)에서 빛을 발했는데 이것이야말로 두월생의 진정한 풍모와 재능이라 할 수 있겠다.

솜씨 있게 일을 처리하는 지혜

두월생은 많은 일들이 일어나는 상해에 적을 두고 있었다. 그가 간 길은 은혜와 원한이 한데 뒤섞인 강호의 길이었고, 그가 보낸 날들은 피로 물든 나날이었다. 당시 사회는 매우 복잡했으며 잔인한 살육도 서슴지 않고 이루어지던 시대였다. 만약 총명한 두뇌가 없었다면 두월생은 일찍이 목숨을 잃었을 것이다. 이렇게 경쟁이 치열한 상해에서 살아남은 두월생은 진정으로 일반 사람들과는 다른 지혜를 가졌음이 분명하다.

‖ 시기와 형세를 잘 판단하면 일이 모두 순조롭다 ‖

1924년 초, 두월생은 상해 청방파의 지도자가 되었다. 그가 상해의 지하세계에서 사용한 수단과 그가 장악한 지하세계의 세력은 상해 전체에 중대한 영향을 끼쳤다. 마치 이탈리아나 미국의 마피아처럼 큰 영향력을 가지고 있었다. 그는 이미 상해의 지하세계에서 대부가 되어 있었다.

두월생이 상해에서 나날이 융성해지고 있을 무렵 북양군벌이 전쟁을 시작했다. 직계, 환계, 봉계 각 군벌은 하루가 멀다 하고 싸움을 벌였고 그 관계 또한 매우 복잡했다. 북경의 총통과 내각이 끊임없이 바뀌면서 정치, 경제, 외교상의 특수한 지위를 가진 사람들은 상해로 몰려들었고 그만큼 상해는 더욱 혼란스러워졌다. 정객군벌 모두 상해에 활동의 발자취를 남기고 있었다.

이렇게 민심이 동요하고 있는 상황에서 두월생은 능수능란하게 일을 처리했다. 정권을 잡은 신임관리에게 아첨하는 일에 능했고, 정계에서 물러난 옛 인사를 위로하는 일 또한 잊지 않았다. 두월생은 모든 일을 순조롭게 처리했으며 이 과정에서 자신의 세력을 더욱 확장했다.

상해는 원래 환계군벌 로영상(盧永祥)의 세력 범위 안에 있었다. 그래서 두월생은 송호(淞滬) 호군사 하풍림(何豊林)과 노영상이 협력할 수 있도록 그 세력을 엮었다. 하지만 직계군벌인 강소(江蘇)성의 독군인 제섭원(齊燮元)은 로영상이 상해를 독점적으로 지배하는 것에 늘 불만을 품고 있었다. 1924년 로영상이 직계군벌의 태도에 반대 입장을 표명하자 결국 노영상과 제섭원 사이에 전쟁이 일어났다.

두월생은 양쪽 세력이 대치하는 상황에서 두 편 모두에게 환심을 살 수 있는 교묘한 방법을 사용했다. 하지만 그의 속내는 상해의 기존 세력인 로영상이 승리를 거두기를 원했다.

두 세력의 첫 번째 전쟁은 유하(瀏河) 전선에서 발생했다. 제섭원 부대의 대장인 기여동(冀汝桐)은 로영상의 군대를 무찌르고 태창(太倉) 방어선을 돌파했다. 두월생은 황금영, 장소림을 동원해 법조계 세력을 로영상에게 보내 위험한 상태를 벗어나게 했다. 하지만 또 다른 직계군벌인 복건(福建)성의 독군 손전방(孫傳芳)이 제섭원의 요청을 받아들여 절강성을 공격했고, 로영상은 앞뒤로 적의 공격을 받는 형국이 되었다. 결국 힘이 모자란 로영상은 하풍림과 함께 정계에서 물러나겠다고 발표했다. 두월생은 바로 손전방과 연락을 취해 손전방의 명령을 받아들여 독서고문관 자리에 오르게 된다. 동시에 두월생은 로영상과의 관계를 계속 이어갔고, 손전방이 상해에 도착한 후에는 로영상의 가족이 위협 받을 것을 대비해 그의 아들을 피난시켰다.

역시 두월생의 이러한 대비는 헛된 일이 아니었다. 이후에 노영상의 세력은 봉계군벌의 지원 아래 다시 일어나게 되었고 두월생은 상해에서 강한 무력을 가진 배후세력을 얻게 되었다.

‖ **많은 친구를 두면 일이 순조롭다** ‖

두월생은 '친구가 많으면 일이 순조롭고, 원수가 많으면 일이 순조롭지 않다'는 진리를 믿었다. 극도로 혼란스러운 상해에서 혼자서만 분투하는 것은 자승자박하는 것과 다르지 않았다. 이러한 이유로 그는 많은 친구들과 교제했으며, 그러한 친구들을 통해 자신의 기반을 다져나갔다.

먼저 그는 자신에게 도움이 되는 사람이 누구인지, 자신이 의지할 사람이 누구인지를 분명히 알았다. 1927년 국민당 군대가 상해를 신속하게 점령하기 시작했다. 그와 더불어 대규모로 공산당 세력을 숙청하는 작업이 시작되었다. 두월생은 변화하는 시대에 맞추어 국민당을 자신이 기대야 할 세력으로 삼았다. 그래서 장소림과 함께 비밀리에 국민당 요원을 영접한다.

당시 상해에 도착한 국민당의 중요인물로는 유기요처장(有棋要處長, 직위의 명칭) 진입부(陳立夫), 특무처장(特務處長) 양호(楊虎)가 있었다. 그들의 지위가 높았기에 두월생은 화려하게 영접하였으며 그 과정에서 공산당을 숙청해야 한다고 강조하였다.

특무처장 양호는 두월생의 태도를 조심스럽게 살펴보다 그의 인물 됨됨이를 보고는 매우 기뻐했다. 두월생은 양호가 자신에게 호감을 가지고 있다는 사실을 알고 난 후 본격적으로 국민당의 신임을 얻기 위해 노력했다. 강경한 정책을 사용하여 왕수화(汪壽華)가 장악하고 있던 노동조합을 쟁취하고, 그들에게 공산당을 공격하라고 지시했다.

두월생은 신속하게 민간무력을 설립하여 두 가지 임무를 맡겼다. 첫 번째 임무는 북벌군을 조정하고 질서를 유지하여 상해의 안전을 확보하는 일이었고, 두 번째 임무는 공산당이 장악한 무장 노동조합세력을 감시하는 일이었다.

두월생은 상해에서 자기 세력이 하려는 일을 방해하는 사람들을 숙청할 수 있었다. 다른 한편으로는 양호의 계책 아래 장개석(蔣介石)을 위해 목숨 바쳐 일할 수 있는 세력을 조직했다. 동시에 총과 탄약을 사는데 자금을 아끼지 않았고 날로 자신의 세력권을 넓혀 나갔다.

그밖에 두월생은 당시 절강성 흥업(興業)은행 행장인 서신육(徐新六)을 눈여겨보고 있었다. 서신육은 경영 방면에 능력이 뛰어나 절강성의 흥업은행을 크게 발전시켰다. 금융계에서의 영향력을 넓히기 위해 두월생은 여러 가지 방법으로 서신육에게 접근하였고 그와 접촉하면서 사생활의 비밀을 캐낼 수 있었다. 그리고 이 비밀을 이용해 서신육의 세력을 탈취하려 하였다.

서신육은 명예를 중요시 하는 사람으로, 사람들에게 자신은 항상 청렴결백한 사람이라는 인상을 주었다. 상해에서 그는 성인이라고 일컬어질 만큼 사람들의 인정을 받고 있었다. 하지만 서신육에게는 다른 사람들이 모르는 첩이 하나 있었고 그 사이에 두 아들과 한 명의 딸이 있었다. 하지만 그 누구도 이 사실을 알지 못했고 모든 것은 철저히 베일 속에 감추어져 있었다.

그러나 아이들이 매일 커가는 모습을 보던 서신육은 점점 걱정을 하게 되었다. 자신이 죽고 나면 이 아이들은 사회에서 아무런 인정도 받을 수 없다는 쓰라린 사실을 인식한 것이다. 재산을 물려줄 방법조차 찾을 길이 없었다. 이러한 상황에서 서신육은 세력 있는 인물을 찾기 시작했다. 자신이 죽은 후에 첩과 아이들을 보장해줄 만한 세력가를 찾기 시작한 것이다. 그때 서신육의 머릿속에 떠오른 사람은 다름 아닌 두월생이었다.

그해 여름, 서신육은 피서를 간다는 핑계로 두월생을 찾아갔다. 두월생과 서신육은 같이 산보하면서 여러 가지 이야기를 나누었고 서신육은 두월생이야 말로 자신이 믿고 맡길 수 있는 사람이라는 생각했다. 그는 편지를 한 통 써서 두월생에게 보관하도록 하고 그가 죽은 후에 세상에 알리도록 하였다.

서신육은 두월생에게 깊이 감사했지만 또 한편으로는 그에게 비밀을 알려준 셈이었다. 그 후 두월생이 금융계에 필요한 일이 있을 때마다 서신육은 항상 적극적으로 도와주었다.

팔방미인의 처세,
독으로써 독을 물리치다

외모로 봤을 때 두월생은 책만 볼 것 같은 샌님에 가깝다. 하지만 그의 처세술은 황금영과 비교할 수 없을 만큼 뛰어났다. 그는 뛰어난 처세술로 황금영의 신임을 얻었고 점점 황금영을 뛰어넘게 되었다.

‖ 비위를 잘 맞추어 대립되는 두 세력의 인심을 모두 얻어라 ‖

지하세계에서 생활하다보면 같은 동료를 징계하지 않을 수 없는 일이 발생하기 마련이다. 이러한 일은 사람을 난처하게 하지만, 하지 않으면 안 되는 일이라 입장이 매우 곤란해진다. 자신의 동료에게 미안한 일을 하기에도 편치 않고 그렇다고 두목에게 미움을 사고 싶지도 않을 것이다. 이러한 일을 접했을 때 두월생은 솜씨 있게 일을 처리했다.

한번은 황금영이 자기 수하에 있는 아광(阿廣)이란 자가 몰래 아편을 훔친 것을 발견했다. 황금영은 크게 화가 나 아광의 손가락을 잘라서 그것을 가지고 돌아오라고 지시했다. 누구도 그 임무를 하고 싶어 하지 않았지만 두월생이 몸소 나서서 그 일을 맡았다.

원래 두월생은 동료들에게 모질지 않았다. 하지만 다른 동료들이 이 일을 그르칠까봐 몸소 나선 것이다. 그래서 그는 도끼를 들고 아광을 찾으러 나섰다. 아광을 만나기 전에 그는 백주 두 병과 담배, 그리고 약간의 먹을 것을 샀다. 두월생이 집에 들어서자 아광은 불길한 예감이 엄습해 두려움을 느꼈고 온 몸에 식은땀을 흘리기 시작했다.

두 사람은 의자에 앉아서 같이 백주를 마시기 시작했다. 두월생이 말하길 "형제가 오늘 곤경에 빠진 것을 안다. 하지만 내가 특별히 그대에게 전해줄 것은 없고 그저 약간의 여비만 준비했으니 이 돈을 갖고 너의 길을 가거라. 원래 형님이 손가락을 원했지만 나는 차마 그렇게 하지 못하겠으니 이대로 여기를 떠나라. 나는 나 나름대로 다른 일을 구하면 되니 걱정하지 않아도 된다. 부디 몸조심하길…." 그리고 다른 백주 한 병을 주며 이렇게 말했다. "이 술은 길을 떠나는 도중에 마시도록 하게." 하지만 아광은 술을 받지 않고 갑자기 도끼를 꺼내들더니 자신의 약지손가락을 잘랐다.

두월생은 아광이 자기 손가락을 정말 자를 정도로 의지가 강한지는 예상치 못했다. 마음은 안타까웠지만 자신의 원래 목적인 손가락은 이미 건진 것이 아닌가? 돌아가서 황금영에게 손가락을 바칠 수 있게 된 것이다. 두 사람 모두 서로에 대한 감탄과 동시에 슬픔을 나누었다. 결국 두월생은 그 잘린 손가락을 황금영에게 바치고 마치 아무 일도 없었다는 듯이 태연하게 행동하였다. 황금영은 이러한 두월생의 일 처리 모습을 보고 희색이 만연하여 자신이 사람을 잘못 본 것이 아니라는 생각을 굳히면서 다른 동료들 앞에서 그를 칭찬하였다.

이런 일에서 알 수 있듯 두월생은 자신의 능력을 충분히 발휘하였다. 한편으로는 동료의 신임을 얻으면서 다른 한편으로는 황금영에게 인정을 받았다.

미인계에 능숙하며 독으로써 독을 공격하다

1920년대 중반은 혁명북벌군과 북양군벌 간의 전쟁이 매우 치열하던 시기이다. 두월생은 이때 두 세력 사이에서 끊임없는 줄타기를 하며 자신의 세력권을 확장하였다. 형세가 점점 분명해지기 시작함에 따라 국민당의 북벌군이 상해를 장악하고 나면 그의 도움을 필요로 할 것이라는 사실을 알게 되었다. 또한 그는 북양군벌의 상해 책임자인 필서징(畢庶澄)과도 좋은 관계를 유지했다. 당시 상해의 여러 권력가들은 무슨 방법을 써서라도 자신을 보호하기 위해 힘썼으며 700년의 역사를 지닌 동방명주탑이 훼손되는 것을 막고 싶어 했다.

상해에 있던 많은 조직들이 활동하던 시기에 두월생 또한 필서징을 유화정책으로 굴복시키고 직로(直魯)군의 전투의지를 와해시킬 계획을 세우기 시작했다. 왜냐하면 그가 직로군의 전투의지를 꺾는다면 혁명군은 훨씬 순조롭게 세력을 확장해 나갈 수 있고 동시에 상해의 긴장된 형세를 어느 정도 완화시킬 수 있었기 때문이다.

3월에 두월생은 친히 초청장을 보내 필서징을 초대하였다. 연회는 영조계의 부춘루(富春樓)라는 술집에서 이루어졌다. 필서징은 원래부터 호색한이었기에 두월생의 초대에 흔쾌히 승낙했다. 연회의 분위기가 무르익을 즈음 두월생은 상해에서 가장 유명했던 명기 왕해교(王海鵁)를 불러 필서징을 대접하게 한다. 왕해교는 이 방면에서 워낙 고수인지라 필서징의 마음을 완전히 빼앗았고, 그 뒤 필서징은 다른 일에는 신경도 쓰지 않고 매일 왕해교와 만남을 가졌다. 그리고 두월생은 다시는 모습을 나타내지 않았다. 단지 왕해교와 비밀리에 연락을 취할 뿐이었다. 왕해교는 필서징과의 만남을 통해 직로군의 동향을 훤히 알 수 있었고 중요한 정보들은 왕해교를 통해 두월생에게 전해졌다. 이때 북양군벌의 세력이 점점 약해진다는 사실에 필서징은 마음이 혼란스러웠다.

이를 눈치 챈 두월생은 기다렸다는 듯이 다시 모습을 드러냈다. 그는 왕해교에게 필서징을 설득해 혁명군에게 투항하게끔 유도하도록 했다. 그리고 손전방이 이미 혁명군에 투항했다는 거짓 정보를 필서징에게 흘리도록 했다. 결국 필서징은 진퇴양난의 상황에서 혁명군에 투항하고 말았다.

다음날 두월생은 태연하게 모습을 드러내 중개 역할을 맡았다. 국민당이 상해에 파견한 특별요원이 필서징의 투항요구를 받아들인다는 것과 투항 이후에도 계속해서 자신의 부대를 인솔하고 다스릴 수 있다는 사실을 필서징에게 알려주었다. 이 일로 인해 상해에서의 북양군벌 두목인 필서징을 진정시킬 수 있었고, 북벌혁명군의 가시였던 필서징 세력을 제거하여 두월생은 국민혁명군 내에서 자신의 기반을 닦고 세력을 뿌리내릴 수 있었다.

이 일이 인연이 되어 두월생은 장개석과 친분을 맺게 된다. 그리고 점점 국민당 정부의 중요 역할을 맡게 되어 금융업, 해상운송업, 면화무역에도 세력을 확장했다. 이 시기는 두월생의 인생에 있어 황금기라 말할 수 있다.

사람을 쓰는 기술
두월생의 처세술을 배워봅시다

　두월생은 일생을 강호에서 보냈다. 그의 처세술은 매우 간단하지만 그 방법에 있어서는 대단히 섬세하고 미묘하다. 적게 사용하면 적은 효과를 얻고, 크게 사용하면 큰 효과를 얻는다. 인간관계의 처세에 있어서 그는 마치 고기가 물을 만난 것처럼 이를 자유자재로 활용하였다. 성격이 내성적이고 부끄러움을 잘 타는 사람은 인간관계에서의 굴욕감을 참을 수 없다. 자신의 허영심이 너무 큰 사람은 많은 친구와 좋은 관계를 유지하기 힘들며 자신의 능력을 발휘할 좋은 기회도 놓치기 쉽다. 설령 뛰어난 재능을 갖춘 사람이라 할지라도 일반 민중들의 지지를 얻지 못하면 그 재능은 빛을 발하기 힘들다.

　우리는 '흑'(黑, 여기에서는 지하세계의 불법적 세계를 의미함)을 세상에 백해무익하기만 한, 좋지 않은 것으로 단언하기 힘들다. 각기 사람마다 자신에게 맞는 방식이 있게 마련이고 그 방식을 통해 행복을 얻는 것이다. '흑'은 간단한 모략도, 교활한 것도 아니며 예지력, 계책, 멀리 앞을 내다보는 식견 등 깊은 의미를 내포한다. 어느 누군들 자신의 가치를 실현하고 싶지 않겠는가? 어느 누군들 다른 사람보다 더 뛰어난 지혜를 원하지 않겠는가? 이 방면에서 두월생은 출중한 능력을 갖추고 있었다.

1. 자신을 가장 잘 키워줄 만한 사람을 찾는다

이런 말이 있다. "큰 나무 밑에 있으면 훨씬 시원하다."
당신의 등 뒤에 당신을 뒷받침해줄 만한 세력가가 있다면 능력을 발휘하기가 훨씬 수월하다. 두월생이 황금영의 문하에 갓 들어갔을 때부터 줄곧 그의 총애를 받았다. 하지만 두월생은 그것으로 만족하지 않고 황금영의 부인인 임규생이야말로 자신이 성장하기 위해 필요한, 환심을 사야 할 대상이라는 것을 파악한다. 결국 두월생은 온갖 노력 끝에 임규생의 신임을 얻게 되고 황금영은 더욱 두월생을 믿게 되었다.

2. 인면(人面), 장면(場面), 정면(情面)

이 세 가지를 무엇보다 중요한 인생의 원리로 삼는다면 일을 진행할 때 매우 순조롭게 처리할 수 있다. 물건을 팔기 위한 판로를 확보하는 데 가장 중요한 것들은 '시간, 지역, 인간관계'이다.
그렇다면 세상에 뛰어들어 살아남기 위해 필요한 가장 중요한 요소는 무엇인가? 그것은 바로 '사해위가'(四海爲家 세상을 살기 위해 필요한 다양한 친구를 의미함)이다. 감정적 측면의 투자를 중요하게 여긴다면 좋은 효과를 얻을 수 있다.
이 예를 가장 잘 볼 수 있는 것이 상급자와 하급자 사이의 관계이다. 상급자로서 하급자와 좋은 관계를 맺는다면 하급자의 인정을 받을 수가 있고, 하급자가 적극적으로 일에 몰두하도록 이끌어낼 수 있다.

옛 속담에 '장심비심(將心比心)'이란 말이 있다. 이 속담이 의미하는 것은 다른 사람이 너에게 어떻게 대해주길 바라는가에 초점을 맞추어 그 방식으로 다른 사람을 대해야 한다는 것이다. 먼저 사랑과 진심을 보여줄 때 그에 상응하는 효과를 얻을 수 있다.

3. 좌우봉원(左右逢源 도처에서 수원을 얻는다는 뜻으로, 일을 할 때에 가까이 있는 사람들의 도움을 받으면 일이 모두 순조롭다는 것을 의미)

'좌우봉원'은 인간관계에 있어서 최고의 경지이기에 고도의 방법을 필요로 한다. 인생을 살아가면서 기쁜 일도 있고 슬픈 일도 있을 수 있다. 누구나 성공과 실패를 모두 경험한다. 어떤 사람들은 실패를 겪으면 아무런 대책도 세우지 않고 '좌우위난'(左右爲難 이러지도 저러지도 못하는 진퇴양난의 상황을 의미한다)에 빠졌다고 한탄한다.

하지만 여기에서 '좌(左)'가 문제를 일으킨 근원이라면 '우(右)'는 그 문제를 해결하는 방법이다. 모든 일에는 다 해결할 수 있는 방법이 있다. 다만 그 방법을 찾는 데까지 시간이 걸릴 뿐이다. 방법을 찾아냈다면 그 뒤에 일을 처리하는 과정은 매우 순조롭게 진행할 수 있다.

인간은 서로 다른 환경 속에서 생활한다. 특히 격렬한 경쟁사회 속에서 생활하다보면 가정이나 사회의 여러 요소 때문에 생활환경의 차이가 생길 수밖에 없다. 하지만 시간을 들여 자신을 단련하면 자신의 잠재력을 발견하고 자아를 초월하며 끈기 있는 정신력을 발휘할 수 있다.

적자생존의 원리가 통용하는 경쟁사회 속에서 '좌우봉원'이라는 생존전략이 생겨났다. 이 덕목을 마음 깊숙이 품고, 문제 상황이 닥쳤을 때 내 주변을 돌아보며 사람의 힘을 빌리는 인재경영의 묘를 발휘할 수 있다면 어떤 방식으로 살아가더라도 당신은 능히 성공할 수 있을 것이다.

인재는 이렇게 얻는다

개정판 1쇄 펴낸날 2013년 1월 15일

지은이 한성
옮긴이 이용운 · 고아라
펴낸이 은보람
펴낸곳 도서출판 달과소
출판등록 2010년 6월 21일 제2010-000054호
주소 우)140-902 서울시 용산구 두텁바위로 101-1 (후암동)
전화 02-752-1895 | **팩시밀리** 02-752-1896
전자우편 book@dalgwaso.com
홈페이지 www.dalgwaso.com

디자인 김윤남디자인
찍은곳 범선문화사

ISBN 978-89-91223-58-5 [03320]

＊이 책은 달과소가 저작권자와의 계약에 따라 발행한 것이므로 무단 전재와 무단 복제를 금합니다.
＊잘못된 책은 구입하신 곳에서 바꾸어 드립니다.